부동산 멘토 아빠가 알려주는
부린이 탈출
입문서

이 책의 출판권은 (주)두드림미디어에 있습니다.
저작권법에 의해 보호받는 저작물이므로 무단 전재와 복제를 금합니다.

부린이가 반드시 알아야 할 실전 부동산 투자의 모든 것

부동산 멘토 아빠가 알려주는
부린이 탈출 입문서

김주천 지음

두드림미디어

프롤로그

부동산은 누구에게나 두려움과 설렘을 동시에 주는 단어입니다. 어떤 이들은 평생 지켜줄 든든한 내 집을 꿈꾸고, 또 다른 이들은 경제적 자유를 이룰 수 있는 자산 증식의 수단으로 바라봅니다. 하지만 현실은 그리 녹록하지 않습니다. 뉴스에서는 부동산·전세사기 피해 사례가 연일 보도되고, 남들 따라 투자했다가 예상치 못한 손실을 겪는 경우도 많습니다.

제가 부동산 실무와 강의를 통해 깨달은 것은 한 가지입니다.
"아는 만큼 지키고, 준비한 만큼 기회가 보인다."

요즘에는 유튜브와 책 등 부동산 투자 정보가 넘쳐납니다. 하지만 부동산에 대한 기본 지식이 부족한 사람들은 어디서부터 시작해야 할지, 꼭 짚고 가야 할 부분이 무엇인지 모른 채 길을 잃기 쉽습니다. 그러나 부동산은 결코 어렵고 두려운 대상이 아닙니다. 우리는 '부동산'이라는 말을 들으면, '복잡하다, 어렵다, 돈 있는 사람들의 이야기일 뿐이다'라고 쉽게 판단합니다. 하지만 제가 업무에서 경험한 부동산은 생각보다 단순하며, 대신 체계적인 공부와 꾸준한 실천이 필요한 분야였습니다.

시장 흐름, 정부 정책, 금리, 입지, 시세 등은 단편적인 정보처럼 보이지만, 올바르게 연결되면 놀라운 통찰로 바뀝니다. 그때부터 부동산은 더 이상 뉴스 속 숫자가 아니라, 당신의 꿈과 자산을 실현시키는 강력한 도구가 됩니다. 이 책을 쓰게 된 근본적인 동기는 '아빠의 마음'이었습니다. 제 아이들이 사회에 나가 부동산 때문에 고통받지 않길 바라는 마음, 특히 아들의 친구와 지인의 딸이 전세사기로 평생 모은 보증금을 잃는 모습을 지켜보며 기본 지식의 중요성을 절감했습니다. 우리 자녀뿐만 아니라 많은 성인이 부동산에 대한 기초 지식 없이 사회생활을 영위하고 있다는 사실을 깨달았습니다. 그래서 초보자도 정말 쉽게 이해할 수 있는 입문서를 써야겠다는 소명을 갖게 되었습니다.

'부린이'라는 말이 생겨난 것도 부동산을 어렵게 느끼는 사람이 많다는 방증입니다. 복잡한 법률 용어, 끊임없이 변하는 정책, 지역별 다른 시세와 전망은 초보자에게 큰 장벽이 됩니다. 이 책은 단순한 정보서가 아니라, 한 아버지가 자녀에게 전하고 싶은 부동산 이야기입니다. 복잡한 이론 대신 실생활에 바로 적용할 수 있는 기본과 실용에 집중했습니다.

저의 부동산 여정은 한국전력공사에서 시작되었습니다. 사옥, 변전소, 발전소 등 자산 관리와 1,600억 원이 넘는 발전소 부지 매각을 담당하며 치열하게 고민한 경험, 자금 운용 업무를 통해 부동산 가치를 체계적으로 분석하고 관리했던 9년 6개월의 시간이 제게 큰 자산이 되었습니다. 특히 나주 본사에서의 부동산 업무는 제게 부동산 세계를 한 차원 높일 수 있는 전환점이 되었습니다. 또한, 한국전력공사 인재개발원에서 부동산 실무 강의를 진행하며 동료와 후배들에게 부동산 자산 관리에 대한 기본적이고 실용적인 지식을 전달했습니다.

이 책은 '부린이(부동산+어린이)'라는 표현에서 알 수 있듯, 부동산에 처음 발을 내딛는 이들이 반드시 알아야 할 실용적인 지식을 담았습니다. 초보자가 꼭 알아야 할 기본 지식부터 시작해서, 실전 투자 전략, 세금 절세 방법, 그리고 성공적인 부동산 거래를 위한 필수 체크리스트까지 다양한 정보를 담고 있습니다. 그러나 단순한 정보 나열에 그치지 않고, 독자가 부동산 투자를 진정으로 이해하고, 그 과정을 통해 자신의 삶을 변화시킬 수 있도록 돕는 데 그 목적이 있습니다. 청년, 신혼부부, 직장인, 자영업자, 학생, 주부 등 어떤 위치에 있든, 부동산은 재정적 자유를 위한 중요한 도구가 될 수 있습니다.

부동산 투자는 단순히 돈을 버는 행위가 아니라, 자신의 삶을 설계하고 미래를 준비하는 의미 있는 여정입니다. 특별한 정보나 많은 자본이 있다면 더 빨리 성공할 수 있을까요? 대답은 그렇지 않습니다. 진정한 핵심은 일관되고 꾸준한 작은 실천입니다. 하루 30분씩 책을 읽고, 아파트 실거래가를 지속적으로 확인하고, 거주 지역을 산책하며 미래의 가능성과 시장 흐름을 파악하고, 적절한 시기에 현명한 결정을 내리는 이러한 소소한 노력이 쌓여 인생을 변화시키는 원동력이 됩니다.

부동산 투자는 마라톤과 같습니다. 빠르게 달리는 것보다 꾸준히, 올바른 방향으로 나아가는 것이 중요합니다. 한 걸음, 한 걸음 나아가는 과정에서 느끼는 성취감과 자산가치를 키워가는 기쁨은 당신의 삶을 더욱 풍요롭고 의미 있게 만들어줄 것입니다.

　부동산 초보자의 투자 마라톤에서 든든한 동반자가 되고 싶은 제 작은 소망이 담긴 졸저 《부동산 멘토 아빠가 알려주는 부린이 탈출 입문서》가 세상에 나오게 되었습니다.
　인생의 첫 책을 준비하면서 글보다 더 정성스러운 마음으로 원고를 함께 다듬는 데 도움을 준 아내 원지, 아빠의 뒷모습을 조용히 응원해준 두 아들 주호·윤호, 그리고 책의 가능성을 믿어주신 두드림미디어 한성주 사장님과 꼼꼼하게 원고와 디자인을 정리해주신 편집장님, 디자이너님, 출판사 가족 여러분께 진심으로 감사드립니다.

김주천

차례

프롤로그 4

CHAPTER 01. 부동산 입문자가 꼭 알아야 할 부동산 기본 다지기

부동산 공부는 어떻게 해야 되나? 14
    책에서 배우고, 현장에서 경험하라 14
    당신의 인생을 바꾸는 투자 습관 16
    부동산 실전 경험의 첫걸음 장소 19
월급쟁이가 저축으로 부자가 될 수 있을까? 23
    저축만으로는 물가의 속도를 따라잡을 수 없다 23
    돈을 버는 속도와 모으는 속도를 다르게 하라 24
내 집 마련의 출발점은 청약통장에 있다 27
    청약제도를 알면 내 집이 보인다 27
    청약 당첨의 시작은 청약통장에 있다 28
    청약 당첨, 이제는 운이 아니라 전략이다 31
부동산 단계별(취득, 보유, 양도) 세금의 종류와 기준 35
    부동산 투자자에게 세금 공부는 제2의 수익 창출이다 35
    취득세를 알면 부동산 투자 전략이 보인다 37
    비슷하지만 다른 세금, 재산세와 종합부동산세 제대로 알기 42
    부동산 투자의 성공은 양도할 때 완성된다 46

CHAPTER 02. 부동산 투자의 첫걸음, 내 집 마련 완전 정복

부린이가 세 번의 기회로 찾아가는 내 집 마련 전략 50
    재건축과 재개발을 통한 내 집 마련 전략 50
    경매로 내 집 마련 전략 57
    지역주택조합으로 내 집 마련 전략 64

집을 사기 전에 왜 세대분리가 필요한가? 67
    세대분리를 하는 이유 67
    일반적인 세대분리 요건 70
    30세 미만이 충족해야 할 소득 요건 72
부부가 공동명의로 부동산을 소유할 경우, 장단점은? 74
    부부 공동명의의 장점 74
    부부 공동명의의 단점 78
집을 살 때 꼭 확인해야 할 필수 공부와 유의 사항 82
    등기사항전부증명서(등기부등본) 82
    건축물관리대장 86
    토지대장 90
    지적도(임야도) 92
    토지이용계획확인서 94
    부동산 매매를 할 때 주의사항 98
내 집 마련을 위한 매수 전략과 확인 사항 103
    자신의 주거 목표와 미래 분석을 정확히 파악하자 103
    좋은 집보다 좋은 위치가 더 중요하다 105
    매수계획이 똑똑해야 매수도 여유롭다 106
자주 이사하는 것을 귀찮아하거나 두려워하지 말자 109
    이사는 새로운 기회를 여는 열쇠다 109
    이사 전략으로 성공하는 직장인의 부동산 투자법 110
    자주 다닌 이사가 부동산 초보자에게 유리한 이유 112

CHAPTER 03. 월급은 나를 먹여 살리고, 부동산은 나를 자유롭게 한다

월급쟁이가 직장생활과 부동산 투자를 병행해야 되는 이유 118
    자기 개발보다 자산 개발이 먼저다 118
    투자를 반드시 월급이 있을 때 시작해야 하는 이유 120
    월급은 나를 먹여 살리고, 부동산은 나를 자유롭게 한다 122
부동산을 매수할 때 반드시 알아야 할 레버리지 전략 124
    레버리지의 마법, 적은 돈으로 큰 자산 사는 방법 124
    레버리지 전략으로 안전하게 투자하는 방법 127
단기간 상승이 예상되는 아파트 투자의 징후는?(저평가 지역과 저평가 아파트 찾아내기) 133
    단기 상승 아파트를 찾아내는 3가지 핵심 신호 133
    상승 잠재력이 높은 저평가 지역과 아파트 찾는 실전 노하우 135

남들보다 먼저 부동산 하락 신호를 어떻게 알 수 있을까? 143
    부동산 하락 신호 Ⅰ : 매매 거래량 143
    부동산 하락 신호 Ⅱ : 금리 및 대출 정책 146
    부동산 하락 신호 Ⅲ : 미분양 수 148
    부동산 하락 신호 Ⅳ : 아파트 매매지수 150
부동산 투자할 때 절대 손해 보지 않는 노하우 153
    부동산 투자는 철저한 시장 분석에서 시작된다 153
    투자 전 반드시 확인해야 할 2가지 핵심 요소 155
부동산을 거래할 때 확인해야 하는 부동산 절세 방법 158
    부동산을 매수할 때 알아야 할 취득세 절세 방법 158
    부동산 보유 시 알아야 할 보유세(재산세, 종합부동산세) 절세 방법 160
    부동산 매매 시 알아야 할 양도소득세 절세 방법 165
성공을 위한 직장인의 부동산 투자 5가지 원칙 169
    부동산 투자금의 명확한 한도를 설정하라 169
    투자 전 입지 분석은 앱과 발품으로 이중 확인하라 171
    실거주가 가능한 투자처를 우선 고려하라 174
    세금과 비용까지 계산한 순수익률을 기준으로 투자하라 178
    투자의 성공은 부부간 의사결정 공유와 대화가 중요하다 181
주택 보유 수에 따라 투자 전략이 달라진다 187
    1주택자, 비과세 혜택을 중심으로 안정적 투자하기 187
    2주택자, 중과세를 피하는 전략적 포트폴리오 관리법 190

CHAPTER 04. 부린이에서 수익 창출하는 부동산 투자자로 살아가기

자신만의 원칙을 만든 투자자만이 부동산 시장에서 성공할 수 있다 196
    진정한 최고의 투자는 가장 저렴한 가격에 최상의 가치를 얻는 것이다 196
    정부 정책을 잘 파악하면 수익 창출하는 기회를 찾을 수 있다 199
    분산 투자는 투자 위험을 최소화하는 가장 효과적인 전략이다 202
    현재가 아니라 미래의 잠재력에 초점을 맞춰 투자하라 204
수익 창출의 필수조건인 부동산 입지 4가지 분석하기 208
    교통과 일자리는 서로 긴밀하게 연계되어야 한다 208
    좋은 교육환경은 집값을 부른다 212
    사람이 몰리는 상권이 부동산의 미래를 밝혀준다 214
    자연환경의 질이 오르면 자산의 질도 오른다 216

부동산은 언제 사고팔아야 할까?	219
부동산 매도 타이밍	219
부동산 매수 타이밍	230
부동산 투자의 시작과 끝, 결국은 아파트다	241
아파트 투자가 부동산 시장을 이끄는 이유	241
모두가 아파트 투자를 꿈꾸지만, 알아야 할 위험이 있다	245
잠자는 돈을 깨우는 방법, 상가에 투자하라	254
안정적 투자 수익을 원한다면 단지 내 상가에 투자하라	254
지역 상권의 중심인 근린 상가에서 기회를 잡아라	257
미래를 여는 고수익 투자는 오피스텔 상가다	260
성공하는 부동산 갭투자로 수익 내는 방법	262
수익 내는 갭투자 지역 선정 방법과 분석 포인트	262
레버리지 전략과 갭투자를 활용한 자산을 불리는 방법	266
갭투자의 위험을 피하는 전략을 세워라	269
나도 부동산 법인 투자를 잘할 수 있을까?	271
부동산 자산가로 꿈을 키우는 법인 투자의 이해	271
성공과 실패를 가르는 법인 투자의 장단점	274
초보자를 위한 법인 설립 절차 및 운영 전략	275
법인 투자 성공을 해 꼭 알아야 할 주의 사항	280

CHAPTER 05. 부동산 투자로 일하지 않으면서도 제2의 월급 받는 시스템 구축하기

부동산이 노후를 보장하는 안전자산이 되는 이유	284
부동산이 안정적이고 지속 가능한 노후 소득원이 되는 이유	284
장기적 가치 상승과 물가 상승 방어 효과가 있다	287
다양하게 수익을 올릴 수 있는 부동산 투자 전략	291
공시지가 1억 원(지방 2억 원) 이하 부동산 투자로 수익 내기	291
주택 수에 포함되지 않는 재개발구역 토지 투자	298
각종 혜택이 주어지는 지식산업센터 투자	301
성공적인 아파트 분양권 투자	303
부동산 투자로 일하지 않으면서 월급 받는 시스템 구축하기	307
월세가 월급이 되는 시스템이 필요한 이유	307
지속 가능한 현금흐름 시스템 만드는 방법	309
월급 시스템을 유지하고 확장하는 핵심 전략	310

CHAPTER 01

부동산 입문자가 꼭 알아야 할
부동산 기본 다지기

부동산 공부는 어떻게 해야 되나?

책에서 배우고, 현장에서 경험하라

　부동산 공부를 시작하는 것은 초보자에게 다소 막연하고 어려워 보일 수 있다. 하지만 명확한 목표를 세우고 체계적으로 접근한다면 누구나 충분히 이해하고 익힐 수 있는 분야다.

　이 장에서는 부동산을 처음 접하는 사람들을 위한 효과적인 학습 방법을 소개하고자 한다. 가장 먼저 해야 할 일은 "왜 부동산을 공부하려는가?"에 대해 스스로 명확히 답하는 것이다. 단순히 내 집을 마련하기 위한 것인지, 투자를 통해 수익을 내기 위한 것인지, 아니면 노후 준비를 위한 자산 관리인지 꼼꼼히 점검해야 한다. 목적이 분명해지면 공부의 방향도 자연스럽게 잡힐 것이다. 예를 들어, 내 집 마련이 목표라면 관심 지역의 시세, 청약제도, 대출 조건, 매매 절차 등을 중심으로 공부해야 하며, 부동산 투자에 관심이 있다면 수익형 부동산, 경매, 공시가격, 개발 호재, 수익률 계산법 등을 집중적으로 학습해야 한다.

　부동산은 단순한 거주 공간을 넘어 자산 형성과 장기적인 재산 증식에 핵심적인 역할을 한다. 성공적인 투자를 위해서는 시장 흐름을 정확히 읽는 능력이 필요하며, 단기 시장 변동에 흔들리지 않고 장기적 관점에서 안정적인 자산을 찾는 것이 중요하다.

부동산 시장은 금리, 경제 성장률, 정부 정책 등 다양한 외부 요인의 영향을 받는다. 금리가 낮아지면 대출이 쉬워지고 거래가 활발해지며, 경제 성장은 인프라 확대로 이어져 특정 지역의 부동산 가치가 상승할 수 있다. 이러한 메커니즘을 제대로 이해하고 자신의 목적에 맞는 투자 전략을 수립해야 한다.

지역별 특성에 대한 이해 역시 매우 중요하다. 서울과 수도권은 꾸준한 수요로 안정적인 수익을 기대할 수 있고, 일부 지방은 개발 호재나 교통 개선 등의 요인에 따라 높은 수익 잠재력을 지닌다. 따라서 지역 분석은 반드시 포함되어야 할 학습 항목이다.

부동산 거래는 거액이 오가는 만큼 법률, 세금, 대출, 계약서 해석 등 복잡한 요소들이 수반된다. 잘못된 판단은 큰 손실로 이어질 수 있기 때문에 부동산 공부는 단순한 수익 창출 수단을 넘어 경제적 실수를 예방하고 올바른 결정을 돕는 핵심 도구다. 특히 부동산 투자는 단기수익보다는 장기적 자산가치 상승을 위한 전략적 접근이 필요하다. 핵심은 자신만의 투자 원칙을 확립하는 것이다. 이는 지역 선정, 자금계획, 위험 관리 등을 포함하며, 개발이 활발한 지역이나 교통 호재가 있는 지역은 미래가치가 높다. 자금계획에서는 대출 활용과 매도 시기를 전략적으로 고려하고 위험 관리 측면에서는 예상치 못한 변수에 유연하게 대응할 수 있는 대비가 필요하다.

또한, 부동산 공부에서 가장 중요한 것은 실전 경험이다. 처음부터 큰 금액으로 투자를 하기보다는 소액으로 시작해 안정적인 임대수익을 얻으면서 시장을 체험하고 데이터 분석 능력을 키워나가는 것이 핵심이다. 부동산 투자에서는 멘토를 찾는 것이 큰 도움이 될 수 있다. 경험 많은 전문가들과의 대화를 통해 실제 투자 사례를 듣고 그들의 투자 철학을 배우는 것은 무척 귀중한 경험이 된다. 더불어 다양한 부동산 투자 서적이나 온라인 커뮤니티에서 정보를 수집하는 것도 매우 유용하다. 부동산 시장은 복잡하고 끊임없이 변화하기 때문에 한 번에 모든 것을 완벽히 이해하려고 하기보다는 기본적이고 중요한 부분부터 착실히 배워나가는 접근이 중요하다.

부동산 공부는 단기간에 이루어질 수 없으며, 끊임없이 변화하는 시장 속에서 지속적인 학습과 경험 축적이 무엇보다 중요하다. 부동산 투자는 장기적 관점에서 접근해야 하며, 체계적인 계획과 철저한 분석을 바탕으로 투자할 때 성공할 수 있다. 처음에는 익숙하지 않은 용어와 개념들이 많겠지만, 하나씩 이해해나가다 보면 점차 전체적인 그림이 선명해질 것이다.

당신의 인생을 바꾸는 투자 습관

부동산 공부에서 가장 핵심적인 요소는 바로 꾸준함이다. 특히 초보자라면 매일 최소 30분씩 규칙적으로 학습하는 것이 탄탄한 기초를 쌓고 실력을 키우는 가장 효과적인 방법이다. 시간이 부족해 보여도 하루 30분씩 집중해서 공부한다면 몇 달 후에는 자신의 성장을 스스로 체감할 수 있을 것이다. 하루 30분은 작은 시간처럼 느껴질 수 있지만, 이를 1년간 지속하면 무려 183시간이라는 귀중한 시간이 쌓이게 된다. 이 기간 동안 축적한 지식과 통찰력은 실제 투자에서 큰 힘을 발휘할 것이다.

부동산은 단기간에 끝낼 수 있는 투자 분야가 아니다. 시장은 끊임없이 변화하고 각종 규제와 정책도 수시로 바뀌기 때문에 진정한 전문가가 되려면 지속적인 학습과 현장 경험 축적이 필수다. 단순히 공부 시간을 채우는 것이 목표가 아니라, 그 시간을 '얼마나 집중하고 활용하느냐'가 핵심이다. 매일 정해진 시간을 확보하고 집중력 있게 학습하는 습관을 들이면 더 빠르고 깊이 있는 실력을 키울 수 있다. 다만, 부동산 공부는 단순히 책을 읽는 것에 그치지 않는다. 실거래가 분석, 공공데이터 열람, 현장 방문, 전문가 인터뷰, 유튜브·강의 시청 등 다양한 학습 방식을 병행해야 한다.

중요한 것은 자신에게 맞는 학습 루틴을 만들고 매일 30분씩을 성실히 지켜나가는 것이다. 하루 30분의 꾸준한 투자는 언젠가 시장을 꿰뚫는 통찰력과 실전 감각으로 돌아올 것이다. 공부는 짧은 시간에 끝나는 경쟁이 아니라 긴 호흡으로 완주하는 마라톤임을 명심해야 한다.

먼저 부동산 공부를 효과적으로 시작하려면 해당 분야의 전문가들이 실제 경험을 바탕으로 쓴 책을 읽는 것이 가장 좋다. 투자, 법률, 시장 분석 등 체계적으로 정리된 도서들은 초보자들이 실무 감각을 익히는 데 매우 유용하다. 특히 2주에 1권씩 읽는 목표는 바쁜 일상 중에도 충분히 실천할 수 있는 현실적인 방법이다. 독서를 할 별도의 시간을 내기 어렵다면 출퇴근길이나 대기 시간, 잠깐의 커피 타임 등 일상의 작은 시간을 활용하면 된다. 하루 30분의 독서 루틴을 만들고 가방에 항상 책 한 권을 넣어두는 습관은 학습의 지속성을 크게 높여줄 것이다.

책 읽기와 함께 온라인 강의 수강도 매우 효과적인 학습 방법이다. 유료 및 무료 강의를 통해 이론뿐만 아니라 실전 사례까지 폭넓게 학습할 수 있으며, 특히 사례 중심의 강의는 실무 감각을 키우는 데 탁월하다. 여기에 유튜브 채널이나 부동산 블로그를 구독하면 정책 해설, 입지 분석 등 실용적인 정보를 빠르게 얻을 수 있다.

또한 부동산 커뮤니티 활동을 통해 다양한 투자자들의 생생한 경험을 공유받고, 질문과 답변 과정에서 지식을 입체적으로 확장할 수 있다. 직접 블로그를 운영하면 자신의 지식을 정리하고 글쓰기 능력까지 함께 향상될 것이다. 결국 독서-강의-커뮤니티 참여라는 3가지 축을 균형 있게 유지하며 꾸준히 학습하면, 투자 감각은 자연스럽게 성장하고 실전에서도 흔들리지 않는 판단력을 갖출 수 있다.

요즘은 부동산 전문 블로그 한 곳만 정기적으로 읽어도 시장 동향, 투자 전략, 실전 사례 등 다양한 정보를 얻을 수 있는 시대다. 블로그나 커뮤니티 활동을 통해 양방향으로 소통하고 의견을 나누는 과정은 실력 향상에 큰 도움을 준다. 특히 블로그 운영은 지식 정리 능력과 글쓰기 실력을 동시에 키울 수 있어 학습자에게 매우 유익하다.

또한 호갱노노, 네이버페이 부동산, 부동산지인, 아실 같은 부동산 앱과 사이트를 활용하면 관심 지역의 실거래가, 입지 조건, 개발 호재 등의 정보를 쉽게 확인할 수 있다. 자신의 관심사에 맞는 사이트를 선정해 매일 일정 시간 방문하고 정보를 습득하는 습관을 들이면 실전 감각이 빠르게 향상된다.

온라인 학습도 중요하지만, 현장에서 진행되는 부동산 전문가 강의나 세미나에 직접 참석하는 것 역시 큰 도움이 된다. 강의 후 강사나 수강생과 대화를 나누면 예상치 못한 팁과 실전 노하우를 얻을 수 있고, 현장 답사 기회가 제공되는 경우 현장감 있는 학습이 가능하다. 하루 30분이 길게 느껴질 수 있지만, 이 시간을 꾸준히 투자한다면 몇 달 혹은 1년 후에는 완전히 달라진 자신을 발견하게 될 것이다. 중요한 것은 완벽한 이해가 아니라 끊임없이 학습하고 실천하는 자세다. 지금부터 부동산 공부를 시작하자. 하루 30분의 꾸준한 노력이 미래의 성공적인 부동산 거래와 자산 증식의 토대가 될 것임을 확신한다.

부동산 실전 경험의 첫걸음 장소

부동산 공부를 제대로 하기 위해 가장 먼저 실천해야 할 일은 자신이 사는 지역의 부동산을 꼼꼼히 분석하고 직접 현장을 방문해보는 것이다. 이론적 지식도 중요하지만, 눈으로 직접 보고 발로 뛰며 얻는 생생한 경험이 훨씬 더 깊은 통찰력을 제공한다. 자신의 거주지역은 가장 쉽게 접근할 수 있는 분석 대상이다. 익숙한 지역일수록 정보 수집이 쉽고 일상생활과 연계된 관찰이 가능해 초보자가 현장 감각을 기르기에 최적의 장소다.

먼저, 시세 조사부터 시작해보자. 자신이 거주하는 아파트나 주택, 인근 단지들의 실거래가를 자세히 살펴보자. 최근 몇 달간의 시세 변동, 평균 거래가, 전세와 매매 비율 등을 꼼꼼히 조사하면 부동산 감각을 한층 높일 수 있다. 네이버페이 부동산, 직방, 다방, 부동산지인 등의 플랫폼을 활용하고 실거래가는 국토교통부 실거래가 공개시스템, 호갱노노 등을 통해 확인하면 된다.

다음으로 입지 및 생활 인프라를 분석해보자. 부동산 가치는 주변 환경에 큰 영향을 받는다. 학교, 병원, 대형마트, 공원, 지하철역, 버스 정류장, 고속도로 진입로 등 생활 편의시설의 존재 여부는 시세 형성의 핵심 요소다. 특히 교통 편의성은 부동산 가치를 좌우하는 결정적인 요인이므로 반드시 꼼꼼히 확인해야 한다.

이어서 미래개발계획을 확인해보자. 도시 개발계획, 신도시 조성, GTX·지하철 연장, 대형 상업시설 건설 등은 향후 지역 가치 상승을 예고하는 중요한 지표다. 시청·구청 홈페이지, 한국부동산원, 국토교통부, LH 등 공공기관을 통해 확인할 수 있다. 다음은 거래 속도를 살펴보자. 매물이 시장에 나온 후 얼마나 빨리 거래되는지 관찰하는 것이 중요하다. 매물이 장기간 남아 있는 지역은 수요가 약하다는 신호이며, 빠르게 거래되는 지역은 인기 있는 곳일 가능성이 크다.

매물 등록일과 매매일을 비교하거나 네이버페이 부동산의 최근 거래 현황 탭을 활용하면 좋다. 현장 방문(임장 활동)은 선택이 아닌 필수다. 화면으로만 본 정보로는 놓치기 쉬운 요소들이 많다. 실제 현장에 가보면 일조권, 소음, 접근성, 상권 분위기, 단지 관리 상태 등 중요한 실질 정보를 직접 체감할 수 있다.

이처럼 거주지역부터 차근차근 분석해보는 과정은 단순한 학습을 넘어 실전 투자를 위한 기초 체력을 기르는 가장 효과적인 방법이다. 머리로만 공부하는 것이 아니라 발로 공부하는 습관을 들이면 누구나 부동산에 대한 안목을 키울 수 있다.

임장활동은 부동산 공부에서 가장 중요한 실전 학습 방법이다. 관심 있는 지역이나 매물을 직접 방문해 현장의 분위기, 생활환경, 교통 조건 등을 직접 보고 체험하는 과정은 단순한 정보 수집을 넘어선 감각 훈련이라고 할 수 있다.

책이나 인터넷에서 얻은 이론적 지식도 중요하지만, 현장에서 직접 느끼는 생생한 정보야말로 실전에서 진정한 힘을 발휘한다. 임장을 제대로 수행하려면 자신이 사는 지역뿐만 아니라 관심 있는 지역의 실제 거주환경을 꼼꼼히 관찰하는 습관을 기르는 것이 중요하다. 예를 들어, 자택 근처 부동산 중개소를 방문해 대장 아파트 시세와 매매 동향을 정기적으로 확인하고 주요 단지의 가격 변동을 모니터링하면 자연스럽게 부동산에 대한 감각이 길러진다. 이와 더불어 해당 지역의 거주민 특성, 상권 분위기, 주거 밀도, 단지 관리 상태 등도 세심하게 살펴봐야 할 요소들이다.

실제로 아파트 단지를 방문했을 때는 청결도, 경비원 배치, 커뮤니티 시설, 조경 수준, 출입 통제 방식 등을 통해 관리 수준을 판단할 수 있다. 임장은 단순한 방문이 아니라 현장 속 데이터 분석이며, 이를 통해 부동산을 바라보는 안목이 한층 더 예리해진다.

교통 편의성은 부동산의 가치를 좌우하는 핵심 요소 중 하나다. 주차 환경, 대중교통 접근성, 보행 동선 등은 현장에서 직접 확인해야 한다. 더불어 주변 학교, 대형 쇼핑몰, 병원 등 생활에 필수적인 인프라의 구축 정도를 꼼꼼히 점검하는 것이 중요하다.

지도상 위치만 보는 것보다 실제 현장을 방문해 느끼는 분위기와 편의성이 훨씬 더 정확한 판단 기준이 된다. 또한 임장 시에는 현재 거래 중인 매물을 철저히 조사해야 한다. 해당 부동산의 실제 상태를 확인하고, 광고 사진과 현장 상태의 일치 여부, 주변 유사 매물과 비교한 가격의 적절성 등을 세밀하게 살펴야 한다. 이러한 과정을 통해 실거래가 대비 매물의 적정가격을 판단하고 가격 차이가 발생하는 근본적인 원인(층수, 방향, 리모델링 여부 등)을 분석할 수 있다.

임장활동 후에는 현장에서 수집한 정보를 체계적으로 정리한 임장보고서를 작성하는 것이 중요하다. 이 보고서는 단순한 기록을 넘어 향후 부동산 투자와 매매 결정에 결정적인 참고 자료가 된다. 부동산 임장활동과 보고서 작성은 단순한 학습 단계를 넘어 실전 경험의 핵심 과정이다. 부동산 시장은 끊임없이 변화하고 있으며 이러한 흐름을 제대로 파악하려면 현장 중심의 경험이 필수다. 부동산 공부는 이론만으로는 한계가 있다. 실제 현장을 직접 방문하고 분석한 내용을 기록으로 정리하는 과정은 실전 감각을 키우는 데 매우 효과적이다. 특히 자택 주변의 대표적인 아파트를 중심으로 매매·전월세 시세, 입지 조건, 개발계획 등을 조사해서 보고서로 작성해보면 현장 대응 능력이 빠르게 향상된다.

이러한 현장 조사 활동은 각 단지의 시세 트렌드, 수요 특성, 개발 호재 등을 종합적으로 파악할 수 있어 실제 거래에서 실수를 최소화하고 현명한 판단을 내리는 데 큰 도움이 된다. 보고서 작성 과정에서 자연스럽게 분석력과 의사결정 능력까지 향상된다.

결국, 이론과 실전의 균형이 부동산 공부의 핵심이다. 스스로 조사하고 체계적으로 정리하는 이러한 과정은 미래의 성공적인 투자와 안정적인 거래를 위한 든든한 토대가 될 것이다.

월급쟁이가 저축으로 부자가 될 수 있을까?

저축만으로는 물가의 속도를 따라잡을 수 없다

'월급쟁이가 저축만으로 부자가 될 수 있을까?'라는 고민은 수많은 직장인의 공통된 숙제다. 매달 고정된 급여를 받으면서도 경제적 자유를 꿈꾸지만, 꾸준히 상승하는 물가와 낮은 금리, 예상치 못한 지출들로 인해 그 꿈은 점점 더 멀어져만 간다.

저축이 자산을 늘리는 가장 기본적인 방법임은 분명하지만, 저축만으로는 큰 부를 얻기가 쉽지 않다. 특히 지속적인 물가 상승은 저축의 실질적인 가치를 무너뜨리는 가장 큰 걸림돌이다. 예를 들어, 매년 물가가 3% 오르고 은행 예금 금리가 겨우 2%에 그친다면, 저축한 돈의 실질 가치는 해마다 줄어들 수밖에 없다. 과거 고금리 시대에는 정기예금만으로도 자산이 늘어났지만, 현재의 저금리 저성장 시대에는 상황이 완전히 달라졌다. 저축만으로는 물가 상승률을 따라잡기 어렵고 장기적으로 자산의 구매력은 계속해서 감소할 수밖에 없는 구조다.

또한, 월급 생활자의 소득에는 분명한 한계가 있다. 고정된 급여 외에 추가 수입이 없다면 저축할 수 있는 금액도 매우 제한적일 수밖에 없다. 예를 들어, 월 300만 원을 벌면서 20%를 저축한다고 해도 매달 60만 원, 1년에 고작 720만 원 정도에 불과하다. 이 정도 금액으로는 자산을 빠르게 늘리기 어렵고 월급만으로는 겨우 생활할 수 있을 뿐 진정한 경제적 여유를 누리기는 힘들다.

하지만 희망은 여전히 존재한다. 직장인들은 안정적인 월급이라는 강점을 활용해 초기 자본을 마련하고, 이를 투자로 연결하는 전략을 실행할 수 있다. 전업 투자자나 사업가처럼 큰 위험을 감수하지 않고도 안정적인 근로소득을 바탕으로 꾸준히 투자할 수 있다는 점은 오히려 큰 장점이다.

직장인이 자산을 늘리는 핵심 공식은 간단하다. 절약하고 저축해서 초기 자본을 마련해 현명한 투자를 해야 한다. 여기에 재테크에 대한 지속적인 학습과 실천이 더해진다면 누구나 경제적 자유를 달성할 수 있다.

결국 저축만으로는 부자가 되기 어렵다. 돈을 버는 속도와 모으는 속도는 서로 다르게 접근해야 한다. 월급만으로 돈을 모으는 것은 마치 거북이로 장거리 마라톤을 뛰는 것과 같다. 돈은 저절로 늘어나지 않는다. 자산을 성장시키기 위해서는 현명한 투자 전략과 꾸준한 실행력이 절대적으로 필요하다.

돈을 버는 속도와 모으는 속도를 다르게 하라

부자가 되기 위해서는 단순히 저축에만 의존하는 것이 아니라 돈이 스스로 불어나는 구조를 만드는 것이 핵심이다. 투자나 사업을 통해 자산이 수익을 창출하는 시스템을 구축해야 한다. 성공한 부자들은 자신의 시간과 노동력을 모두 쏟아붓기보다는 돈이 스스로 일하게 만드는 구조를 먼저 만든다. 진정한 부자의 사고방식은 돈을 아끼는 것보다 돈을 불리는 방법에 초점을 맞춘다. 전략적인 소비, 현명한 투자, 복리 원리를 이해하고 실천함으로써 자산을 점진적으로 성장시킨다. 주식, 채권, 펀드, 창업 등 다양한 방법이 있지만, 특히 부동산은 월급 생활자에게 현실적인 투자 수단이다.

실제로 직장생활 10년 이상을 했음에도 불구하고 어떤 이는 순자산이 3억 원도 되지 않지만 다른 이는 10억 원, 20억 원 이상을 보유하는 차이가 발생한다. 부모의 지원이나 소득 수준이 비슷하다는 전제하에 그 격차는 결국, 직장생활 중 재테크와 투자를 얼마나 성실히 병행했는지에 달려 있다. 요즘에는 결혼 전 각자 아파트를 구입한 신혼부부가 절세와 부동산 전략을 위해 혼인신고를 미루는 사례가 적지 않다. 심지어 출산 이후에 혼인신고를 하는 경우도 있을 정도로 부동산 투자에 관한 관심과 실행력이 달라지고 있다. 이는 단순한 트렌드가 아니라 현실적으로 자산을 지키고 불리기 위한 전략적 판단이라고 할 수 있다.

직장인에게 진정으로 중요한 재테크 전략은 고위험·고수익이 아니다. 사업가나 전업 투자자처럼 무모한 위험을 감수할 필요는 없다. 가장 안전한 길은 '직장생활을 유지하면서 꾸준히 투자하는 것'이다. 투자 위험을 최소화하는 가장 효과적인 방법은 지속적인 학습이다. 무지한 상태로 투자하면 위험하지만, 꾸준히 공부하고 경험을 쌓으면 위험은 자연스럽게 관리할 수 있다. 특히 주식과 부동산 같은 대표 자산에 대해 꾸준히 공부하고 충분한 확신이 생겼을 때 안정적인 장기 투자로 이어가는 전략이 직장인에게 가장 현실적이다.

물론 소수의 사람은 회사를 그만두고 사업이나 고위험 투자를 선택할 수 있다. 하지만 이는 상당한 위험을 감수해야 하는 방식이며, 대부분의 직장인에게는 적합하지 않다. 근로소득을 기반으로 점진적으로 자본을 만들고 재테크 역량을 키우며 투자 비중을 서서히 늘려가는 방식이 직장인에게는 훨씬 안정적이다.

한편 직장인의 월급 인상률은 물가 상승률을 따라가지 못하는 경우가 많다. 지난 10년간 현금의 실질가치는 하락했지만, 부동산 자산가치는 지속해서 상승해왔다. 특히 2020년부터 2021년 사이 서울과 수도권의 일부 지역은 20~30% 이상 폭등했으며, 일부 지역은 이보다 더 가파른 상승률을 보였다. 반면 같은 기간 직장인 평균 임금 상승률은 2.5~4% 수준에 그쳐 자산 격차를 실감할 수 있다.

결국 직장인이 재정적 성공을 이루기 위해서는 저축과 투자의 균형이 필수다. 저축은 자산 형성의 토대이며 투자와 결합될 때 복리 효과를 통해 자산을 빠르게 불릴 수 있다. 중요한 것은 '많은 양'이 아니라 '지속적인 실천'이다.

작은 실천이 큰 변화를 만든다. 오늘부터 소득의 일정 부분을 저축하고 그 자금을 자신에게 맞는 투자처, 예를 들어 부동산에 연결하는 것 등이 재정적 성공의 시작점이다. 월급쟁이도 부자가 될 수 있다. 그 시작은 바로 지금이다.

내 집 마련의 출발점은 청약통장에 있다

청약제도를 알면 내 집이 보인다

내 집 마련은 많은 사람들이 인생에서 그토록 바라는 목표 중 하나다. 그러나 부동산 시장의 복잡한 구조와 치열한 경쟁은 초보자들에게 상당한 부담으로 다가올 수 있다. 무주택자가 이 여정을 시작하기 위해 가장 먼저 이해해야 할 것은 바로, 아파트 청약제도와 주택청약종합저축(줄여서 청약통장)이다. 이 2가지는 내 집 마련의 첫걸음이자 안정적인 주택 구입을 위한 핵심 수단이다. 이제 부동산 초보자도 쉽게 이해할 수 있도록 청약제도의 개념, 작동 방식, 그리고 청약통장의 중요성을 상세히 설명하겠다.

청약제도란, 신규 분양되는 아파트나 주택을 원하는 사람들이 신청해 가점제 또는 추첨을 통해 당첨자를 선정하는 제도를 말한다. 이 제도는 실수요자에게 주택을 안정적으로 공급하기 위해 마련되었으며, 공정한 기회를 제공하는 것을 목표로 한다. 다만, 높은 경쟁률과 엄격한 자격 요건으로 인해 철저한 사전 준비가 필수다. 쉽게 말해 아파트 청약은 특정 주택을 분양받기 위해 신청하는 절차다.

청약에 당첨되면 분양계약을 체결할 수 있는 권리를 얻게 되며, 이를 통해 계약금 납부와 자금 조달 등의 과정을 거쳐 해당 아파트에 입주할 기회를 얻는다. 청약제도는 공공분양의 경우 정부가 주도하고 민영분양의 경우 민간 건설사가 주도하되 정부의 규제를 받아 운영된다. 궁극적으로는 실수요자가 안정적으로 주택을 마련할 수 있도록 돕는 것이 목표다. 당첨 여부는 단순한 경쟁률뿐만 아니라 가점제(무주택 기간, 부양가족 수, 청약통장 가입 기간 등) 또는 추첨에 따라 결정되므로 자신의 자격 요건을 미리 꼼꼼히 파악하고 준비해서 청약 당첨에 유리한 위치를 선점하는 것이 매우 중요하다.

분양주택은 공공분양주택과 민영분양주택으로 나뉘며, 유형마다 무주택 기간, 소득 기준, 지역 거주 여부 등 입주 자격이 상이하다. 모든 청약의 필수조건은 주택청약종합저축 가입이다. 주택청약종합저축은 공공분양과 민영분양 청약을 모두 지원하며, 누구나 1인 1계좌로 가입할 수 있다. 다만, 청약 자격은 무주택 여부, 세대주 여부, 만 19세 이상의 연령 조건 등에 따라 달라질 수 있다.

최근 금리 변동과 경제 상황으로 부동산 시장이 다소 위축되었지만, 경기도 일부 지역에서는 우수한 입지와 주변 시세보다 낮은 분양가로 인해 청약 경쟁률이 두 자릿수를 기록하기도 한다. 다만, 이는 지역과 분양 단지에 따라 크게 달라질 수 있으므로 최신 정보를 꼭 확인해야 한다. 내 집 마련에서 주택청약의 중요성을 고려할 때 1순위 자격을 갖추기 위해 가능한 한 빨리 주택청약종합저축에 가입하는 것이 중요하다.

청약 당첨의 시작은 청약통장에 있다

청약저축은 대한민국 국민과 국내 거주 외국인(외국인등록번호 소지자) 모두가 가입할 수 있다. 유주택자와 미성년자도 포함되며 나이 제한 없이 국민은행, 신한은행, 농협은행, 하나은행, 우리은행 등 주택도시기금 수탁은행에서 계좌를 개설할 수 있다. 가입은 1인 1계좌로 제한되고 약정이율은 2025년 기준 연 2.3~3.1%의 국토교통부 정책금리가 적용된다.

매월 2만 원 이상 50만 원 이하로 납입할 수 있으며, 잔액이 1,500만 원 미만일 경우 최대 1,500만 원까지 일시 예치가 가능하다. 잔액이 1,500만 원 이상이면 월 50만 원 이내에서 자유롭게 입금할 수 있지만, 청약 가점 산정 시 월 최대 25만 원까지만 인정된다.

최근 주택시장 침체로 주택청약종합저축 가입자 수가 줄어들고 있다. 2024년 9월 말 기준, 1순위 가입자 수는 약 2,542만 명으로 2023년 같은 기간에 비해 약 37만 명이 감소했다. 다만, 2025년 시장 회복 가능성에 따라 가입자 수는 변동될 수 있다. 청약에 대한 열기가 다소 식었지만, 여전히 무주택 서민들에게 내 집 마련을 위한 좋은 기회로 여겨지고 있다.

청약 당첨을 통해 내 집 마련을 꿈꾼다면, 당첨 확률을 높이기 위해 주택청약 1순위 조건을 갖추는 것이 매우 중요하다. 시장이 좋지 않을 때 오히려 기회가 올 수 있다. 사람들의 관심이 적어 좋은 기회를 수월하게 잡을 수 있기 때문이다. 대표적으로 2022년 12월 둔촌주공아파트의 경우, 분양 경쟁률이 3.7:1로 낮았고 저가점자도 당첨되는 사례가 있었다. 당시 84㎡ 분양가는 약 13억 원이었으며, 2025년 현재 매매가는 20억 원대 초중반까지 상승한 것으로 보도되고 있다. 시장이 더 나빠진다면 좋은 분양임에도 경쟁률이 낮아질 수 있으니 시세 대비 저렴하게 나온 곳에 청약을 넣어볼 필요가 있다.

최근 주택 거래량이 줄어들면서 부동산 시장이 다시 냉기를 띠고 있지만 이러한 위기 속에서도 기회는 존재한다. 내 집 마련의 꿈을 이루기 위해서는 청약제도와 1순위 조건을 정확히 파악하는 것이 관건이다. 일반적으로 주택청약 1순위 자격은 주택청약통장 가입 기간(2년 이상), 지역별 최소 납입 횟수, 예치금 요건, 무주택 세대주 조건 등을 충족해야 얻을 수 있으며 청약 당첨 가능성을 높이려면 청약 가점제 요건까지 갖추는 것이 유리하다.

청약은 크게 공공분양(국민주택)과 민영분양(민영주택)으로 구분된다. 국민주택은 전용 85㎡ 이하(수도권 외 일부 지역은 100㎡ 이하)로 국가나 지방자치단체, 한국토지주택공사, 지방공사 등이 국민주택기금의 지원을 받아 공급하는 주택을 말한다. 반면 민영주택은 국민주택을 제외한 민간 건설사가 국민주택기금 없이 공급하며 면적 제한 없이 분양된다.

국민주택의 1순위 조건은 무주택 세대주(또는 세대원)로서 해당 지역에 일정 기간 이상 거주하고 청약통장을 2년 이상 유지하며 월 납입금을 기준 횟수 이상 납입한 경우에 충족된다. 세부적으로 투기과열지구·청약과열지역은 2년 이상 거주하고 24회 이상 납입, 수도권은 1년 이상 거주하고 12회 이상 납입, 수도권 외는 6개월 이상 거주하고 6회 이상 납입, 위축지역은 1개월 이상 거주하고 1회 이상 납입하면 된다.

민영주택 1순위는 청약통장 가입 기간(2년), 예치금, 납입 횟수 등 요건을 충족하고 무주택 세대주이면서 최근 5년 내 당첨 이력이 없는 경우에 부여된다. 다만, 투기과열지구 및 청약과열지역에서는 2주택자는 1순위에서 제외되므로 각별한 주의가 필요하다.

예를 들어, 서울에 거주하는 30세 무주택자가 전용면적 85㎡ 민영주택에 청약하려면 청약종합저축에 가입 후 2년 이상 경과, 24회 이상 납입, 예치금 300만 원 이상을 충족해야 1순위 자격을 얻을 수 있다.

청약 가점제에서 유리한 점수를 얻기 위해서는 무주택 기간, 부양가족 수, 청약통장 가입 기간을 최대한 확보하는 것이 중요하다. 특히 투기과열지구 등은 최소 2년 이상의 실제 거주요건이 요구될 수 있으므로 청약에 앞서 해당 지역의 최신 요건을 반드시 꼼꼼히 확인해야 한다.

청약 당첨, 이제는 운이 아니라 전략이다

많은 사람이 주택청약을 '로또'에 빗대곤 한다. 당첨되면 지역에 따라 수억 원의 시세차익을 얻는 기회이기 때문이다. 하지만 청약 당첨은 단순한 운이 아니라 철저한 전략과 준비를 통해 성공 가능성을 높일 수 있는 영역이다. 무작정 참여하기보다는 자신의 상황에 맞는 최적의 선택이 중요하다.

민영분양 청약 시에는 자신의 조건을 꼼꼼히 분석해 가점제와 추첨제를 전략적으로 활용해야 한다. 민영분양과 공공분양 모두 가점제를 사용하며, 가점제는 무주택 기간(최대 32점), 부양가족 수(최대 35점), 청약통장 가입 기간(최대 17점) 합산해 점수가 높은 순으로 당첨자를 선정한다. 통장 가입 기간은 소유자의 사망이나 혼인 등으로 명의가 변경되어도 최초 가입일을 기준으로 계산된다.

가점제에서 부양가족 수는 청약자와 주민등록등본에 함께 등재된 배우자 및 직계 존비속(부모, 자녀)을 기준으로 산정한다. 무주택 기간은 만 30세부터 계산하며 30세 이전 혼인 시 혼인신고일부터 기산한다. 민영분양과 공공분양은 가점제로 우선 선발하고 남은 물량은 추첨제로 당첨자를 선정한다.

가점제 비율은 지역과 면적에 따라 달라지며 투기과열지구에서 일반공급 청약 시 전용 60㎡ 이하는 가점제 40%·추첨제 60%, 전용 60㎡ 초과 ~ 85㎡ 이하는 가점제 70%·추첨제 30%, 전용 85㎡ 초과는 가점제 80%, 추첨제 20%를 적용한다. 가점이 낮다면 무순위 청약 즉 일명

'줍줍'에 도전할 수 있다. 무순위 청약은 계약 포기나 부적격으로 취소된 주택을 대상으로 진행되며 주로 1순위 청약 후 사후 무순위 청약으로 공급된다. 일부 단지는 마케팅 차원에서 1순위 청약 전에 사전 무순위 청약을 시행하기도 한다.

2025년 6월 10일부터 무순위 청약 기준이 변경되어 무주택자만 신청이 가능하게 되었으며, 지자체는 지역 수요에 따라 거주요건을 조정할 수 있다. 예를 들어, 서울 등 투기과열지구에서는 무순위 청약에도 2년 이상 거주 조건이 붙을 수 있으며, 미분양이 많은 위축지역에서는 거주요건이 완화될 수 있다. 세부 요건은 청약홈에서 각 공고를 통해 확인해야 한다. 지난번 경기도 동탄의 무순위 청약은 로또 청약으로 불리며 수억 원의 시세차익이 기대되었고, 약 294만 명이 신청해 약 294만 대 1의 치열한 경쟁률을 기록했다.

청약 당첨 확률을 높이려면 청약홈의 청약 알리미에 가입해 분양 소식을 정기적으로 확인하는 습관을 들이는 것이 좋다. 청약홈의 가점 계산기를 활용해 가입 기간, 부양가족 수, 무주택 기간으로 자신의 가점을 미리 확인하고 입주자 모집공고를 참고해 청약 전략을 세워볼 수 있다.

특별공급과 지역우선공급제도를 활용하면 주택 당첨 확률을 높일 수 있다. 특별공급은 신혼부부, 다자녀 가구, 노부모 부양, 기관 추천, 생애 최초 주택 구입 등 특정 요건을 충족한 이들을 위한 제도로 일반공급과 별도로 경쟁하기 때문에 당첨 가능성이 상대적으로 높다.

지역우선공급은 민영주택(민영분양)과 국민주택(공공분양) 모두에 적용된다. 민영주택의 경우, 서울 전역(투기과열지구)에서는 전체 물량의 100%를 서울 거주자에게 우선 배정하고 투기과열지구를 제외한 수도권 및 광역시 일부(청약과열지구)는 70% 이상, 기타 지역은 50~70%를 해당 지역 거주자에게 우선 배정한다. 단, 실제 적용 비율 및 세부 요건은 각각의 분양공고와 사업지별 사정에 따라 일부 상이할 수 있으니, 반드시 해당 모집공고를 확인해야 한다.

국민주택의 경우, 해당 주택 건설 지역(시·군·구)의 무주택세대 구성원에게 100% 우선 공급하며 미달 시 인접 지역 거주자에게 우선 공급하고, 다시 신청자가 부족할 경우 타 지역 거주자에게 기회를 제공한다. 대규모 택지지구는 특별시·광역시(또는 시·도) 거주자에게, 중소 규모 택지지구는 해당 시·군·구 거주자에게 100% 우선공급한다. 지역별 조정대상지역 여부와 우선공급 비율은 반드시 청약 공고를 통해 확인해야 한다.

예를 들어, 서울 강남구의 85㎡ 민영주택 100세대는 서울 거주자에게 100% 우선 배정되며 신청자가 부족할 경우 타 지역 거주자도 신청할 수 있다. 대구 민영주택은 조정대상지역이면 100%, 비조정대상지역이면 50~70%를 대구 거주자에게 우선 배정한다. 조정대상지역 여부는 청약홈 공고를 통해 확인해야 한다. 고양 창릉, 남양주 왕숙 등 대규모 택지지구의 공공분양주택은 특별시·광역시(또는 시·도) 거주자에게 100% 우선공급되며, 시·군·구 구분 없이 배정된다. 중소규모 택지지구는 해당 시·군·구 거주자에게 100% 우선공급하고, 신청자가 부족하면 인접 지역 거주자에게 기회를 준다.

청년주택드림청약통장은 19~34세 청년(병역 복무 최대 6년 제외, 최대 39세)이 가입할 수 있으며, 직전 연도 총급여액 5,000만 원 이하, 무주택 세대주 또는 세대 구성원 요건을 충족해야 한다. 가입 2년 이상 시 우대이율(2025년 기준 4.5%)과 이자소득 비과세 혜택을 받을 수 있으며, 기존 주택청약종합저축 가입자도 요건 충족 시 전환 가능하다. 단, 우대이율은 2025년 시장 상황에 따라 변동될 수 있다.

청약통장 가입만으로 당첨이 보장되지는 않는다. 당첨 가능성을 높이려면 1순위 조건을 갖추고 동일 순위 내에서 가점을 높이는 것이 유리하다. 가점이 낮아도 예비 번호는 무작위로 부여되며, 빠른 예비 번호를 받으면 당첨자 중 부적격자나 계약 포기 시 예비 순서대로 당첨될 수 있다. 청약홈을 통해 분양 정보를 확인하고 꾸준히 신청하는 것이 중요하다.

2023~2024년 부동산 시장 위축으로 계약 포기나 부적격 사례가 늘면서 예비 번호를 가진 대기자들에게 당첨 기회가 생기기도 했다. 2025년 시장 상황은 변동될 수 있으므로 예비 번호를 활용한 전략도 고려해볼 만하다.

# 부동산 단계별(취득, 보유, 양도) 세금의 종류와 기준

부동산 투자자에게 세금 공부는 제2의 수익 창출이다

부동산에 투자한다는 것은 필연적으로 세금 납부를 동반한다. 부동산 관련 세금은 취득부터 보유, 양도까지 투자자에게 계속해서 부과되는 필수 비용이다. 다시 말해, 세금은 부동산 투자에서 절대 무시할 수 없는 핵심 요소이며, 이를 고려하지 않은 투자 전략은 매우 위험할 수 있다.

최근에는 부동산 세금을 제대로 고려하지 않고서는 수익률 계산 자체가 불가능할 정도로 세금의 중요성이 커졌다. 하지만 많은 초보 투자자는 여전히 부동산 가격 상승이나 임대수익에만 집중하고 세금 문제는 뒷전으로 미루는 경향이 있다.

세금은 단순한 정부의 부과 비용이 아니다. 제대로 이해하지 못하면 예상 수익이 크게 줄지만, 반대로 세금 체계를 철저히 파악하고 전략적으로 접근하면 합법적으로 세금을 절감하고 수익을 극대화하는 기회가 된다. 부동산 투자자는 취득세, 보유세(재산세·종합부동산세), 양도소득세 등 핵심 세금의 종류와 산정 기준을 정확히 숙지하고 투자 초기 단계부터 세금 비용을 꼼꼼히 반영해야 한다.

이러한 이해를 바탕으로 적법한 절세 전략을 수립하면, 세금은 또 다른 수익 창출 수단이 될 수 있다. 과거에는 다운계약서나 기준시가를 통해 세금을 줄이는 관행이 있었지만, 현재는 대부분의 부동산 거래가 실거래가 기준으로 과세되며, 정부의 과세 투명성이 크게 강화되었다.

특히 양도소득세와 취득세는 실거래가를 기준으로 하고 보유세는 여전히 공시가격을 기준으로 산정되므로 세목별 기준을 명확히 구분해 이해해야 한다. 부동산 세금은 복잡하고 지루하게 느껴질 수 있지만, 제대로 이해하지 못한 채 투자에 나서면 마지막 단계에서 예상치 못한 세금 폭탄을 맞을 수 있다. 따라서 투자자라면 세금 구조 전반에 대해 체계적으로 학습하고 세금 관리까지 포함한 종합적인 수익 전략을 수립하는 것이 무엇보다 중요하다.

우리나라의 세금 체계는 크게 국세와 지방세로 나뉘며, 부동산 거래는 취득, 보유, 양도(처분)의 세 단계로 구분된다. 각 단계마다 적용되는 세금이 상이하므로 이를 명확히 이해하는 것이 부동산 투자의 핵심 전략이 된다.

취득 단계에서는 취득세가 가장 대표적인 세금으로 부과되며, 여기에 지방교육세와 농어촌특별세가 추가된다. 또한 부동산 거래 계약 시 인지세도 별도로 발생한다. 과거에는 등록세가 독립적으로 존재했으나 2006년부터 취득세로 통합되어 현재는 취득세만 납부하면 된다. 부동산을 매매가 아닌 증여나 상속으로 취득할 경우, 증여세나 상속세를 부담해야 하며, 이와는 별개로 취득세도 추가로 발생한다. 특히 취득 자금의 출처를 입증하지 못하면 추가 증여세 과세 가능성이 있어 자금출처조사에 대한 철저한 대비가 필요하다.

보유 단계에서는 매년 재산세가 과세되며, 일정 기준(공시가격 합산 기준 초과)을 넘으면 종합부동산세가 추가로 부과된다. 과거에는 건물과 토지에 대해 각각 다른 세금을 납부했으나 2005년부터 주택은 건물과 토지를 통합해 재산세로 과세되고 일정 기준 초과 시 종부세도 별도로 납부하게 된다. 일반 건물은 재산세만 납부하며 토지는 종합합산대상, 별도합산대상, 분리과세대상으로 구분되어 각각 재산세와 종부세 부과 기준이 다르다. 또한 재산세에는 지방교육세, 공동시설세, 도시계획세가, 종부세에는 농어촌특별세가 추가로 부과되어 실질 세금 부담이 더욱 커질 수 있다.

마지막 처분 단계에서는 양도소득세가 부과된다. 양도가액에서 취득가액 및 필요경비, 장기보유특별공제 등을 차감해 양도차익을 계산하고, 이에 따라 세율이 적용된다. 이처럼 부동산 투자에는 다양한 세금이 수반되며 각 세금은 단순한 지출이 아니라 전략적 관리대상이다. 세금 구조를 정확히 이해하고 체계적으로 대응하면 절세를 통해 수익을 보호하고 높일 수 있다.

세금 공부는 단순한 지식 습득을 넘어 부동산 투자 수익률을 실질적으로 결정짓는 핵심 요소다. 특히 취득, 보유, 양도 각 단계에서 발생하는 세금을 자세히 분석하고 합법적인 절세 전략을 수립한다면 불필요한 지출을 최소화하고 실수익을 극대화할 수 있다. 세금에 대한 무지로 인한 손해를 예방하는 것은 부동산 투자 초보자에게 가장 중요한 첫걸음이며, 동시에 장기적으로는 재정적 독립을 앞당기는 핵심 열쇠가 될 수 있다.

취득세를 알면 부동산 투자 전략이 보인다

부동산을 구매할 때 가장 먼저 마주하게 되는 세금이 바로 취득세다. 취득세는 주택, 상가, 토지 등 부동산을 취득할 때 반드시 납부해야 하는 지방세로 부동산 거래에서 필수적인 비용 항목이다. 소유권을 취득한 것으로 간주되는 날부터 과세 의무가 발생하며, 이를 제대로 이해하면 더욱 정교한 자금계획을 세울 수 있고 합법적인 절세 전략 수립에도 도움을 받을 수 있다.

취득세는 토지, 건축물, 주택 등을 취득할 때 해당 부동산 소재지의 특별시·광역시·도에서 부과하는 지방세다. 과세표준은 신고 가액 또는 시가표준액 중 높은 금액의 취득 당시의 가액을 기준으로 하며, 연부 취득 시 전체 취득가액을 기준으로 하되, 납부는 분할로 가능하다. 부동산 초보자들은 취득세가 부동산 거래에서 중요한 비용임을 인식해야 한다. 취득세는 주택, 토지, 상가 등을 매입, 증여, 상속할 때 부과되는 지방세로 매수가격과 주택 수, 지역에 따라 세율이 달라진다.

취득세는 보통 부동산의 실거래가액을 과세표준으로 삼으며 취득 목적, 주택 수, 지역, 주택가액 등에 따라 세율이 달라진다. 예를 들어, 1세대 1주택자의 경우 주택 가격에 따라 1~3%의 기본세율이 적용되지만, 조정대상지역 내 2주택자는 8%, 3주택자 이상 또는 법인이 주거용 부동산을 취득하면 최대 12%의 중과세율이 부과될 수 있다. 이에 더해 부동산을 취득할 때는 지방교육세와 농어촌특별세(일반적으로 취득세의 10%), 인지세도 함께 부과된다. 단, 1세대 1주택자가 국민주택규모(전용 85㎡ 이하) 또는 6억 원 이하 주택을 취득하면 농어촌특별세가 면제될 수 있으며, 이는 세금 부담을 줄이는 주요 방법의 하나다.

취득세는 부동산을 취득한 날로부터 60일 이내에 납부해야 한다. 만약 기한 내 신고 또는 납부를 하지 않으면 신고불성실가산세(20%)와 납부불성실가산세(일일 0.025%)가 추가로 부과되어 전체 세 부담이 크게 증가할 수 있다. 연장 신청이 인정되면 최대 90일까지 납부 기한을 미룰 수 있지만, 사유서 등 관련 서류 제출이 필요하다. 취득세는 각 지방자치단체 세무과에서 관리하며, 위택스(지방세 납부 시스템) 또는 은행 창구, 카드 결제 등 다양한 방법으로 온라인·오프라인 납부가 가능하다. 납부세액이 20만 원 이하이면 7월에 일괄 납부할 수 있다.

 기한 후 신고 시 감면 규정이 있지만, 최대 6개월 이내에 신고해야 한다. 취득세는 부동산 거래에서 가장 먼저 마주치는 세금이다. 원칙적으로 취득세는 실거래가액을 기준으로 과세되지만, 거래가액이 불분명하거나 증여·상속 등 무상취득의 경우에는 예외적으로 기준시가 또는 감정가액이 적용될 수 있다. 취득세는 단순한 초기비용이 아니라 부동산 투자의 수익률에 직접적인 영향을 미치는 중요한 요소다. 이를 정확히 이해하고 취득 시점부터 세 부담을 관리하는 것은 모든 부동산 투자자가 반드시 알아야 할 기본 전략이라 할 수 있다.

 취득세율은 일반 개인이 1세대 1주택을 취득할 때 주택가액에 따라 다음과 같은 세율이 적용된다. 6억 원 이하는 1%, 6억 원 초과 ~ 9억 원 이하는 1~3%의 누진세율, 9억 원 초과는 3%다. 예를 들어, 7억 원 주택을 매입하면 약 1.67% 수준의 취득세율이 부과된다.

 반면, 2주택자의 경우 조정대상지역에서는 8%, 비조정대상지역에서는 1~3%의 일반세율이 적용된다. 3주택 이상 보유자는 비조정대상지역에서는 8%의 세율이 부과되며, 조정대상지역에서는 12%의 중과세율이 적용된다. 법인이나 4주택 이상을 보유한 개인의 경우 지역과 관계없이 12%의 단일세율이 적용된다.

 상속이나 증여로 부동산을 취득할 경우에도 별도의 취득세가 부과된다. 상속 시에는 2.8%, 증여 시에는 3.5%의 세율이 적용되며 일정 요건을 충족하면 농특세가 면제될 수 있다. 상속세와는 별도로 취득세가 과세되며, 증여세와 무관하게 즉시 취득세가 부과된다.

 과세표준은 대체로 실거래가(계약서상 금액)를 기준으로 하지만 거래가 불분명하거나 시가보다 현저히 낮은 경우, 지자체가 기준시가로 조정할 수 있다. 예를 들어, 1세대 1주택자가 5억 원 주택을 매입하면 1% 세율이 적용되어 500만 원의 취득세가 부과되며 이 경우 농특세는 면제된다.

취득 시점은 다음과 같은 기준으로 판단된다. 유상 취득(매매 등)은 잔금일 또는 등기일 중 빠른 날, 상속은 피상속인 사망일, 증여는 증여계약일, 사용 중인 경우 사실상 사용일, 신축 건물은 사용승인서 교부일, 임시사용일, 실제 사용일 중 가장 빠른 날, 토지 지목변경은 실제 변경일 또는 등기부상 기준일이다. 결국 취득세는 단순한 세금이 아니라 투자 전략과 핵심 비용으로 볼 수 있다. 자신의 주택 수, 지역, 취득 유형을 정확히 파악하고, 신고 시기와 기준을 이해한다면 불필요한 세금 부담을 줄이고 수익률을 보호할 수 있다.

취득세는 특정 조건을 충족하면 감면 또는 면제 혜택을 받을 수 있으며, 주로 생애 최초 주택 구매자나 특정 지역 주택에 적용된다. 생애 최초로 주택을 구매할 때 주택가액이 12억 원 이하이고 소득 제한 없이 최대 200만 원(소형주택은 300만 원)까지 취득세를 감면받을 수 있다. 이 혜택은 2022년 6월 21일 이후 취득분부터 적용되며 2025년 12월 31일까지 한시적으로 운영된다.

강원도, 전남 일부 지역 등 인구감소지역에서 무주택자 또는 1주택자가 3억 원 이하의 주택(아파트 포함)을 구매하거나, 수도권 85㎡ 이하, 비수도권 60㎡ 이하의 소형 주택을 신축하면 기본 25% 감면에 지방자치단체 조례에 따라 최대 25% 추가 감면해 최대 50%까지 취득세를 감면받을 수 있다.

과거에는 임대사업자 등록 후 장기 임대 시 취득세 전액 면제 또는 감면 혜택이 있었으나 2021년 이후 해당 제도는 대부분 폐지되었으며,

현재는 공공지원 민간임대주택 등 일부 특수한 경우에만 제한적으로 적용된다. 따라서 임대등록을 통한 취득세 감면은 매우 제한적이므로 사전 확인이 필수다.

농어촌주택 취득 시에는 별도의 취득세 감면은 없지만, 양도소득세 비과세 특례가 적용된다. 1세대 1주택 요건을 충족하고 3년 이상 보유하는 등 일정 요건을 만족할 경우, 해당 주택은 1세대 1주택으로 간주되어 양도세 비과세 혜택을 받을 수 있다.

다자녀가구의 경우 현행 법령상 취득세 추가 감면은 없지만 생애 최초 주택 구매 요건에 해당할 경우, 일반 감면 혜택을 받을 수 있다. 또한 청약제도에서는 특별공급 우선권 등 별도 혜택이 제공된다. 감면 요건과 지역 지정 여부, 조례에 따른 추가 혜택 등은 지방세 위택스 또는 관할 지자체의 고시·공고를 통해 반드시 사전 확인해야 하며 특히 한시적 제도는 종료 시점(2025년 말 예정)까지 신청 및 취득을 완료해야 감면이 적용된다.

생애 최초, 인구감소지역, 다자녀, 임대주택 등 취득세 감면제도를 활용하면 세금 부담을 줄일 수 있다. 감면 신청은 각 지자체 세무과 또는 위택스에서 가능하며, 신청서와 증빙서류를 제출해야 한다. 부동산 투자에서는 취득세를 포함한 모든 비용을 고려해 실질수익률을 계산해야 한다. 금리 변동, 고물가 시대에는 취득세 절감 전략이 투자 성공에 직접적인 영향을 미친다.

취득세 관리와 절세 전략을 세우면 장기적으로 안정적인 수익을 얻을 수 있다. 세금 공부는 단순한 회피가 아니라 효율적 활용을 통한 투자 수익 극대화 과정이다.

비슷하지만 다른 세금, 재산세와 종합부동산세 제대로 알기

부동산을 보유하면 세금은 피할 수 없는 현실이 된다. 그러나 다행히 세금의 종류와 부과 기준을 명확히 이해하고 관리하면 불필요한 세 부담을 줄이고 투자 수익률을 높일 수 있다. 부동산 초보자가 가장 혼동하기 쉬운 세금 중 하나는 재산세와 종합부동산세(종부세)의 차이다. 이 2가지는 모두 보유세라는 공통점이 있지만, 부과 주체, 기준, 적용 대상이 서로 다르다.

재산세는 지방세로 모든 부동산 소유자에게 매년 부과되고, 종합부동산세는 국세로 일정 기준을 초과하는 고가주택이나 다주택자에게만 추가로 부과된다. 재산세는 주택, 토지, 건축물, 선박, 항공기 등 일정한 재산을 보유한 사람에게 부과되는 지방세다.

부동산의 경우, 해당 부동산이 위치한 시·군·구청에서 과세하며 이렇게 걷힌 재원은 지방자치단체의 예산 및 지역 인프라 운영에 사용된다. 과세 대상 중 주택은 아파트, 단독주택, 다세대주택 등(부속 토지 포함)이며, 토지는 나대지, 전·답, 과수원, 임야 등이고 건축물은 상가, 창고, 사무실 등 비주거 건물이다.

재산세는 매년 6월 1일 기준으로 등기상 소유자에게 과세되며, 과세표준은 공시가격에 공정시장가액비율을 곱해 산정된다. 공시가격은 정부(국토교통부 또는 시·군·구청)가 매년 발표하는 기준가격으로, 재산세뿐만 아니라 건강보험료, 기초연금, 주거급여, 대출 한도 등 다양한 분야에 활용된다. 공정시장가액비율은 2025년 기준으로 주택 60%, 건축물·토지 70%가 적용된다.

예를 들어, 공시가격이 5억 원인 아파트의 경우 과세표준은 5억 원 ×

60% = 3억 원이 되며, 이 금액에 따라 세율이 적용되어 재산세가 산출된다. 이러한 구조를 이해하면 단순히 얼마를 내야 한다는 수준을 넘어 세금을 예측하고 대비하며 절세 전략을 수립하는 데 중요한 기반이 된다.

재산세는 주택, 토지, 상업용 건물 등 부동산을 보유한 사람에게 매년 부과되는 세금이다. 과세 기준일은 매년 6월 1일로 이날 현재 부동산을 소유한 사람이 해당 연도의 재산세를 납부한다. 6월 1일 이전에 소유권을 양도하면 매수자가, 이후에 양도하면 매도자가 그해 재산세를 내야 한다. 주택 재산세는 공시가격에 공정시장가액비율을 곱한 과세표준에 누진세율을 적용해 계산된다. 2025년 기준으로 1세대 1주택자의 경우 공시가격에 따라 특례 공정시장가액비율이 적용된다. 공시가격 3억 원 이하는 43%, 3억 원 초과 6억 원 이하는 44%, 6억 원 초과는 45%가 적용된다. 과세표준이 6,000만 원 이하면 세율 0.1%, 6,000만 원 초과 1억 5,000만 원 이하는 0.15%, 1억 5,000만 원 초과 3억 원 이하는 0.25%, 3억 원 초과는 0.4%의 세율이 적용된다.

예를 들어, 공시가격 5억 원 주택에 공정시장가액비율 44%를 적용하면 과세표준은 2억 2,000만 원이 된다. 여기에 0.25% 세율을 적용하고 누진공제액 18만 원을 차감하면 재산세 본세는 약 37만 원이다.

재산세에는 본세 외에 지방교육세와 도시지역분이 추가된다. 지방교육세는 재산세의 20%이며, 도시지역분은 도시계획구역 내 주택에 과세표준의 0.14%가 기본적으로 적용된다. 2주택 이상 보유자나 법인 소유 주택은 공정시장가액비율 특례 없이 60%가 적용된다.

납부 시기는 자산 종류에 따라 다르다. 주택, 건축물, 선박, 항공기의 경우 7월 16일부터 31일까지가 납부 기간이며, 주택 재산세가 20만 원을 초과할 경우, 7월과 9월 두 차례로 나누어 납부할 수 있다. 토지는

9월 16일부터 30일까지 납부한다. 재산세 총액이 500만 원 이상이면 2개월 이내에 분할 납부가 가능하며, 위택스나 은행에서 분납 고지서를 발급받아 납부할 수 있다.

    납부기한을 초과하면 3%의 가산세가 부과된다. 재산세가 과도하다고 판단되면 고지서를 받은 날로부터 90일 이내에 이의신청을 할 수 있다. 부동산을 매매할 때는 과세 기준일인 6월 1일을 기준으로 재산세 부담 주체를 고려해 매매 시기를 조정하면 절세 전략이 될 수 있다. 재산세는 매년 변동되는 공시가격과 과세 기준, 공정시장가액비율 등을 반영하므로 반드시 최신 법령과 지자체 고시를 확인해야 한다.

    종합부동산세는 고가주택이나 다주택을 보유한 개인과 법인에게 부과되는 국세로 일정 기준을 초과하는 부동산에 대해 추가로 과세하는 제도다. 매년 6월 1일이 과세 기준일이며, 이날 기준으로 국내 주택이나 토지를 보유하고 있으면 종부세 납세의무가 발생한다. 이 세금의 주요 목적은 부동산 시장의 과열을 억제하고 투기 수요를 차단하며 자산의 불균형을 완화하는 데 있다.

    2025년 기준으로 1세대 1주택자는 주택 공시가격 합계가 12억 원을 초과하면 과세대상이 되고, 다주택자는 9억 원을 초과하면 과세 대상에 해당한다. 과세표준은 공시가격에서 해당 공제금액(1세대 1주택 12억 원, 일반 9억 원)을 차감한 후 공정시장가액비율(60%)을 곱해 산정한다.

    세율은 과세표준 구간에 따라 누진적으로 적용된다. 개인의 경우 0.5%부터 시작해 최대 2.7%까지 세율이 올라간다. 구체적으로 과세표준이 3억 원 이하는 0.5%, 3억 원 초과~6억 원 이하는 0.7%, 6억 원 초과~12억 원 이하는 1.0%, 12억 원 초과~25억 원 이하는 1.3%,

25억 원 초과~50억 원 이하는 1.5%, 50억 원 초과~94억 원 이하는 2.0%, 94억 원 초과는 2.7%가 적용된다. 법인은 주택 수와 관계없이 2.7~5.0%의 고정세율이 적용된다.

일부 예외 규정도 있다. 1세대 1주택자가 고령자(60세 이상)이며 장기보유(5년 이상) 조건을 충족하면, 세액의 최대 80%까지 공제받을 수 있다. 세 부담 상한제도도 적용되어 전년도보다 세금이 150% 이상 증가하지 않도록 제한된다. 또한 혼인으로 인한 일시적 2주택 보유자에 대한 특례 기간이 기존 5년에서 10년으로 확대되었으며, 부부 공동명의 주택도 요건을 충족하면 1세대 1주택으로 인정된다. 소형 신축주택(2027년 말까지 취득)은 주택 수 산정에서 제외된다.

종부세는 주택뿐 아니라 토지에도 부과된다. 종합합산토지에는 5억 원, 별도합산토지에는 80억 원의 공제금액이 적용되며, 과세표준 산정 시 공정시장가액비율은 100%가 적용된다. 납부할 세액은 종부세에서 이미 납부한 재산세액을 공제한 금액으로 결정된다.

재산세가 개별 부동산에 대해 지방자치단체가 부과하는 지방세라면, 종부세는 전국의 부동산을 합산해 일정 기준을 넘는 경우에만 부과되는 중앙정부의 국세다. 따라서 종부세는 한 번에 큰 세금이 부과될 수 있고, 보유 자산 규모에 따라 세 부담의 편차도 크다.

종부세는 단순한 세금제도를 넘어 부동산 시장에 심리적 영향을 주는 정책 수단으로도 작용한다. 실효세율을 높이고 기대수익률을 낮춰 과도한 보유 심리를 억제하며 이를 통해 자산의 편중을 완화하고, 시장의 건전성을 유도하는 것이 핵심 목표다. 또한 종부세 수입은 지방재정 균형 발전에도 활용된다.

종부세는 보유세 성격상 꾸준한 자산 관리와 전략적 접근이 필요하다. 매년 바뀌는 공제 항목, 세율 구조, 과세 기준 등을 정확히 이해하고, 자신의 자산 상황에 맞춰 절세 전략을 수립하는 것이 매우 중요하다. 부동산 보유 규모가 커질수록 종부세의 영향력도 커지므로, 사전에 충분한 준비와 정보 습득이 필요하다.

부동산 투자의 성공은 양도할 때 완성된다

양도소득세는 부동산을 팔아 발생한 이익 즉 양도차익에 대해 부과되는 세금이다. 예를 들어, 1억 원에 구입한 아파트를 1억 5,000만 원에 팔았다면 5,000만 원의 차익이 발생하고, 이 금액에 대해 세금이 부과된다. 과세 대상 금액은 양도차익에서 취득가액, 중개수수료나 취득세 등 필요경비, 장기보유특별공제, 기본공제를 제외한 금액이 된다.

세금 부담은 보유 기간과 주택 수에 따라 달라진다. 일반적으로 부동산을 오래 보유할수록 세제 혜택이 커지며, 특히 1세대 1주택자의 경우 보유 3년 이상, 실거주 3년 이상, 공시가격 12억 원 이하일 때 양도소득세가 비과세된다. 조정대상지역에서도 이러한 요건을 충족하면 비과세 혜택이 유지된다.

2025년 기준으로 다주택자에 대한 양도소득세 중과가 한시적으로 폐지되어 2026년 5월 9일까지는 조정대상지역 주택을 팔아도 기본세율(6.45%)이 적용된다. 다만, 2년 미만 보유한 단기 매물에 대해서는 중과세율이 그대로 유지되며 1년 미만 보유 시 70%, 1년 이상 2년 미만 보유 시 60% 세율이 적용된다.

양도소득세 외에도 양도소득세 산출세액의 10%에 해당하는 지방소득세가 함께 부과된다. 비사업용 토지를 양도하면 양도세의 20%에 해당하는 농어촌특별세가 추가될 수 있다. 다만, 1세대 1주택 비과세 요건을 충족하면 이 세금들도 함께 면제된다. 농어촌주택에 대한 특례는 2025년까지 유지되며, 취득가액 3억 원 이하(한옥은 4억 원 이하)의 농어촌주택을 3년 이상 보유한 경우, 일반주택을 양도할 때 농어촌주택은 주택 수에서 제외되어 1세대 1주택 비과세 요건을 유지할 수 있다.

    세금은 양도일이 속하는 달의 마지막 날부터 2개월 이내에 신고하고 납부해야 하며, 기한을 넘기면 가산세가 부과된다. 세금이 비과세되면 지방소득세와 농어촌특별세도 함께 면제되지만, 추후 양도소득세가 추징되면 이들 세금도 연동되어 추징된다.

    요약하면 양도소득세는 실제 이익에 대해 부과되는 세금이며 장기보유나 1세대 1주택 비과세 요건을 충족하면 절세 효과가 크다. 2026년 5월 9일까지는 다주택자도 중과세율 없이 기본세율이 적용되며, 농어촌주택 특례도 여전히 유지된다. 단, 정부 정책은 언제든 변경될 수 있으므로 항상 최신 법령을 확인하는 것이 중요하다.

CHAPTER 02

부동산 투자의 첫걸음,
내 집 마련 완전 정복

부린이가 세 번의 기회로 찾아가는
내 집 마련 전략

재건축과 재개발을 통한 내 집 마련 전략

　재건축은 오래되고 낡은 아파트를 철거한 후 새로운 건물로 다시 지어 올리는 방식이며, 재개발은 노후화된 주거지나 상업지역을 전면적으로 개선해 주거환경을 향상시키는 사업이다. 이러한 방식을 통해 양질의 실거주 주택을 마련하는 좋은 기회를 얻을 수 있다. 부동산에 익숙하지 않은 초보자에게는 절차가 다소 복잡하고 까다롭게 느껴질 수 있지만, 과정을 제대로 이해하고 현명하게 활용한다면 안정적으로 내 집을 마련할 수 있는 효과적인 방법이 될 수 있다.

　재건축·재개발을 통한 실거주 주택 마련의 첫 번째 장점은 새집에서 살 수 있다는 점이다. 이 사업을 통해 완공된 주택은 최신 설계와 기술로 지어져 쾌적하고 편리한 주거환경을 제공하며 사업 초기 단계에서 조합원이 되면 완공 후 주택의 시장가치보다 낮은 가격에 집을 마련할 수 있어 초기비용 부담이 크게 줄어든다.
　또한 재건축·재개발지역은 주변 인프라가 개선되고 주거환경이 좋아지면서 집값 상승 가능성이 커 새 아파트에 거주하면서 동시에 자산으로 활용할 수 있다. 이를 통해 주거 안정성과 자산 증식을 동시에 기대할 수 있는 장기 투자 전략을 세울 수 있다.

재건축과 재개발은 언뜻 비슷해 보이지만, 실제로는 상당히 다른 의미다. 내 집 마련을 위해서는 재건축과 재개발의 의미를 잘 알고 접근해야 한다. 두 사업 모두 건물을 철거하고 새롭게 건축한다는 점에서 공통점이 있지만, 재개발은 공공사업의 성격을 띠고 있다는 점에서 재건축과 가장 큰 차이를 보인다.

재건축과 재개발은 도시 주거환경을 정비하고 부동산 가치를 높이는 대표적인 도시정비사업이다. 두 사업은 '도시 및 주거환경정비법'을 근거로 하지만 추진 주체와 사업 방식, 적용 법률, 절차에서 중요한 차이가 있다. 재건축은 노후화된 공동주택을 헐고 새 아파트로 지어 올리는 사업이다. 보통 준공 후 30년 이상 지나고 구조적 결함이 있거나 유지관리 비용이 지나치게 많이 드는 공동주택이 재건축의 대상이 된다. 사업을 추진하려면 안전진단을 통과해야 하며, 이후 토지 등 소유자의 3/4 이상 동의를 받아 조합을 설립해야 한다.

조합이 꾸려지면 조합원 자격을 갖춘 이들은 청약통장 없이도 1세대 1주택 기준으로 우선 분양받을 수 있고, 조합 규약에 따라 평형, 층, 동·호수 등 배정에서도 우선권을 갖는다. 남은 물량은 일반분양으로 공급된다.

재건축 사업은 대부분 민간 조합이 주도하며 조합원들은 이주비 지원과 분양권 우선 배정으로 초기 투자 부담을 줄일 수 있다. 최근에는 공공참여형 재건축도 도입되어 한국토지주택공사(LH)나 지방공사 등이 사업에 참여할 수 있다. 특히 정부 정책 방향에 따라 재건축 부담금제도나 안전진단 기준이 수시로 바뀌므로, 이를 미리 파악해두는 것이 중요하다. 반면 재개발은 노후·불량 건축물은 물론 도로, 상하수도, 공원, 공공시설 등 기반시설까지 포함해 도시 전체의 주거환경을 개선하는 종합적 개발사업이다. 재개발은 민간 재개발과 공공 재개발로 나뉘는데, 민간 재개발은 재건축과 비슷하게 조합이 주체가 되어 진행된다. 이 경우, 정비구역으로 지정된 후에는 토지 등 소유자가 동의 여부와 관계없이 조합원 자격을 얻는다.

반면 공공 재개발은 사업의 공공성을 확보하기 위해 소유자, 지방자치단체, LH, 지방공사 등 다양한 주체가 공동으로 사업을 추진한다. 재개발구역 조합원 자격을 얻으면 청약통장 없이도 분양권을 받을 수 있는 장점이 있으며, 조합규약에 따라 평형, 층, 동·호수 등 배정에서 유리한 조건을 얻을 수 있다. 특히 많은 재개발지역이 도시 중심지에 자리 잡아 교통과 생활 편의시설 면에서 우수한 입지를 갖추고 있다는 점도 투자 매력으로 작용한다.

한편 재건축과 달리 재개발은 다양한 용도의 건축물이 섞여 있어 세입자 보호가 중요한 이슈가 된다. 공공재개발의 경우 세입자에 대한 임시 거주 시설 제공, 보상 등이 제도적으로 보장되며, 사업 전 과정에서 주민 의견을 수렴하는 절차도 강화되어 있다.

두 사업 모두 추진 과정에서 '주택법', '건축법', '공공주택 특별법' 등 다양한 법률이 단계적으로 적용되며, 재개발의 경우 특정 지역에서는 '도시재정비촉진을 위한 특별법'도 함께 적용될 수 있다. 따라서 사업에 참여하거나 투자를 고려할 때는 관련 법률과 정책을 꼼꼼히 검토하는 것이 필수다.

결론적으로, 재건축은 아파트 중심의 노후 공동주택을 개선하는 방식이고, 재개발은 주거환경 전반을 개선하는 종합 사업이다. 재건축은 구조적 안전성과 조합원 동의율, 재건축초과이익환수제 등의 요건이 핵심이며, 재개발은 정비구역 지정과 공공성 확보, 세입자 보호 등이 중요하게 작용한다. 투자 목적이라면 입지, 조합원 자격, 분양 우선권, 정책 변화 등을 종합적으로 판단해야 성공 가능성을 높일 수 있다.

재개발이 시작되면 주택 세입자들에게 공공임대주택을 우선으로 제공하거나 공급 자격이 되지 않는 세입자에게는 사업계획에 따라 산정된 이주비를 지급하게 된다. 뉴타운은 재정비촉진지구로 지정된 재개발지역을 광역으로 개발해 주거지와 더불어 학교, 공공기관 등의 편의시설을 한꺼번에 조성하는 개발 방식을 의미한다.

재개발·재건축 사업을 진행할 때 사업시행자는 전문 감정평가기관을 통해 사업대상지역 주민들이 소유한 주택과 대지의 가치를 평가한다. 이는 조합원들의 재산을 공정하게 보상하기 위함이다. 이때 전문 감정평가기관이 평가한 부동산의 가치를 감정가라고 하는데, 반드시 감정가 전액을 보상받는 것은 아니다. 대신 감정가에 비례율을 곱한 권리가액을 기준으로 현금 보상이나 분양을 받게 된다.

비례율은 개발이익률이라고도 불리며 재개발·재건축 사업 후 전체 자산가치가 사업 전 가치와 사업비를 고려했을 때 얼마나 증가하는지를 나타내는 비율이다. 쉽게 말해, 사업의 수익률이라고 볼 수 있다. 비례율 계산 공식은 [(종후자산평가액 - 총사업비) ÷ 종전자산평가액] × 100으로, 재개발 완료 후 사업대상지의 주택과 대지 총평가액에서 총사업비를 뺀 금액을 재개발 이전 주택과 대지의 총평가액으로 나눈 값이다. 예를 들어, 사업 후 가치가 사업비를 제외하고도 사업 전보다 높다면 비례율은 100%를 초과하게 된다.

조합원들은 자신의 부동산 감정가에 비례율을 곱한 권리가액을 기준으로 현금 보상이나 분양을 받기 때문에 높은 비례율을 기대한다. 일반적으로 비례율이 100%를 넘으면 재개발 사업의 수익성이 좋다는 의미이고, 정확히 100%라면 분양수입에서 사업비를 뺀 금액이 조합원 전체 감정평가액과 같아 실질적인 이익이 없다는 것을 의미한다.

권리가액은 재개발·재건축 사업에서 개인이 소유한 부동산의 실제 가치를 나타내는 지표로, 투자 시 추가 부담금과 프리미엄을 판단하고 현금 보상 및 분양의 기준이 된다. 이를 통해 현재 매물의 평가 수준을 파악할 수 있으며, 권리가액은 감정가에 비례율을 곱해 최종적으로 결정된다.

재건축 84㎡ 아파트의 조합원 분양가가 5억 원이고 A조합원의 권리가액이 4억 원일 경우, A조합원은 1억 원을 추가로 납부해야 새 아파트를 분양받을 수 있다. 아파트 재건축 사업에서는 무상지분율을 계산해 추가 비용 없이 받을 수 있는 평수를 확인하는 방식으로 수익을 분석하는 것이 더 효과적이다. 이 방법은 특히 재건축 사업에서 유용하며, 재개발 사업에서는 약간 다르게 적용될 수 있다.

무상지분율 계산 공식은 [(비례율 × 종전자산평가액) ÷ 조합원 분양가 × 100]으로, 재건축단지 조합원이 자신의 대지지분 대비 추가 부담 없이 받을 수 있는 아파트 면적을 의미한다. 이 방식은 재건축 사업의 수익성을 평가하는 데 주로 활용되며, 대지면적, 용적률, 예상 일반분양 가격 등의 정보를 알면 계산할 수 있다. 무상지분율이 200%라면 대지지분이 80㎡인 사람이 재건축 후 추가비용 없이 160㎡ 아파트를 받을 수 있음을 의미한다. 단, 이는 구체적인 사업계획에 따라 달라질 수 있다.

무상지분율은 용적률, 분양가, 시공비 등 다양한 요소에 따라 변동되므로 무상지분율이 높을수록 조합원들은 더 넓은 면적의 아파트나 높은 권리가액으로 보상받을 가능성이 커진다. 그러나 무상지분율은 시공사 선정과 사업계획이 확정되는 조합 설립인가 이후에야 구체적으로 파악할 수 있다.

재개발·재건축 조합원은 관리처분계획인가 통보서를 받게 된다. 이 통보서에는 분양받을 주택의 위치와 면적, 기존 부동산의 감정평가액, 권리가액과 분양가의 차이 또는 비율, 조합원의 권리 가치, 추가 부담금 또는 청산금 등의 내용이 포함된다.

잔여가액은 조합원 분양가에서 기존 토지나 건물의 권리가액을 뺀 금액이며 잔여가액이 양(+)이면 조합원이 추가로 납부해야 할 부담금을 의미한다. 이는 분양가가 권리가액보다 크거나 원하는 주택 면적이 무상지분을 초과하거나 사업비 분담 등으로 발생할 수 있다. 반대로 잔여가액이 음(-)이면 분양가가 권리가액보다 작거나 원하는 주택 면적이 무상지분보다 작을 때 조합원에게 지급되는 청산금이 된다.

현금청산은 조합원이 분양을 신청하지 않거나, 철회하거나, 사업성 부족 또는 자격 상실로 분양 대상에서 제외되어 기존 토지나 건물의 감정평가액을 현금으로 보상받는 과정을 말한다. 재건축초과이익환수제는 재건축으로 조합원 1인당 평균 초과이익이 8,000만 원을 넘을 경우, 초과분의 10~50%를 누진세율로 부담금을 환수하는 제도다.

2024년 3월 27일부터 면제 기준이 3,000만 원에서 8,000만 원으로 상향되었으며, 2018년 1월 1일 이후 조합설립인가를 받은 재건축 사업장에 적용된다. 현재 제도 폐지 또는 면제 기준 1억 원 상향 등 추가 완화 논의가 진행 중이므로 최신 정책을 확인해야 한다.

이주비는 분양받은 조합원이 공사 기간 동안 임시 거처를 마련하거나 세입자 보증금을 반환하기 위해 받는 금액이다. 이주비는 기존 부동산 감정평가액 대비 재개발의 경우, 서울 약 40~60%, 지방 약 30~50%, 재건축의 경우 서울 강남 약 50~70%, 비강남·수도권 약 40~60%, 지방 약 30~50% 수준으로 책정되나, 사업장마다 차이가 있을 수 있다. 이자비용은 조합이 부담하거나 최종 청산 시 조합원에게 분배되며 상황에 따라 추가 이자를 내고 더 받을 수 있다.

재건축·재개발 과정에서 주의해야 할 점은 먼저 다양한 이해관계로 인해 주민 간 갈등이나 행정절차로 사업이 지연되거나 중단될 위험이 있으며 초기 예상보다 더 많은 분담금이 요구될 가능성이 있으므로 충분한 자금 여유를 확보해야 한다는 점이다. 또한 재건축초과이익환수제, 안전진단 강화 등 정부 정책은 사업 진행과 비용에 영향을 미칠 수 있으므로 항상 최신 정보를 확인해야 한다. 실거주 목적으로 접근하더라도 자산가치 상승과 같은 투자 요인을 간과해서는 안 된다. 실거주를 기반으로 투자 목적도 고려하는 것이 중요하다.

재건축과 재개발은 시장 흐름을 잘 활용하면 누구나 내 집 마련의 기회를 제공할 수 있는 훌륭한 전략이다. 하지만 중요한 점은 시장에 대한 충분한 이해와 철저한 사전 분석이며, 재건축과 재개발지역에 투자하기 위해서는 해당 지역의 개발계획과 시세 상승 가능성을 정확히 파악하고 장기적인 계획을 세워야 한다.

내 집 마련은 결코 먼 꿈이 아니며, 재건축과 재개발을 통해 적은 자본으로도 내 집 마련의 기회를 만들 수 있다. 이 전략을 잘 활용하면 부동산 투자의 첫걸음이 내 집 마련으로 이어질 수 있음을 믿고 전략적으로 준비해야 한다.

경매로 내 집 마련 전략

부동산 경매는 청약에 비해 경쟁률이 낮아 내 집 마련의 매력적인 대안으로 떠오르고 있다. 가장 큰 장점은 시세보다 훨씬 저렴하게 부동산을 구매할 수 있다는 점이다. 경매 물건은 감정평가액을 기준으로 최저입찰가가 결정되며, 대개 시세보다 10~30% 정도 낮은 가격에 거래된다. 특히 경쟁이 적은 지역에서는 더욱 유리한 가격에 낙찰받을 확률이 높다. 경매로 부동산을 낙찰받으면 주택담보대출이 가능해 적은 자본으로도 내 집 마련의 꿈을 이룰 수 있다. 금융기관마다 차이는 있지만, 낙찰가의 70~80%까지 대출이 가능하며 이는 물건의 상태와 개인의 신용도에 따라 달라질 수 있다. 또한, 낙찰받은 주택을 전세로 내놓으면 투자 자본을 최소화하면서 부동산을 보유할 수 있다. 예를 들어, 낙찰가 3억 원에 전세가 2.8억 원이라면 실제 투자 금액은 2,000만 원 수준으로 줄어든다. 다만, 전세 수요, 명도 절차, 수리비용 등을 자세히 검토해야 한다.

경매는 실거주와 투자를 동시에 고려하는 이들에게 매력적인 방법이지만, 권리분석과 명도 등 복잡한 절차로 인해 쉽지 않은 길이기도 하다. 하지만 경매 절차와 물건 분석, 입찰계획 등 전략을 충분히 이해하고 초기에 세운 목표를 꾸준히 유지한다면 누구나 성공적으로 도전할 수 있다.

성공적인 경매 참여를 위해 다음 3가지를 주의해야 한다.

첫째, 명확한 물건 목표를 설정해야 한다. 매수 대상이 모호하면 좋은 기회를 놓칠 수 있다. 예를 들어, 내 집 마련이 목표라면 아파트에, 투자가 목적이라면 빌딩이나 상가 등 명확한 대상을 정해야 한다. 주거용 목표라면 수익형 부동산보다는 실거주용 아파트에 집중하는 것이 바람직하다.

둘째, 경매는 매수자 관점에서 간단하게 접근해야 한다. 경매에는 복잡한 이해관계자가 존재하지만, 선순위 저당권 등 매수자는 자신이 부담해야 할 권리와 후순위 임차권 등 소멸될 권리에 집중해야 한다. 배당요구 종기일을 기준으로 소멸되는 권리가 결정되므로 입찰 금액과 권리분석에 주력해야 한다. 다만, 권리분석을 철저히 해야 낙찰 후 발생할 수 있는 문제를 방지할 수 있다.

셋째, 경매에서 가장 중요한 것은 부동산의 미래가치로 이는 자본수익(매매가 상승)과 임대수익(전·월세)을 합산한 것이다. 권리분석에만 집중하면 미래가치를 간과할 수 있다. 단순히 감정평가액보다 저렴하게 낙찰받는 것을 목표로 삼아서는 안 되며 시세 대비 충분한 자본수익이 가능한 물건을 선택해야 한다. 이를 위해 현장 답사를 통해 전·월세, 매매 시세, 지역 수요, 개발 호재 등을 조사하고 부동산에 대한 안목을 키워 나가야 한다.

경매의 가장 큰 장점은 시세보다 저렴하게 부동산을 매수하는 기회를 제공한다는 점이다. 그러나 권리분석을 부실하게 할 경우, 선순위 채무를 떠안거나 소유권 문제로 인해 재정적 손실을 입을 수 있다. 또한, 자산가치 상승, 임대수익 등 미래가치를 부정확하게 예측하면 손해가 발생할 수 있다. 따라서 내 집 마련을 위해 경매에 도전한다면 권리분석뿐만 아니라 시세 조사와 현장 방문을 통해 미래가치를 냉철하게 평가하는 안목을 길러야 한다.

경매를 통해 실거주 주택을 마련하면 시세보다 낮은 가격에 낙찰받아 초기비용을 크게 줄일 수 있으며, 아파트, 단독주택, 빌라 등 다양한 유형의 주택 중 선택할 수 있다. 또한, 저렴하게 매수한 주택은 해당 지역의 특성에 따라 시간이 지남에 따라 자산가치가 상승해 유망한 자산 증식 수단이 될 수 있다.

하지만 경매에는 신중하게 고려해야 할 주의 사항이 산재한다. 권리분석을 부주의하게 하면 선순위 채무를 떠안거나 소유권 관련 문제로 인해 추가적인 재정적 부담이 발생할 수 있다. 또한, 기존 거주자가 있는 경우 명도 과정에서 예상치 못한 시간과 비용이 소요되거나 법적 분쟁 등 심각한 갈등이 발생할 수 있다.

경매 물건의 감정평가는 대개 6개월에서 1년 전에 이루어져 현재의 시장 상황을 완전히 반영하지 못할 수 있다. 따라서 현장 방문과 부동산 시세 조사를 철저하고 꼼꼼하게 진행해야 한다. 또한, 인기 있는 물건은 감정가를 크게 상회해 낙찰될 수 있으므로 여유 있고 탄력적인 자금계획이 필수다.

부동산 경매는 채무자가 빚을 갚지 못할 경우, 법원이 해당 부동산을 강제로 매각해 채권자에게 배당하는 절차다. '민사집행법'에 따라 진행되며 경쟁입찰을 통해 가격이 결정되는 점이 일반 부동산 매매와 차별화된다.

경매 물건은 감정평가액을 기준으로 최저입찰가가 결정되며 유찰될 때마다 법원이 정한 비율(보통 20~30%)로 가격이 하락한다. 예를 들어, 감정가 10억 원인 부동산이 1회 유찰 시 8억 원, 2회 유찰 시 6.4억 원부터 입찰을 시작할 수 있다. 다만, 가격 저감률은 법원마다 상이할 수 있다. 이러한 특성으로 경매는 시세보다 저렴하게 부동산을 매수하는 기회를 제공한다.

경매는 지역에 따라 시세차익을 기대할 수 있어 충분히 공부하고 참여해볼 만한 시장이다. 또한 서울 강남구, 송파구 일부 등 토지거래허가구역 내 부동산을 허가 없이 취득할 수 있고, 일반 매매와 달리 실거주 의무나 전세 제한이 없어 낙찰자의 부담이 줄어든다. 다만, 토지거래허가구역은 지역별로 변경될 수 있으므로 반드시 사전에 확인해야 한다. 법원이 '민사집행법'에 따라 경매를 진행하기 때문에 거래의 안전성이 보장된다. 경매는 법원의 입찰공고로 시작되며 입찰일 최소 14일 전에 법원 게시판, 일간신문, 법원경매정보 사이트에 물건의 용도, 사건 번호, 소재지 등이 공개된다.

다음으로, 법원 민사집행과와 법원경매정보 사이트에서는 입찰 최소 7일 전에 감정평가서, 매각물건 명세서, 현황조사서를 공개한다. 입찰일에 최고가 매수 신고인이 있으면 법원은 약 일주일 후 낙찰허가 여부를 결정하고 7일간의 이의제기 기간을 부여한다. 특별한 사정이 없는 한 입찰일로부터 약 2주 후 낙찰자 지위가 확정되며 4~8주 이내에 대금을 납부해 소유권을 취득할 수 있다.

아파트 입찰 시에는 녹지, 산, 강 등의 조망권 등 자연환경을 세심하게 살펴봐야 한다. 쾌적성은 주거지 가치를 결정하는 중요한 요소 중 하나이기 때문이다. 주변의 쓰레기 처리장 등 혐오시설 유무도 반드시 확인해야 하며, 역세권의 경우 교통 편리성으로 인해 가치가 더욱 높아질 수 있다.

교육환경 또한 중요한 고려사항이다. 우수한 학군은 아파트 가격을 상당히 끌어올리며 초등학교와 학원가가 인접해 있다면 기본적인 교육 여건을 갖춘 것으로 볼 수 있다. 더불어 아파트의 브랜드와 단지 규모도 자세히 살펴봐야 한다. 유명브랜드 아파트는 일반적으로 높은 가치를 지니며 단지 규모가 클수록 주변 편의시설이 잘 갖춰져 있어 생활 편리성과 환금성이 우수하다.

주택 경매의 까다로운 점 중 하나는 임차인의 퇴거 문제다. 대금을 납부하면 매수인은 법적으로 소유권을 획득하지만, 전 소유자나 임차인이 이주하지 않으면 실제로 자신의 집을 사용할 수 없다. 아무리 좋은 주택을 낙찰받아도 인도받지 못하면 그 가치는 크게 떨어진다. 명도는 경매의 마지막 단계이자 핵심 관문으로, 투자 수익성은 '명도 문제를 얼마나 신속하고 저렴하게 해결하느냐'에 달려 있다. 이사비 상승이나 인도 지연은 투자 수익을 직접적으로 감소시킨다.

주택을 인수할 때는 임차인과 직접 만나 이사비를 지급하고 합의하는 것이 인도명령, 명도소송 등 법적 절차보다 훨씬 빠르고 경제적이다. 합의가 쉽지 않을 수 있으므로 대금 납부 후 신속하게 법원에 인도명령을 신청하고 임차인에게 이를 부드럽고 설득력 있게 설명해 갈등을 최소화하는 것이 바람직하다. 합의와 인도명령을 동시에 진행하면 시간과 비용을 크게 절감할 수 있다.

경매에서 초보자와 전문가의 차이는 입찰가격 전략에서 분명히 드러난다. 경매에서는 최고가를 제시해야 낙찰받을 수 있지만, 2등 응찰자보다 지나치게 높은 가격은 불필요한 자금 낭비다. 경쟁 상황을 꼼꼼히 분석해 2등 가격보다 약간 높은 적정가격을 제시하는 것이 핵심이다. 시세를 정확하게 파악하면 적정가격으로 낙찰받아 불요불급(不要不急)한 자금 낭비를 막을 수 있다. 시세는 공인중개사, 동네 주민, KB부동산 등 부동산 앱, 국토교통부 실거래가 공개시스템 등 다양한 경로를 통해 조사해야 하며, 여러 출처의 정보를 꼼꼼히 비교하는 것이 중요하다.

경매 입찰은 감정평가액의 10%인 보증금만 있으면 가능하지만, 낙찰 후 나머지 대금을 납부하지 못하면 부동산과 보증금을 모두 잃을 수 있다. 따라서 세밀하고 철저한 자금계획이 절대적으로 필요하다.

대부분의 시중은행은 경매 잔금 납부를 위한 대출(LTV 70~80%)을 제공해 자금 문제를 해결할 수 있다. 다만, 은행마다 대출 조건이 다르므로 사전에 금리와 한도를 꼼꼼히 확인해야 한다. 법원에서 대출 중개인을 만날 수 있지만 신뢰할 수 있는 은행 상담을 우선으로 진행하는 것이 가장 안전하다.

유찰된 경매 물건은 대항력 있는 임차인이나 등기부에 기재되지 않은 유치권과 같은 복잡한 권리 때문에 입찰자가 적을 수 있다. 대항력 있는 임차권이나 정당한 유치권은 낙찰자가 인수해야 하지만 가짜 임차권, 유치권 등 허위 권리라면 보증금이나 채권액을 지불할 필요가 없다.

임차인이나 유치권자가 점유 중인 경매 주택은 명도 위험으로 인해 입찰자가 적어 유찰될 가능성이 크다. 따라서 권리관계를 철저히 분석하고 가짜 계약서 등 허위 임차권이나 과장된 채권 등 유치권 여부를 꼼꼼히 확인해야 한다. 허위 권리를 밝혀내면 더 저렴한 가격에 낙찰받을 기회를 얻을 수 있다.

아파트 입찰 시 대단지는 풍부한 편의시설, 쾌적한 환경, 우수한 환금성으로 인해 같은 면적이라도 실거래가가 높은 편이다. 조망권 측면에서는 북향·서향보다 남향·동향이 더 선호된다. 오래된 아파트를 입찰할 때는 재건축 가능성을 자세히 조사해야 하며, 대지면적 대비 조합원 수가 적을수록 개발이익이 커질 수 있다. 전세 수요가 높은 아파트는 전세금을 활용해 투자 자본을 줄일 수 있어 매력적인 투자처로 볼 수 있다.

아파트 입찰 전 체납관리비를 반드시 확인해야 한다. 시세보다 저렴하게 낙찰받더라도 체납관리비로 인해 추가 비용이 발생할 수 있다. 임차인이 있는 아파트는 보증금 회수가 어려울 것으로 판단해 관리비나 월세를 내지 않는 경우가 많다.

초보자들은 경매 가격에 집중하다 보니 체납관리비를 간과하기 쉽다. 낙찰자는 일반관리비, 청소비, 수선유지비 등 공용 부분 관리비 전체의 30~40%만 부담하며 연체료는 지불하지 않는다. 관리사무소에서 청구 시 연체료 포함 여부를 꼭 확인해야 한다. 공용 부분 관리비의 소멸시효는 3년이며, 소유권 취득일로부터 역산해 3년분만 부담하면 된다. 체납관리비 문제를 피하려면 입찰 전 관리사무소를 방문해 내역을 확인하고 입찰액을 조정해야 한다.

임차인이 거주 중인 아파트에 입찰할 때는 권리관계를 철저히 분석해야 한다. 특히 대항력 있는 주민등록과 확정일자 보유한 선순위 임차인이 배당요구를 하지 않은 경우, 주의가 필요하다. 배당요구를 하지 않은 이유는 서류 미비나 채무자와의 친인척관계(위장 임차인) 등 다양할 수 있다. 이러한 경우, 낙찰자가 보증금을 인수해야 할 수 있으므로 매각물건명세서와 현황조사서를 꼼꼼히 확인해 잠재적 위험을 파악해야 한다.

위장 임차인 존재 여부를 반드시 확인한 후에 입찰해야 한다. 위장 임차인은 대개 다음과 같은 특징을 보인다. 임대차계약서에 공인중개사 날인이 누락되었거나 최근에 작성된 계약서, 경매개시결정등기 전후로 전입신고, 확정일자 부재 또는 의심스러운 날짜, 현황조사서의 불명확한 보증금 기재, 법원 집행관 방문 시 계약서 등 서류 미제출 등이다. 이러한 요소들을 자세히 검토해 위장 임차인 여부를 판단하면 대항력 있는 임차인의 보증금 인수를 피할 수 있다. 경매는 단순히 저렴한 가격으로 주택을 구매하는 것이 아니라 철저한 준비와 정보 수집, 분석에 기반한 전략적 접근 방식이다. 실제로 많은 사람들이 경매를 통해 내 집 마련에 성공했다.

경매는 철저한 준비와 신중한 선택으로 시세보다 저렴하게 주택을 확보하고 지역에 따라 자산가치를 높일 수 있는 강력한 전략이다. 처음에는 어렵게 느껴질 수 있지만, 체계적인 준비와 경험을 쌓으면 안정적인 주택 마련 방법이 될 수 있다. 경매의 매력을 활용하면 내 집 마련의 꿈을 더 빠르고 경제적으로 실현할 수 있다.

지역주택조합으로 내 집 마련 전략

지역주택조합은 지역 주민들이 자발적으로 모여 토지를 확보하고 공동으로 주택을 건설해 분양하는 방식이다. 청약통장 없이도 참여할 수 있고 일반분양보다 10~20% 저렴한 분양가가 큰 장점이다. 특히 서울과 수도권에서는 높은 집값을 고려해 실거주 목적의 투자자들이 관심을 받고 있다.

이 제도에 참여하기 전에는 반드시 조합이 관할 지자체로부터 정식 설립인가를 받았는지 확인해야 한다. 설립 전 단계에서는 분양 자격이 주어지지 않는다. 조합원으로 참여하는 방식은 크게 2가지다.

직접 조합에 가입하거나 기존 조합원의 자격을 양도받는 방법이 있다. 직접 가입하려면 일정 가입비와 분담금을 납부해야 하며, 자격 양도의 경우 조합과 지자체의 승인이 필요하고 추가 비용이 발생할 수 있다.

주택을 공급받을 땅의 위치와 입지 조건은 사업 성패를 좌우하는 핵심 요소다. 실거주 목적이라면 교통 접근성, 생활 인프라, 교육환경 등을 꼼꼼히 따져봐야 한다. 신도시나 개발 예정지는 향후 가치 상승이 기대되지만, 사업이 장기화될 수 있다는 점을 고려해야 한다. 특히 지역주택조합은 토지 확보가 선행되지 않으면 사업이 장기 지연되거나 무산될 위험이 커 토지 확보율과 사용 승낙률을 반드시 확인해야 한다.

지역주택조합은 조합원 중심으로 운영되며 운영 역량이나 의사결정 구조가 미흡할 경우, 사업 전반에 악영향을 미칠 수 있다. 따라서 조합의 투명성, 회계 관리, 운영자 경험, 과거 실적 등을 종합적으로 검토해야 한다. 필요한 경우, 변호사나 부동산 전문가의 자문을 구하는 것이 좋다.

사업 초기에 토지 매입비, 설계 변경비, 감리비, 예비비, 업무대행 수수료 등 다양한 추가 비용이 발생할 수 있으므로 분양가만 보고 판단하기보다는 전체 사업 비용 구조를 꼼꼼히 분석해야 한다. 주택법에 따르면, 조합원 자격은 해당 시·도에 6개월 이상 거주한 무주택자 또는 전용 85㎡ 이하 주택 1채를 보유한 자에게 주어진다.

지역주택조합을 설립하려면 최소 20명의 조합원과 주택 예정 세대수의 절반 이상을 조합원으로 구성해야 한다. 또한 전체 사업부지의 80% 이상에 대해 토지 사용권(사용승낙 등)을 확보해야 하며, 그중 최소 15%는 반드시 소유권으로 확보해야 지자체로부터 조합 설립인가를 받을 수 있다. 이후 토지 소유권을 95% 이상 확보하면 사업계획 승인을 신청할 수 있고, 착공에 앞서 전체 토지 소유권을 100% 확보해야 한다.

조합이 직접 시공사를 선정하고 자금을 조달하는 구조이기 때문에 일반 아파트보다 금융비용이나 마케팅 비용이 절감되고 그만큼 분양가도 낮아지는 효과가 있다. 또한 청약통장이 필요 없고 동·호수 배정이 선착순으로 진행된다는 점도 매력적인 요소다. 하지만 사업 참여자는 모든 위험을 직접 부담해야 하며, 조합 설립인가 전에는 법적 보호도 미비해 조합에 가입할 경우에는 각별히 주의해야 한다.

조합 설립 전에는 분양계약이나 자금 납부가 법적으로 명확히 보호되지 않기 때문에 시세 대비 지나치게 저렴한 분양가, 불명확한 광고 문구, 탈퇴를 제한하는 계약 조건, 모호한 연락처, 토지 확보 현황 미공개 등은 주의해야 할 위험 신호다. 업무대행사는 단지 조합의 요청에 따라 실무만 진행할 뿐 사업의 성공 여부에 책임을 지지 않으며, 유명 건설사와의 MOU 역시 확정 계약이 아니므로 주의가 필요하다.

토지 확보는 사업 성공의 핵심 조건이다. 사업의 성공을 위해서는 거의 100% 수준의 토지 확보가 필수적이며 잠재적 분쟁 가능성과 매도 거부 등의 장애 요인을 미리 파악해야 한다. 설계 변경이나 인허가 지연, 자금 부족 등으로 추가 분담금이 발생할 수 있고, 착공 전까지 분양가의 50~60%를 납부해야 하는 구조는 상당한 재정적 부담을 초래한다. 특히 조합 설립인가 이후에는 조합원 탈퇴가 사실상 불가능해지므로 계약서와 조합 규약을 사전에 철저히 검토해야 한다.

지역주택조합은 실거주 목적으로 주택을 마련하려는 사람에게 대안이 될 수 있지만, 평균 5~10년에 이르는 사업 기간과 다양한 위험 요인을 충분히 인지하고 접근해야 한다. 조합 설립의 적법성, 토지 매입 상황, 시공사의 재무 상태, 조합 운영의 투명성 등 전반적인 사업 타당성을 종합적으로 판단하고, 필요하다면 법률 검토를 병행하는 것이 좋다.

마지막으로, 장기적인 관점에서 접근하고 예산계획, 자금 확보, 대출 계획을 세밀하게 수립해야 한다. 특히, 중도금 납부 일정과 추가 비용 발생 가능성에 대비한 예비 자금을 마련해두는 것이 중요하다. 지역의 개발계획이나 교통망 확충계획은 국토교통부, 지자체 홈페이지, 도시계획 자료 등을 통해 확인할 수 있으므로 수집된 정보를 바탕으로 냉정하게 판단해야 한다. 충분한 준비와 분석을 거친다면 지역주택조합을 통한 내 집 마련은 현실적인 전략이 될 수 있다.

집을 사기 전에 왜 세대분리가 필요한가?

세대분리를 하는 이유

　세대분리는 주택을 매수하기 전에 반드시 고려해야 할 중요한 전략이다. 이는 단순한 행정 절차를 넘어 주택청약, 세금, 대출, 상속 등 다양한 부동산 정책과 직결되는 핵심 개념으로, 이를 올바르게 이해하고 적용하면 내 집 마련과 재정계획에 실질적인 도움을 줄 수 있다. 세대분리는 '주민등록법'상 한 세대로 등록된 가족 구성원이 독립된 세대주로 분리되는 과정을 의미한다.

　주로 독립된 주거공간과 생계를 입증하면 가능하며, 대표적으로 성인 자녀가 독립해 주택을 마련하거나 결혼해 새로운 가정을 꾸리는 경우에 적용된다. 청약 측면에서 세대분리는 무주택 세대주 자격을 통해 1순위 자격을 확보하고 무주택 기간을 독립적으로 누적해 청약 가점을 높일 수 있는 중요한 수단이다. 부양가족 수는 청약 가점 중 가장 비중이 큰 항목으로 결혼 후 자녀를 부양하게 되면 다시 높은 가점을 얻을 수 있다.

　청약통장 가입 기간은 세대분리와 무관하게 본인 명의로 계산되며, 세대분리 후에는 청약 기회가 더욱 다양해진다. 부모와 자녀가 각각 독립 세대주가 되어 청약에 도전하면 특정 지역에서 당첨 가능성을 높일 수 있다.

　세대분리는 세금 측면에서도 유리하게 작용할 수 있다. 특히 양도소득세, 취득세, 종합부동산세 등은 세대 단위로 주택 수를 판단하므로 세대분리를 통해 세금 부담을 줄일 수 있다. 예를 들어, 부모가 주택을 보유한 상태에서 자녀가 주택을 추가로 구입할 경우 동일 세대라면 다주택자로 간주되어 중과세율이 적용되지만, 세대분리 후에는 각각 1주택자로 간주되어 절세가 가능하다. 다만, 부부는 법적으로 동일 세대로 간주되므로 주소만 분리해도 인정되지 않는다.

취득세의 경우, 생애 최초 주택 구매 시 실거래가 12억 원 이하 아파트는 200만 원 한도로 전용면적 60㎡ 이하 비아파트는 300만 원 한도로 감면을 받을 수 있다. 이 혜택을 받으려면 무주택 세대주가 주택을 취득한 날로부터 60일 이내에 관할 지자체에 신청해야 하며, 세대분리를 통해 무주택 세대주 요건을 충족하면 해당 감면을 적용받을 수 있다.

양도소득세는 다주택자 중과세가 2026년 5월 9일까지 한시적으로 유예된 상황에서 세대분리를 통해 각 세대가 1세대 1주택 조건을 충족하면 장기보유특별공제나 비과세 요건을 활용해 양도세 부담을 줄일 수 있다.

종합부동산세의 경우 2025년 기준으로 1세대 1주택자는 공시가격 12억 원을 초과할 경우에만 과세되며, 3주택 이상자는 일반 누진세율(0.5~2.7%)이 적용된다. 세대분리는 대출 측면에서도 상당한 이점을 제공한다. 대출 규제는 세대 단위로 적용되므로 세대분리를 통해 자녀가 독립 세대주가 되면 부모의 주택과 무관하게 대출 자격이 주어지고, LTV 최대 70% 또는 정책대출 상품인 디딤돌대출(최대 LTV 80%) 등을 활용할 수 있다.

2025년 7월 1일부터 시행되는 스트레스 DSR 3단계에 따라 세대별 소득과 부채로 대출 한도가 산정되므로 세대분리를 통해 더 높은 대출 가능성을 기대할 수 있다.

세대분리를 통해 청년 전세자금대출(버팀목대출)이나 신혼부부 특별공급 등 다양한 정부 지원을 받을 수 있는 자격도 확대된다. 그러나 단순한 주소 변경만으로는 효과를 얻기 어렵다. 실제로 독립적인 주거공간에서 생활하며 공과금, 통신요금, 소비 내역 등 실거주 증빙이 가능한 상태여야 한다. 국세청은 인위적 세대분리에 대해 실거주 여부를 철저히 검증하며, 위장 전입은 주민등록법 제37조에 따라 3년 이하 징역 또는 1,000만 원 이하 벌금에 처해질 수 있다.

세대분리는 연말정산에서의 소득공제와 인적공제에도 영향을 미친다. 주택청약종합저축에 납입한 금액의 40%(연 240만 원 한도 내)를 소득공제로 받을 수 있으며, 청년우대형 상품은 최대 300만 원까지 공제가 가능하다. 전세자금 상환액과 장기주택저당차입금 이자도 조건에 따라 소득공제 대상이 될 수 있으며, 이를 위해서는 실거주 여부와 세대주 자격 충족이 필요하다. 인적공제는 실질적 생계를 함께 유지한다는 조건 하에 세대분리 후에도 가능하지만, 증빙 자료가 요구된다.

종부세 공제, 건강보험료 변화, 상속세 공제 등 다양한 세제 및 사회보험 측면에서 세대분리는 전략적인 수단이 될 수 있다. 2024년 세법 개정으로 상속공제가 자녀 1인당 5억 원으로 상향되었고, 부모와 10년 이상 동거한 경우 최대 6억 원의 주택 상속공제도 가능해졌다. 세대분리에는 감정적, 경제적 부담도 따른다.

독립 세대주는 별도의 주거비(월세, 공과금, 생활비 등)를 부담해야 하며, 부모와 자녀 간 갈등이 발생할 수 있다. 건강보험료는 직장가입자 피부양자에서 지역가입자로 전환되며 소득 수준에 따라 보험료가 상승할 수 있다.

세대분리는 주거 안정성과 재정계획의 핵심 수단이다. 다양한 정책 혜택과 세금 절감 효과를 얻을 수 있지만, 잘못된 이해와 접근은 불이익으로 이어질 수 있다. 따라서 사전에 충분한 검토와 전문가 상담을 통해 본인의 상황에 맞는 전략을 세우는 것이 바람직하다. 청약 기회 확대, 세금 부담 절감, 대출 자격 향상 등 실질적인 효과를 기대할 수 있는 만큼, 장기적인 관점에서 계획적으로 접근해야 한다.

일반적인 세대분리 요건

집을 사기 전 세대분리를 고려한다면, 먼저 법적 요건을 파악해야 한다. 세대분리는 단순히 주소를 나누는 것이 아니라 독립된 주거공간이나 독립적인 생활을 증명해 주민등록상 별도의 세대주로 인정받는 절차를 의미한다. 이는 주택청약, 세금, 대출 등 부동산 정책의 혜택과 규제를 결정하는 중요한 기준이 된다.

부동산에 익숙하지 않은 사람들은 주택청약과 세대분리 요건을 정확히 이해하면 내 집 마련과 청약 가점, 세금 절감 등 관련 혜택을 더욱 효과적으로 얻을 수 있다. 부모와 자녀가 동일 세대일 경우 자녀가 청약을 위해 독립 세대를 구성하려면 주민등록상 별도 세대를 만들어야 한다. 동일한 주거지 내에서도 출입문, 부엌, 화장실이 독립된 세대분리형 주택에 거주하며 주민등록을 분리하면 독립 세대로 인정받을 수 있다.

주택청약에서 무주택 세대주로 인정받기 위한 조건은 다음과 같다.

첫째, 만 30세 이상은 별도의 조건 없이 세대주로 인정된다. 만 30세 미만의 경우 결혼, 독립적인 생계, 고아 등 특수한 상황에서 세대주로 인정될 수 있다.

둘째, 민영주택 특별공급은 소득 요건 없이 자녀 수와 무주택 세대주 요건을 충족하면 신청이 가능하다. 반면, 신혼부부, 다자녀 등 공공주택 특별공급은 가구 구성에 따라 기준 중위소득이 대부분 120% 이하 또는 130% 이하의 소득 요건이 필요할 수 있다.

세대분리를 인정받으려면 독립적인 주거 공간을 확보해야 한다. 이는 물리적으로 분리된 공간에 거주하며 주민등록상 주소를 분리하는 것을 의미한다. 부모와 함께 살더라도 별도의 출입구, 주방, 화장실이 있는 독립 공간이라면 세대분리가 가능하다. 독립 주거공간은 단순히 방 한 칸을 쓰는 것이 아니라 완전한 생활이 가능한 공간이어야 한다. 예를 들어, 부모와 공용 출입문을 사용하거나 같은 주방, 화장실을 공유하면 독립 공간으로 인정되지 않는다. 1층에 부모, 2층에 자녀가 살더라도 공용 출입문은 세대분리를 어렵게 만든다. 주방, 싱크대 등 별도의 취사 시설과 화장실·욕실이 필수적이며 부모와 함께 식사를 하는 경우 독립생활로 보기 어렵다.

세대분리는 독립된 주거와 생활을 목적으로 해야 하며, 조세 회피 등 부정한 목적은 인정되지 않는다. 또한, 본인의 소득으로 생활비를 충당하는 독립적인 생계가 필수적이다. 별도 주거공간이 있더라도 부모에게 생활비를 의존하면 세대분리가 인정되지 않을 수 있다. 주민등록상 주소 변경도 필요하다. 새로운 주소로 이사하거나, 동일 주소지 내 독립 공간에서 주민등록을 분리해야 한다.

가족관계에 따라 요건이 달라진다. 미혼 자녀는 부모와 동거 시 독립 세대주로 인정받기 어렵지만, 독립 공간과 생계 증빙이 있으면 가능하다. 결혼 후 배우자와 새 가정을 꾸리면 세대분리가 자연스럽게 인정된다. 형제자매와 동거 시에도 독립 공간과 생계를 충족하면 세대주로 등록할 수 있다. 지자체 규정에 따라 임대차계약서, 공과금, 통신비 청구서 등 추가 서류가 필요할 수 있다. 세대분리는 부동산 구매, 주택청약,

세금 절감, 대출 규제 완화에 유리하다. 예를 들어, 독립 세대주가 되면 청약 1순위, 취득세 감면, 양도세 비과세, 정책대출 혜택을 받을 수 있다. 하지만 조세 회피로 간주되면 혜택이 무효화될 수 있으므로 독립 요건을 철저히 충족해야 한다.

부동산 초보자는 세대분리가 주거와 재정에 미치는 영향을 충분히 이해해야 한다. 세무사나 부동산 전문가의 조언을 받아 요건을 준비하면, 합법적인 세대분리로 부동산 거래 혜택을 제대로 누릴 수 있다.

30세 미만이 충족해야 할 소득 요건

30세 미만인 사람이 소득이 있다고 해서 무조건 독립 세대를 구성할 수 있는 것은 아니다. 세대분리를 위해서는 소득 산정 기간 동안 일정 수준 이상의 소득을 지속적으로 유지해야 한다. 인정되는 소득 유형에는 종합소득, 퇴직소득, 양도소득 등이 포함된다.

만 30세 미만의 자녀가 독립된 세대로 인정받으려면 연간소득이 해당 연도 기준 중위소득의 40% 이상이어야 한다. 2025년 기준 1인 가구의 중위소득은 월 2,392,013원이므로 그 40%인 월 956,805원 이상, 즉 연간 약 11,481,660원 이상의 소득이 필요하다. 또한, 지속적이고 안정적인 소득 증빙이 매우 중요하다. 단기 아르바이트나 일시적인 수입이 아니라 정기적이고 일관된 소득을 공식 서류로 증명해야 한다. 이를 위해 근로소득원천징수영수증, 급여명세서, 소득금액증명원 등의 공식 문서를 제출해야 한다.

소득 산정 기간은 주택 취득일로부터 1년 전까지이며, 해당 1년 동안 월평균 소득이 중위소득의 40% 이상이어야 한다. 또한, 주택 취득일에 실제 소득 창출 활동이 진행되고 있어야 한다. 미혼 자녀의 세대분리 핵심 요건은 부모의 재정적 지원 없이 스스로 생활할 수 있어야 한다는 점이다.

구체적으로는 자녀가 자신의 소득만으로 주거비, 생활비, 각종 경비 등을 완전히 해결할 수 있는지가 중요한 판단 기준이 된다. 실제 사례를 보면, 자녀가 안정적인 직장에 다니며 월급으로 완전히 독립적인 생활을 영위한다면 소득 요건을 충분히 충족한다고 볼 수 있다. 반면, 부모로부터 여전히 생활비나 주거비를 지원받고 있다면 세대분리가 인정되지 않을 수 있다. 세대분리 시 자녀의 소득 수준도 결정적인 요소다. 일정 금액 이상의 수입을 올리는 경우, 경제적 독립을 객관적으로 증명할 수 있다.

주택청약과 세대분리를 제대로 파악하는 것은 부동산 초보자가 내 집을 마련하고 다양한 혜택을 받는 데 매우 중요하다. 세대분리는 부모와 주민등록을 분리해 독립 세대를 구성하는 방식으로, 같은 주거지 내에서도 별도 출입구, 주방, 화장실이 있으면 가능하다. 세대분리 자체는 특별한 소득 조건이 필요하지 않지만, 주택청약에서 무주택 세대주로 인정받으려면 일정 조건을 충족해야 한다. 예를 들어, 만 30세 미만 미혼자는 결혼하거나 근로소득, 사업소득 증빙 등 독립적인 생계를 유지해야 세대주로 인정된다.

세대분리와 청약 신청 시 요건을 꼼꼼히 확인하는 것이 중요하며, 관할 주민센터나 LH청약플러스에 문의하는 것이 도움될 수 있다. 특히 부모의 지원 없이 주거비와 생활비를 스스로 해결하는 독립생활 증명은 필수적이다. 세대분리를 통해 청약 당첨 가능성을 높이고, 취득세 최대 300만 원 감면, 디딤돌대출 등의 대출 혜택을 얻으려면 정확한 소득 증빙과 독립생활 증명이 필요하다. 부동산 초보자들은 관련 요건을 세심히 파악하고 철저히 준비해서 다양한 혜택을 누릴 수 있도록 하자.

부부가 공동명의로 부동산을 소유할 경우, 장단점은?

부부 공동명의의 장점

　부부가 부동산을 공동명의로 소유하는 것은 세금 절감, 재산 관리, 법적 보호 등 다양한 이점을 제공하며 최근 많은 사람들의 관심을 받고 있다. 부부 공동명의 주택의 가장 큰 장점은 양도소득세 절감이다.

　양도소득세는 개인별로 과세되며 누진세율 구조를 가지고 있어 공동명의로 주택을 처분하면 양도차익이 부부 각자의 지분에 따라 나뉘면서 과세표준이 낮아져 더 낮은 세율을 적용받을 수 있다.

　예를 들어, 10억 원에 취득한 주택을 15억 원에 양도할 때 단독 명의라면 5억 원의 차익에 대해 누진세율이 적용되지만, 부부가 공동명의로 50%씩 보유했다면 각자의 과세표준은 2.5억 원으로 줄어들어 세금 부담을 크게 낮출 수 있다. 더욱이 양도소득세 기본공제는 1인당 250만 원이 적용되므로, 공동명의의 경우 총 500만 원까지 공제받을 수 있어 절세 효과가 매우 크다.

　다만, 1세대 1주택 비과세 요건을 충족하는 경우 단독명의로도 비과세가 가능하므로 공동명의가 반드시 유리한 것은 아니며, 개별 상황에 따라 신중히 판단해야 한다.

　종합부동산세 측면에서도 공동명의는 장점이 있다. 종합부동산세는 개인별 공시가격을 기준으로 과세되며, 1세대 1주택자의 경우 단독명의는 12억 원까지 공동명의는 특례 신청 시 1인당 6억 원씩 총 12억 원까지 세액 공제받을 수 있다.

공시가격이 12억 원인 주택을 단독명의로 보유하면 12억 원을 공제받아 과세표준이 0원이 되지만, 공시가격이 12억 원을 초과하는 고가주택일수록 공동명의의 경우 인별과세 방식으로 공제 후 계산하기 때문에 공동명의가 세부담을 더욱 줄일 수 있다. 그러나 부부 공동명의로 변경 시 증여세 등 추가적인 세 부담이 발생할 수 있으며, 향후 매도 시 주택 수 산정이나 청약 요건 등에도 영향을 미칠 수 있으므로 매우 신중하게 결정해야 한다.

부부 공동명의는 종합부동산세 과세표준이 부부 개인별로 분산되면서 더 낮은 세율이 적용될 수 있다. 그러나 공동명의에는 장점만 있는 것이 아니라 몇 가지 단점도 존재한다. 1주택의 경우 종합부동산세에 대해 고령자 공제와 장기보유 공제제도가 마련되어 있다.

2025년 기준으로, 만 60세 이상인 1세대 1주택자는 종합부동산세(종부세) 고령자 공제를 통해 세액을 20~40% 감면받을 수 있으며, 주택 보유 기간이 5년 이상일 경우 장기보유 공제로 추가로 20~50%를 감면받을 수 있다.

만 60~64세 20%, 만 65~69세 30%, 만 70세 이상 40%의 고령자 공제와 5~9년 20%, 10~14년 40%, 15년 이상 50%의 장기보유 공제는 중복 적용이 가능하며, 최대 80%까지 세액 공제를 받을 수 있다. 예를 들어, 만 70세 이상이 15년 이상 주택을 보유한 경우, 고령자 공제 40%와 장기보유 공제 50%를 합산해 공제 상한선인 총 80% 세액공제를 적용받을 수 있다.

부부 공동명의 1주택자는 기본적으로 각자 9억 원, 총 18억 원을 공제받아 단독명의(12억 원 공제)보다 유리하다. 그러나 2021년 종부세법 개정으로 1세대 1주택 특례를 신청하면 단독명의와 동일하게 고령자 및 장기보유 공제를 받을 수 있다. 예를 들어, 공시가격 23억 원 아파트를 부부 공동명의(50:50 지분)로 보유한 경우, 공동명의 방식은 각자 과세표준 1.5억 원((11.5억 - 9억) × 60%)에 세율 0.5%를 적용해 각자 약 75만 원, 총 150만 원의 종부세를 부담하게 된다.

반면, 1세대 1주택 특례를 적용하면 과세표준 6.6억 원((23억 - 12억) × 60%)에 세율 1%를 적용해 약 660만 원이 산출되지만, 만 70세 이상이고 15년 이상 보유 시 80% 공제로 최종 세액은 약 132만 원으로 줄어든다.

따라서 공시가격, 연령, 보유 기간에 따라 공동명의와 단독명의 방식 중 유리한 것을 선택해야 하며, 특례 신청은 매년 9월 16~30일에 가능하다. 공동명의로 변경 시 부부 간 10년간 6억 원 공제, 세율 10~50%인 증여세와 약 4%인 취득세가 발생할 수 있으므로 세무 전문가와 상담해서 신중하게 결정해야 한다.

부부가 공동명의로 부동산을 소유하면 재산 분배, 주택청약, 자산 보호, 소득세 등 다양한 측면에서 활용성을 확보할 수 있으며, 향후 명의 변경이나 재산분할 시 유리한 조건을 제공받을 수 있다. 부부 중 한 사람이 부동산을 매매하거나 상속하려는 경우 공동명의를 통해 해당 부동산의 소유권을 나누어 양도하거나 상속할 수 있어 상속세 또는 증여세를 합리적으로 분배할 수 있다. 부부가 공동명의로 주택을 보유하고 있다면, 청약 신청 전에 해당 주택을 매각해 무주택 상태를 만들면 무주택 세대주(또는 세대원)로 인정받아 주택청약에서 더 유리한 조건을 확보할 수 있다.

또한 2025년 기준으로 부부는 다른 주택단지 내에서 신혼부부 특공과 생애 최초 특공 등 서로 다른 특별공급 유형에 중복청약할 수 있어 당첨 가능성을 높일 수 있다. 다만, 동일한 특별공급 유형이나 일반공급에 중복 신청하면 모든 신청이 부적격 처리되며, 동시 당첨 시에는 각 단지별로 먼저 접수한 청약이나, 접수 시각까지 동일하면 연장자의 당첨이 인정된다. 게다가 민영주택 일반공급 가점제에서는 배우자의 청약통장 가입 기간 50%(최대 3점)를 본인 가점에 합산해 최대 17점까지 가점을 높일 수 있다. 이러한 방식으로 부부는 청약 기회를 확대하고 당첨 가능성을 높일 수 있지만, 동일 세대원 간 중복 청약 제한과 지역별 세대주 요건을 반드시 사전에 확인해야 한다.

부부가 공동명의로 부동산을 소유하면 한 사람이 경제적 어려움이 처하면 자산 보호 효과를 기대할 수 있다. 한 배우자가 채무나 법적 분쟁에 휘말려도 공동명의 부동산은 다른 배우자의 자산을 보호할 수 있으며 채권자가 부동산을 압류하거나 경매에 부치더라도 배우자 간 공동 소유권이 인정되므로 자산 보호에 유리하다.

그리고 부부가 공동명의로 부동산을 소유하면 소득세 절감 효과도 누릴 수 있다. 특히 부동산 임대소득이 발생하는 경우 소득이 두 사람에게 분배되어 소득세 부담을 줄일 수 있다. 이를 통해 세율이 낮아지는 효과를 얻을 수 있으며 세금 혜택을 최대화할 수 있다. 상가를 공동명의로 보유하고 월세 수익이 발생하면 임대소득이 부부 각각의 소득으로 분배되므로 소득세를 두 사람에게 나누어 납부하게 되어 높은 세율을 피할 수 있다. 부부가 각자 2,000만 원씩 임대소득이 발생하면 각각 2,000만 원의 소득에 대해 과세되므로 최고세율을 회피하고 더 낮은 세율로 과세된다.

부부 공동명의의 단점

단독명의를 공동명의로 변경하는 것에는 주의해야 할 사항들이 있다. 이미 부부 중 한 명의 명의로 주택을 보유하고 있다면 부부 공동명의로 변경하는 과정에서 취득세를 다시 납부해야 하고, 부동산 지분 증여로 인해 10년간 증여가액 6억 원을 초과하는 금액에 대해 증여세를 부담할 수 있어 추가 비용이 발생할 수 있다.

따라서 각자의 상황과 조건을 꼼꼼히 검토한 후 부부 공동명의 전환 여부를 결정해야 한다. 공동명의 전환이 번거롭고 절세 효과가 크지 않다면 굳이 할 필요는 없다.

부동산은 취득, 보유, 처분 단계마다 다양한 세금을 부담해야 하며, 부부 공동명의와 단독명의는 단계별 세금 부담에 상당한 차이가 있다.

2025년 기준으로 양도소득세의 1세대 1주택 비과세 혜택은 세대 단위로 적용되며, 세대 전체가 해당 주택을 2년 이상 보유하면 양도차익 중 최대 12억 원까지 비과세를 받을 수 있다. 특히 2021년 1월 1일 이후 조정대상지역에서 주택을 취득한 경우, 2년 이상 보유뿐만 아니라 2년 이상의 실거주 요건도 반드시 충족해야 한다.

예를 들어, 부부가 50:50 지분으로 공동명의로 보유한 아파트를 매도할 경우, 매도가액이 20억 원이고 취득가액이 8억 원이라면 총 양도차익은 12억 원(각자 6억 원)이 된다. 세대 전체가 2년 이상 보유 및 실거주인 비과세 요건을 충족하면 12억 원 전액이 비과세되며 초과분에 대해서만 과세가 이루어진다. 이때 실거주 요건은 원칙적으로 세대 전체의 실거주 여부를 기준으로 판단하지만, 실질적으로 남편만 실거주한 경우에도 그 기간과 실거주 사실이 인정되면 비과세 혜택을 받을 수 있다. 다만, 위장 전입 등 탈세 목적이 의심되면 비과세가 부인될 수 있다.

공동명의의 경우 장기보유특별공제는 명의자별로 보유 및 거주 기간을 개별적으로 계산해서 적용된다. 보유 기간에 따라 최대 40%, 거주 기간에 따라 최대 40%가 적용되며 합산해 최대 80%까지 세액공제를 받을 수 있다.

예를 들어, 남편이 10년 이상 보유 및 실거주한 경우 80% 공제가 가능하고, 아내가 보유만 10년 이상이고 실거주 요건을 충족하지 못한 경우, 아내의 지분에 대해서는 보유 기간에 따른 최대 40%까지만 공제가 적용된다.

따라서 공동명의는 장기보유특별공제 측면에서는 유리할 수 있으나 1세대 1주택 비과세 요건은 세대 전체의 주택 보유 수, 거주지역, 실거주 여부 등에 따라 판단되므로 규제지역 여부와 취득 시점, 보유 기간, 실제 거주 여부 등을 종합적으로 검토해야 한다. 관련 절세 전략은 사례별로 판단이 달라질 수 있으므로 반드시 세무 전문가와 상담한 후 결정하는 것이 가장 바람직하다.

공동명의로 인해 부동산 관련 행위 시 추가적인 어려움도 발생할 수 있다. 압류나 가압류 시 배우자의 동의가 필요하며 금융 거래와 대출 과정에서도 복잡성이 증가한다. 부동산 매매 시 모든 명의자의 서명과 동의가 필수적이므로 부부간 합의가 절대적이며 거래 과정이 지연되고 번거로워질 수 있다.

또한 부동산 관련 법적 문제 발생 시 두 명의 공동명의자 모두에게 책임이 따른다. 세금 체납이나 소송 등의 상황에서 서로 책임을 회피하기 어렵다. 부동산 처분이나 임대계약 체결 시에도 양쪽의 동의가 필요해 의견 불일치 시 재산권 행사에 제약이 생긴다.

주택임대사업자로 등록된 상태에서 단독명의를 부부 공동명의로 변경하고자 할 경우, 기존 사업자등록을 폐업하지 않고도 등록사항 변경신고를 통해 공동사업자로 전환하거나 지분 비율을 조정할 수 있다. 이 과정에서 반드시 지방자치단체(시·군·구청)와 세무서 또는 홈택스 양쪽에 등록사항 변경신고를 해야 하며, 등기부상 지분 역시 실제로 이전되어야 한다. 명의변경은 부부간 증여나 실제 매매를 통해 진행할 수 있으며, 증여의 경우 10년간 6억 원까지 증여세가 면제된다. 이 절차에는 인감증명서, 주민등록등본, 매매 또는 증여계약서 등의 서류가 필요하고, 지분 이전 후에는 임대사업자 등록 지분을 반드시 갱신해야 한다.

다만, 투기과열지구 내 주택이나 분양가상한제 적용 주택의 경우에는 분양권 전매 제한 또는 실거주 의무(2-5년) 규정에 따라 명의변경이 사실상 제한될 수 있으며 이를 위반할 경우, '주택법' 제65조 및 제101조에 의해 계약 취소, 과태료 또는 형사처벌(3년 이하 징역 또는 3,000만 원 이하 벌금)이 부과될 수 있다.

공동명의 임대사업자는 '민간임대주택에 관한 특별법'에 따라 장기일반매입임대주택으로 등록 시 다양한 세제 혜택을 받을 수 있다. 예를 들어, 전용면적 85㎡ 이하 주택을 임대하면 재산세 임대면적에 따라 감면과 양도소득세 임대 기간에 따라 계속 임대, 요건 충족 시에 장기보유특별공제 일부는 최대 100% 적용이 가능하지만, 현재 임대사업자에 대한 세제 혜택은 과거에 비해 크게 축소되었다.

따라서 임대사업자 명의변경은 세제 혜택, 보유 주택 수, 지역 규제 상황 등을 종합적으로 검토하고 렌트홈, 지방자치단체, 국세청, 세무사와 상담한 후 신중하게 진행해야 한다. 4대 보험의 준조세 부담이 피부양자 자격 상실로 인해 이전보다 증가할 수 있다.

공동명의로 부동산을 소유하는 경우 각자의 지분에 따라 소득을 분리 신고해야 하는 상황이 발생할 수 있다. 부동산 임대로 수익이 발생하면 지분별로 임대소득세를 분할 신고해야 한다. 이러한 절차들은 세법에 익숙하지 않은 사람들에게 꽤 복잡하게 느껴질 수 있다. 다주택 보유 여부와 주택가액 등에 따라 부부 공동명의와 단독명의의 장단점이 달라질 수 있다.

따라서 부동산 명의를 결정할 때는 전문가에게 상황별 세밀한 검토를 받고 결정하는 것이 바람직하다. 공동명의는 부부간 재산의 공평한 분배와 법적 보호, 세금 절감 측면에서 장점이 있지만, 장기적 관점에서 책임과 권리, 세금 문제를 신중히 고려해야 하며 미래의 잠재적 갈등 가능성까지 평가해야 한다.

부동산을 공동명의로 등록하려면 세무사나 부동산 전문가와 충분히 상담한 후 부부간 명확한 합의를 이루는 것이 중요하다. 명의 지분 비율과 각자의 권리·의무를 계약서나 공증문서로 명확히 기록해두면 향후 부부간 분쟁을 예방하는 데 큰 도움이 된다.

공동명의는 단순한 서류상 결정이 아니라 부부의 재정적 협력과 미래계획에 중대한 영향을 미치는 중요한 선택이므로 충분한 고민과 대화를 거쳐 현명하게 판단해야 한다.

집을 살 때 꼭 확인해야 할 필수 공부와 유의 사항

등기사항전부증명서(등기부등본)

　등기사항전부증명서는 부동산의 권리관계를 가장 명확하게 보여주는 핵심적인 법적 문서다. 흔히 등기부등본이라 불리는 이 문서는 해당 부동산의 건축 연도, 현재 소유자, 면적 등 기본적인 물리적 정보뿐만 아니라 소유권 외에 설정된 권리관계까지 상세히 담고 있다. 부동산을 매수하거나 전세·월세계약을 체결할 때는 이 문서를 통해 근저당권, 전세권, 가압류, 가처분 등 권리 부담을 반드시 확인해야 한다. 특히 근저당권이 설정된 경우, 채권최고액이 실질적인 담보 대출금보다 크기 때문에 임차인이나 매수인은 채무불이행 시 권리 침해를 받을 수 있다. 따라서 등기부의 채권자 정보, 채권최고액, 설정일자 등을 꼼꼼히 살펴보는 것이 중요하다.

　등기사항전부증명서는 해당 부동산의 법적 이력서이자 신분증과 같다. 과거 소유권 이전 내역과 각종 권리의 설정 및 말소 기록을 통해 그 부동산의 이력을 한눈에 파악할 수 있다. 겉보기에 문제없어 보이는 집이라도 등기부를 확인하면 복잡한 채권관계나 법적 분쟁의 흔적이 드러나는 경우가 많다.

　최근에는 깡통전세 등 전세사기의 주요 수단으로 악용되는 사례도 많아, 임대차계약 전에는 반드시 최신 등기사항전부증명서를 확인해야 한다. 부동산 거래 과정에서 등기사항전부증명서를 확인하지 않고 계약을 체결하는 것은 신분증 없이 낯선 사람을 믿고 중요한 계약을 하는 것과 같다. 이 문서는 부동산의 법적 상태를 투명하게 보여주는 공식 기록이므로 매수자나 임차인 모두 계약 전에 반드시 열람하고 이해한 뒤 결정해야 한다. 이러한 습관은 단순한 절차가 아니라 자신과 가족의 재산을 지키기 위한 최소한의 방어선이다.

이 서류를 꼼꼼히 확인하면 향후 발생할 수 있는 예상치 못한 법적 분쟁을 예방할 수 있다. 등기사항전부증명서 왼쪽 하단의 열람일시는 해당 문서를 발급받은 날짜와 시간을 나타낸다. 권리변동은 하루 사이에도 발생할 수 있으므로 계약 당일에 발급된 문서인지 반드시 확인해야 한다.

만약 당일 발급된 문서가 아니라면 공인중개사에게 오늘 날짜로 다시 발급해줄 것을 요청해야 한다. 발급처는 관할등기소나 대법원 인터넷등기소이며 문서는 표제부, 갑구, 을구로 구분된다. 표제부에는 부동산의 기본 정보가 기재되어 있다.

【 표 제 부 】 (건물의 표시)				
표시번호	접 수	소재지번 및 건물번호	건 물 내 역	등기원인 및 기타사항
1	2018년4월19일	서울특별시 서초구 서초동 [도로명주소] 서울특별시 서초구 서초대로	시멘트블럭조 시멘트기와지붕 단층주택 85㎡	

(출처 : 인터넷등기소)

먼저 표제부는 부동산에 대한 기본적인 정보를 담고 있는 부분이다. 이 부분에는 등기 순서, 해당 부동산의 지번과 건물 번호, 그리고 층수와 전용면적 등 건물의 구조에 관한 세부사항이 기재된다. 주소가 정확하지 않으면 임대차보호법의 보호를 받을 수 없으므로 계약하려는 부동산의 주소와 표제부의 주소가 정확히 일치하는지 꼼꼼히 확인하는 것이 매우 중요하다.

【 갑 구 】		(소유권에 관한 사항)		
순위번호	등기목적	접 수	등기원인	권리자 및 기타사항
1 (전 2)	소유권이전	1998년3월24일 제11274호	1997년8월 일 매매	소유자 ○○○○○○ 서울 은평구 증산동 220-1 덕원(아) ○○ 부동산등기법 제177조의 6 제1항의 규정에 의하여 2001년 08월 22일 전산이기
2	소유권이전	2001년10월4일 제53196호	2001년9월4일 매매	소유자 ○○○ ○○○○○○-*******
2-1	2번등기명의인표시 변경	2003년2월27일 제10306호	2001년12월27일 전거	○○○ 주소 서울 은평구 증산동 220-1

(출처 : 인터넷등기소)

갑구는 부동산의 소유권과 관련된 중요한 정보를 담고 있다. 여기에는 순위번호, 등기목적, 접수일, 등기원인, 권리자 등이 상세히 기재된다. 현재 소유자는 보통 가장 아래쪽에 표시되어 있으므로 계약 대상자와 정확히 일치하는지 꼼꼼히 확인해야 한다. 또한 갑구에는 가처분, 가압류, 경매 등의 정보도 포함되어 있어 소유자의 재정 상태와 신용도를 파악할 수 있다. 만약 갑구에 가압류나 가등기 관련 내용이 기록되어 있다면 이는 잠재적인 소유권 분쟁의 신호일 수 있으므로 특히 주의해야 한다.

을구는 부동산의 소유권 외 저당권, 전세권, 지역권, 지상권 등의 권리관계가 명시되어 있다. 을구에서 가장 중요한 것은 근저당권 설정 여부를 확인하는 것이다.

【을　　　구】	（소유권 이외의 권리에 관한 사항）			
순위번호	등 기 목 적	접　　수	등 기 원 인	권리자 및 기타사항
1	근저당권설정	2018년4월19일 제　　호	2018년4월19일 설정계약	채권최고액 금　　　　원 채무자 김 　서울특별시 서초구 서초대로　　동 　호(서초동, 　　　) 근저당권자 이 　서울특별시 종로구 창덕궁길　 (계동) 공동담보 토지 서울특별시 서초구 서초동

(출처 : 인터넷등기소)

매매계약 시에는 잔금 지급 전 매도인의 근저당권 설정이 해지되었는지 반드시 확인해야 한다. 전·월세계약의 경우 선순위 근저당권으로 인해 후순위로 처리되어 향후 경매 진행 시 보증금 회수가 어려울 수 있으므로 근저당권이 과도하게 설정된 부동산은 주의해야 한다. 따라서 보증금을 보호하려면 을구의 권리관계를 철저히 파악해야 한다.

등기사항전부증명서의 구성을 요약하면 표제부는 사실적 관계, 갑구는 소유권, 을구는 소유권 외 권리관계를 나타낸다. 집을 매수하거나 임차할 때 등기사항전부증명서를 확인해야 하는 이유는 간단하다.

불법적인 거래나 잠재적 문제를 사전에 차단하기 위해서이다. 만약 등기사항전부증명서 확인 없이 계약을 체결한다면 나중에 저당권이 설정되어 있거나 다른 채권자의 권리가 있는 상황에서 집을 매수하게 될 수 있으며, 이 경우 채권자가 집을 압류할 수 있어 큰 위험에 처할 수 있다.

또한 소유권의 불명확한 상황을 피하려면 반드시 소유자와 권리관계를 명확히 파악해야 한다. 등기사항전부증명서 확인 시 가장 중요한 점은 소유자의 정확성을 확인하는 것이다. 집을 매도하려는 사람이 실제 소유자인지 신분증과 대조해 이름과 주소가 일치하는지 꼭 점검해야 한다.

만약 소유자가 아닌 사람이 집을 매도하려 한다면 사기의 위험이 있을 수 있기 때문이다. 부동산에 저당권이 설정되어 있다면 대출금 상환 완료 전 매입 시 문제가 발생할 수 있다. 또한 가압류나 가처분이 있는 경우 매수나 임차 후에도 소송이나 법적 문제가 생길 수 있으므로 반드시 확인해야 한다.

등기사항전부증명서의 기록 날짜와 변동 사항을 확인하는 것도 중요하다. 최근 소유권 변경이나 권리 설정이 있었다면 그 이유를 자세히 조사해야 한다. 등기사항전부증명서는 부동산의 법적 상태와 소유관계를 파악할 수 있는 중요한 서류이므로 매수나 임차를 고려하는 사람은 계약일, 중도금, 잔금 지급일에 계약 단계별로 반드시 열람하고 내용을 철저히 검토해야 한다. 등기사항전부증명서는 단순한 서류가 아니라 법적 안전망으로 부동산 거래의 모든 정보를 담고 있다. 이 서류를 꼼꼼히 확인하고 법적 권리관계를 제대로 파악함으로써 부동산 거래의 큰 위험을 예방할 수 있다.

부동산 매수는 중대한 결정이지만 한 장의 서류로 미래의 불확실성을 줄일 수 있다는 점에서 큰 가치를 지닌다. 이제 부동산 거래에서 실수를 피하려면 등기사항전부증명서를 세심하게 확인해야 한다. 이 서류 한 장이 당신의 소중한 자산과 미래를 보호할 수 있는 열쇠다.

건축물관리대장

건축물관리대장에 등록된 건물 정보는 부동산 등기부의 기본 토대가 된다. 건축물관리대장은 건축물에 대한 공식 기록으로 허가, 관리, 소유자 정보, 사용 용도, 연도별 개조 내역 등이 상세히 담겨 있는 문서다. 이 서류를 통해 해당 건축물의 합법성, 주거 적합성, 건축법 준수 여부

등을 확인할 수 있다.

건축물관리대장의 주요 항목은 건축물의 기본사항으로, 주소, 구조, 면적, 용도 등을 알 수 있으며, 이는 해당 건물이 주거용, 상업용, 다세대 주택인지 판단하는 중요한 정보다. 또한 건축물의 연혁도 파악할 수 있어 최초 건축 연도와 증축, 리모델링 내역을 확인할 수 있다. 이를 통해 건물의 역사를 추적하고 불법 증축이나 법규 위반 사항을 살펴볼 수 있다. 건축물의 허가 사항 역시 중요하다.

해당 건축물이 법적으로 허가를 받았는지 불법 건축물이 아닌지 확인하는 것은 필수다. 불법으로 지어진 건축물은 후속 처리가 복잡하고 법적 책임이 따를 수 있기 때문이다. 확인 방법은 건축물관리대장을 발급받아보면 오른쪽 상단에 위법 건축물이면 '위법건출물'이라고 표시되어 있다. 그리고 건물의 상황에 변동이 생기면 먼저 건축물관리대장을 변경한 후 등기부 변경을 신청해야 한다.

건축물대장은 건축물에 관한 구체적인 정보를 담고 있다. 건물의 건축 방식, 용도, 연도, 면적, 동·호별 정보 등 상세한 내용을 포함하고 있어 건물의 특성과 적법성을 파악할 수 있다. 각 지방자치단체의 건축과에 등록되어 있으며, 부동산 매입 전 반드시 확인해야 할 중요한 서류다. 건축물대장에는 소유자 정보, 정확한 주소, 건물 용도, 건축 연도와 구조, 면적 등 다양한 정보가 포함되어 있다. 이러한 정보들은 부동산 계약 시 매우 중요하며 법적 문제를 사전에 방지하는 데 핵심적인 역할을 한다.

불법으로 건축된 건물은 심각한 법적 문제를 야기할 수 있다. 불법 증축된 부분은 철거될 가능성이 크며, 이는 새로운 소유자에게 상당한 부담이 될 수 있다. 또한 불법건축물은 수도, 전기, 가스 등 기본 인프라 연결에 장애가 발생할 수 있다. 건물의 용도도 중요한 고려사항이다. 만약 해당 건물이 상업용으로 등록되어 있다면 주거용으로 변경하기 위해 추가적인 법적 절차와 비용이 필요할 수 있다.

따라서 부동산 구매 시 건축물대장의 용도를 반드시 확인해야 한다. 오래된 건물이나 상업용 건물의 경우, 건축물대장을 통해 건물 구조의 안전성과 향후 필요한 리모델링이나 보수 작업에 대한 중요한 정보를 얻을 수 있다. 이를 통해 미래의 유지보수 비용을 예측할 수 있다.

계약서상 면적과 건축물대장의 면적이 다를 경우, 예상보다 작은 면적의 부동산을 매수하거나 가격 차이가 발생할 수 있으므로 면적 정보를 꼼꼼히 확인해야 한다.

등기부의 부동산 표시가 건축물관리대장과 일치하지 않는 경우, 소유권자는 먼저 부동산 표시 변경등기를 해야 다른 등기를 신청할 수 있다. 등기명의인 표시도 마찬가지로 건축물관리대장과 부합해야 한다. 미등기 건물의 소유권보존등기 시에는 원칙적으로 등기소에 신청서와 자기 소유의 건축물관리대장 등본을 제출해야 한다.

건축물관리대장에 기재되는 사항을 보면 ① 건물의 소재로서 건물이 존재하는 동명과 지번을 기재한다. ② 가옥번호로서 지역마다 기번해 건물 하나에 대해 번호를 정한다. 하나의 건물 중에 소유자가 다른 부분이 있을 때는 별개의 건물로 보고 각각 가옥번호를 붙인다. ③ 건물의 종류·구조 및 면적을 기재한다. 종류는 주택 ·점포·공장·창고·기타로 구분된다. 구조는 주된 부분의 구성자료, 지붕의 종류 및 층수에 의해 철골조 슬레이트 2층 건물 등과 같이 그 상황에 의해 적절히 구분한다.

(출처 : 정부24)

면적은 각층 면적의 합계를 평방미터로 표시한다. ④ 소유자의 주소·성명을 기재한다. 개인이 소유하는 경우에는 주소·성명을 기재하고, 법인이 소유하는 경우에는 명칭·영업소·사무소 등을 기재한다.

건축물대장은 집을 구매할 때 법적 안전망을 확보하는 중요한 서류이며 이 서류를 통해 불법 건축물 여부를 확인하고 집의 구조나 용도가 법적으로 문제가 없는지를 파악할 수 있다. 건축물대장에 기록된 내용이 실제 집과 일치하는지 반드시 확인하고, 그 집이 합법적인 건축물인지 개조나 증축이 제대로 이루어졌는지를 파악하는 것이 중요하다. 집을 구매할 때 건축물관리대장을 확인하는 것은 단순한 절차가 아니다.

그것은 내가 살 집이 안전하고 합법적인지를 확인하는 중요한 열쇠이며, 이 서류 하나로 불법 건축물, 불법 증축, 법적 문제를 미리 확인하고 나의 자산을 안전하게 지킬 수 있는 방법이 된다. 최근의 법 개정은 이러한 중요성을 더욱 부각되었다. 건축물에 대한 관리와 이력을 투명하게 공개함으로써 불법적인 거래를 방지하고 구매자가 안전하게 거래할 수 있도록 돕고 있다.

건축물관리대장, 이 서류 하나가 내 집의 역사와 미래를 지키는 열쇠가 될 수 있음을 기억해야 한다. 집을 매입이나 임차하는 것은 큰 투자이자 중요한 결정이기 때문에 건축물대장을 확인함으로써 제반 법적 문제를 예방하고 안전하고 만족스러운 내 집 마련을 성공적으로 할 수 있는 방법이다.

토지대장

토지대장은 토지의 현황을 명확히 파악하기 위해 토지의 소재지, 지번, 지목, 지적, 소유자의 주소와 성명 등을 기록한 공식 문서를 말한다. 토지대장을 통해 가장 중요하게 확인해야 할 점은 해당 토지의 용도 가능성이다.

농지로 등록된 토지는 주택 건축이 제한되며 주택용지로 개발하려면 반드시 농지전용허가를 받아야 한다. 이러한 사항을 미리 확인하지 않고 토지를 구매하면 추후 용도변경에 추가 비용과 시간이 소요될 수 있다.

또한 토지대장에 기록된 소유자 정보는 실제 토지 주인을 확인하는 핵심 자료. 토지를 거래할 경우, 토지대장과 등기부등본을 함께 발급받아 꼼꼼히 검토해 두 공부의 소유자 등이 일치하는지 중복으로 확인하는 것이 안전하다.

매매계약 시 계약자가 실제 소유자가 아닐 경우, 심각한 법적 문제가 발생할 수 있으므로 소유자 확인은 필수다. 그리고 토지에 설정된 저당

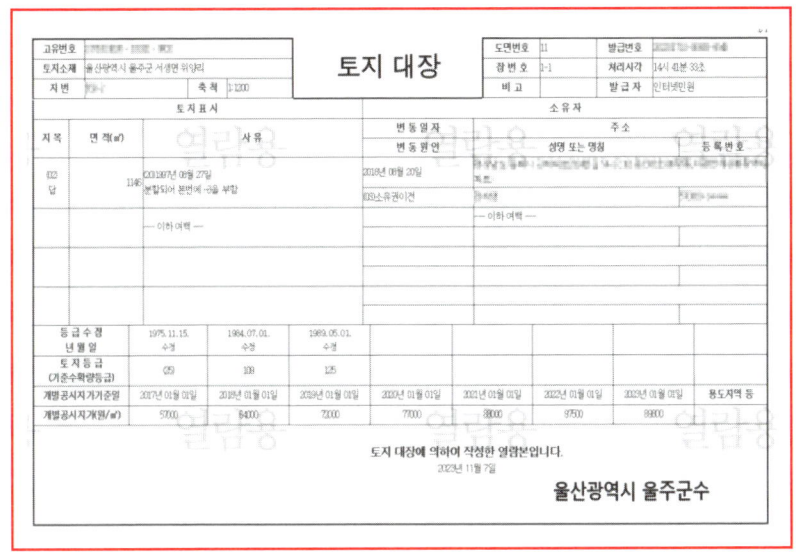

(출처 : 정부24)

권, 지상권 등 권리관계는 해당 토지의 법적 제한을 명확히 보여준다.

특정 지역의 개발 가능성은 토지 가치에 직접적인 영향을 미친다. 재개발이나 재건축 예정 지역의 토지는 가치가 급격히 상승할 수 있는 반면 보호구역이나 수목지구로 지정된 지역은 건축과 개발에 엄격한 제한이 있을 수 있다. 토지대장은 토지의 실제 상황을 공시하는 중요한 문서로 등기부등본과는 다른 고유한 특성을 가진다.

두 문서는 내용이 서로 일치해야 하며, 부동산 상황 변동 시 먼저 대장을 변경한 후 등기부등본을 수정한다. 토지를 구매할 때는 반드시 토지대장의 지목, 면적, 법적 규제 등을 자세히 검토해야 한다.

농지를 주택지로 사용하려면 지목변경 절차가 필요하며 개발제한이나 보호구역 지정 여부를 확인해야 한다. 결론적으로 토지대장은 부동산 거래 시 예기치 못한 법적 문제를 예방하고 안전한 거래를 보장하는 핵심 문서다. 따라서 부동산 구매 전에 토지대장을 철저히 열람하고 이해하는 것이 중요하다.

지적도(임야도)

지적도는 지적법에 따라 토지의 위치, 지번, 경계, 면적 등을 상세히 기록한 공적 지도로, 토지를 개별 필지로 구분하고 정확한 경계를 표시한다. 특히 토지면적의 정확성과 건축 가능 여부, 도로 접근성 등을 확인할 수 있는 중요한 공적 장부다. 지목이 임야인 경우에는 지적도 대신 임야도로 기록되며 확인 방법은 동일하다. 정부 24에서 무료로 발급받을 수 있으며 시·군·구청 지적과나 주민센터에서도 신청이 가능하다.

집을 매수할 때 확인해야 할 서류는 매우 다양하지만, 그중에서도 지적도(임야도)는 특히 중요하다. 이는 지적도가 토지의 경계와 형태, 면적 등을 확인할 수 있는 법적 기준 지도이기 때문이다. 매수 후 발생할 수 있는 경계 분쟁이나 토지 활용 제한 등의 문제를 방지하기 위해 지적도를 반드시 점검해야 한다.

지적도는 토지의 정확한 경계와 면적을 나타내는 지도로 경계선, 형태, 면적, 소유자 정보 등이 상세히 표시되어 있어 해당 토지의 정확한 특성을 파악할 수 있다. 국토교통부에서 관리하는 이 지도는 법적으로 인정되는 공식 자료로, 부동산 매입 시 토지의 실제 상태를 확인하는 데 매우 중요한 역할을 한다. 특히 임야도는 산지나 임야 지역의 토지 정보를 나타내는 지도로 주로 농지나 산지의 경계를 확인하는 데 사용된다.

지적도를 통해 정확한 토지의 경계와 소유 정보, 면적 등을 사전에 확인하지 않고 집을 매수하는 경우 예상치 못한 법적 문제나 경계 분쟁에

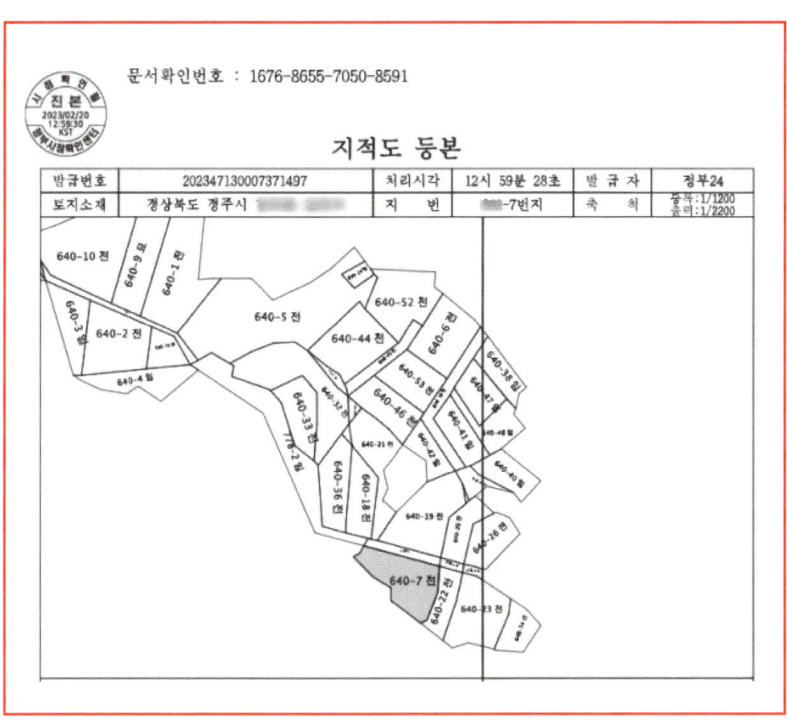

(출처 : 정부24)

휘말릴 수 있다. 지적도의 경계선은 토지 소유 경계를 정확히 나타내기 때문에 집 구매 후 인근 토지와 경계 분쟁이 발생하면 소유권 주장이나 토지에 대한 권리 행사에 어려움을 겪을 수 있다. 사전에 경계를 명확히 파악하면 이러한 분쟁을 예방할 수 있다.

또한 지적도를 통해 확인할 수 있는 지목은 해당 토지의 주거용, 상업용, 농업용 등 용도를 알려주며, 농지를 주택지로 변경하려면 지목변경 절차가 필요할 수 있다. 임야도의 경우 산지나 숲을 나타내므로 주택 건축 시 개발 가능 여부에 대한 추가 조사가 요구될 수 있다. 지적도 열람 시에는 몇 가지 중요한 사항에 유의해야 한다.

지적도상 경계선이 실제 토지와 일치하는지 확인해야 하며, 때로는 지적도와 실제 경계가 다를 수 있으므로 추가 확인 방법을 조사해야 한다. 특히 대규모 개발 지역에서는 경계선이 변경될 수 있으므로 주의가 필요하며 토지의 지목과 실제 용도 일치 여부, 농지의 주택지 전환 가능성, 임야의 상업용 변경 가능성 등을 자세히 검토해야 한다.

결론적으로 지적도(임야도)는 부동산 구매 시 토지의 정확한 정보를 확인할 수 있는 중요한 서류다. 이를 통해 경계 분쟁을 예방하고 토지 용도와 개발 가능성을 정확히 파악할 수 있으며, 지적도 확인은 단순한 구매 절차가 아니라 법적 문제와 미래 토지 활용계획을 방지하기 위한 필수 과정이다.

토지이용계획확인서

우리나라의 모든 토지는 토지이용계획에 따라 건축 범위와 사용이 가능한 용도를 규제하는 공적 장부로 관리되고 있다. 따라서 토지를 거래할 때는 토지이용계획확인서를 발급받아 해당 토지의 이용 가능 여부를 꼭 확인해야 한다. 토지이용계획확인서를 국토교통부나 지방자치단체에서 제공하는 문서로 해당 토지에 대한 법적, 행정적 계획이 상세히 기록된 공식 문서다.

이 서류는 개발, 용도변경, 규제 등 토지에 영향을 미치는 모든 요소를 파악하는 데 도움을 준다. 매수하려는 땅이 주거용지, 상업용지, 녹지 중 어디에 해당하는지 정확히 알 수 있다. 토지이용계획확인서를 통해 해당 토지의 제한사항과 개발 가능성을 확인할 수 있어 장기적인 투자를 고려하는 이들에게 매우 중요한 자료다.

해당 토지는 주거지, 상업지, 농지, 공공용지 등으로 구분되며 특정 용도에 맞지 않게 사용하려면 용도변경 절차를 반드시 거쳐야 한다. 자연녹지, 보호구역, 문화재 보호구역 등 특별한 규제 여부를 확인할 수 있고, 개발 가능 지역이라면 해당 지역의 개발계획도 점검해볼 수 있다. 또한 건축물 높이 제한, 건축 밀도 제한 등의 규제도 존재할 수 있는데, 이는 특히 상업용 건물을 계획하는 이들에게 중요하다.

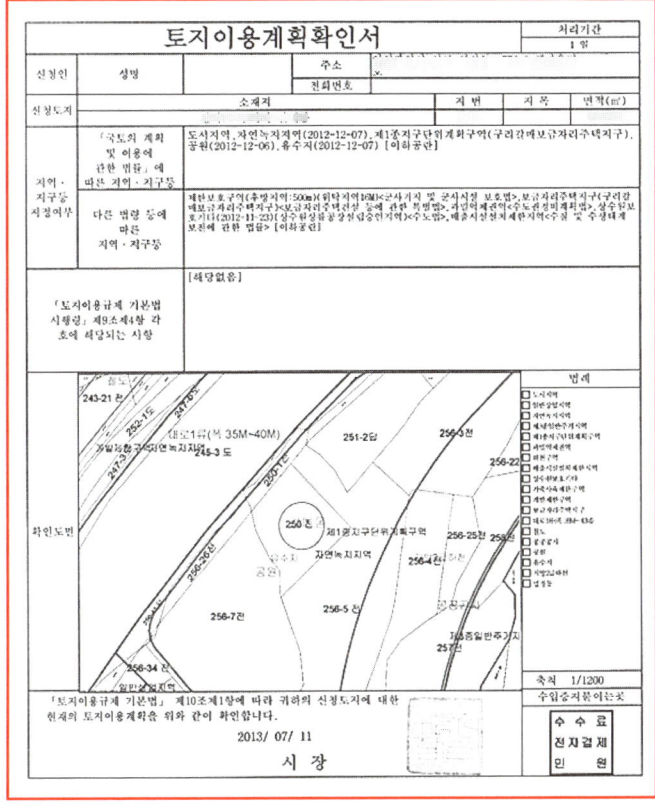

(출처 : 정부24)

도로 개설, 교통망 확장 등 토지 관련 인프라계획도 포함되어 있어 장기적인 투자 가치를 평가하는 데 중요한 요소가 된다. 지구단위계획의 적용 여부도 확인할 수 있는데, 이는 특정 지역의 개발 방향과 조정사항을 규정하는 계획이다.

토지이용계획확인서는 해당 토지의 공식적인 계획과 법적 제약을 알려주며, 정부의 향후 개발 및 용도계획을 담고 있어 살고 싶은 집이 상업지구인지 주거지구인지 앞으로 도로 확장이나 재개발계획이 있는지 등 주택 구매 시 중요한 사항들을 미리 파악할 수 있다.

사전에 확인하지 않고 집을 매수했다가는 나중에 개발계획과 충돌하거나 난감한 상황에 처할 수 있으므로 반드시 사전 검토가 필요하다. 토지이용계획확인서에는 주거지구, 상업지구, 산업지구 등 다양한 용도 구분이 명시되어 있어 해당 지역의 미래 변화를 예측할 수 있다. 상업지구로 지정된 지역은 향후 대규모 상업시설이나 공장이 들어설 가능성이 있어 거주환경에 영향을 줄 수 있고 주거지구로 잘 지정된 지역은 안정적인 거주환경을 기대할 수 있다.

또한 이 서류에는 향후 개발계획이 포함되어 있어 지역의 변화를 예측할 수 있다. 도로 확장이나 재개발계획이 있다면 그에 따른 교통 문제와 생활환경 변화도 고려해야 한다. 때로는 토지의 용도나 개발계획에 따라 법적 제약이 있을 수 있으며, 원하는 용도로 사용하려는 땅이 특정 규제에 묶여 있다면 해제에 시간과 비용이 추가로 들 수 있다.

가장 중요한 토지의 용도지역을 알 수 있고, 주거지, 상업지, 공업지, 농지 등의 지정 여부와 건축 제한사항을 확인할 수 있다. 고도 제한, 건폐율, 용적률 등의 규제도 포함되어 있어 원하는 크기와 형태의 건축물을 짓기 위해 반드시 확인해야 한다. 다음은 도로와의 관계를 살펴봐야 한다. 해당 토지에 접근할 수 있는 도로의 존재 여부, 도로 폭, 도로 소유주 등의 정보를 파악할 수 있으며 이러한 정보는 향후 건축이나 토지 접근 시 매우 중요한 요소다.

또한 주변 지역이 개발 예정지로 지정되어 있다면 해당 지역의 미래 발전 가능성을 예측할 수 있고, 개발이 진행될 경우 토지 가치가 상승할 수 있다. 추가로 환경보호구역, 역사유적지보호구역 등 다양한 법적 규제 사항도 확인해야 한다. 이러한 규제들은 개발을 제한할 수 있으므로 반드시 사전에 점검해야 한다.

토지이용계획확인서는 해당 토지의 미래가치를 판단하는 중요한 척도이며, 토지에 대한 공법상 규제 사항을 명확히 보여주는 문서다. 이 서류를 통해 공법상 규제의 내용, 권장되는 용도, 사용이 불가능한 용도 등을 알 수 있다. 특히 군사기지 및 군사시설보호구역, 개발제한구역 등 토지이용에 많은 제한이 있는 지역인지 자세히 검토해야 한다.

건축을 위한 필수조건인 진입도로 접근성도 반드시 확인해야 한다. 만약 토지이용계획확인서를 제대로 확인하지 않고 토지의 용도나 규제 사항을 간과한다면 심각한 문제가 발생할 수 있다. 원하는 토지에 건축이 불가능하거나 개발이 제한된 지역일 경우 큰 재정적 손실을 입을 수 있으며 미래 투자 가치도 크게 떨어질 수 있다.

따라서 토지를 매입하기 전에는 토지이용계획확인서를 철저히 검토하고, 해당 토지에 대해 명확히 이해한 후에 최종 구매 결정을 내리는 것이 매우 중요하다. 이 서류를 통해 자신의 계획 실현 가능성을 판단하고 필요한 경우 대안을 모색할 수 있다.

도로 접근성도 중요한 고려 요소다. 아무리 좋은 입지라도 도로가 없는 맹지의 경우 추가 비용이 발생할 수 있으며 도로에 접해 있더라도 그 도로가 건축법상 도로인지, 현황 도로인지, 사도인지, 국도인지 등을 자세히 확인해야 한다. 도로 접근성이 떨어지면 투자 가치도 함께 감소하기 때문이다.

또한 정부의 토지이용계획을 파악해 향후 개발 방향과 그 영향을 전망해야 한다. 토지이용계획확인서는 토지 및 주택 매수 시 해당 지역의 용도와 규제 사항을 명확히 이해할 수 있게 해주는 중요한 서류다. 이를 통해 원하는 용도로의 건축 및 개발 가능성을 확인하고 불필요한 위험을 미연에 방지할 수 있다. 최근에는 법 개정으로 규제가 강화되었고 디지털화로 정보 접근성이 개선되었다.

안전한 거래를 위해 토지이용계획확인서를 꼼꼼히 확인하는 습관을 들이는 것이 중요하다. 이 작은 서류 한 장이 법적 위험과 투자 실패를 예방할 수 있다. 발급 방법은 정부24를 통한 유료 발급, 시·군·구청 지적과 또는 주민센터 방문, 그리고 토지이음 웹사이트를 통해 확인할 수 있다.

부동산 매매를 할 때 주의사항

부동산 거래는 인생에서 몇 안 되는 중대한 재산권 행사로, 거래금액이 수천만 원에서 수십억 원에 이르기에 사소한 실수도 큰 손실로 이어질 수 있다. 특히 초보자에게는 절차가 복잡하고 까다롭게 느껴질 수 있지만, 기본적인 지식과 철저한 준비만 하면 안전하고 성공적인 거래가 가능하다.

무엇보다 매매계약서의 내용을 꼼꼼히 검토하는 것이 가장 중요하다. 계약서는 단순한 서류가 아니라 거래의 법적 근거이며, 한 줄의 문구 차이로 수백만 원에서 수천만 원의 분쟁이 발생할 수 있다. 계약서에는 매매대금, 계약일자, 대금 지급 방식, 부동산의 정확한 표시(주소·지번·면적 등), 인도일, 잔금일 등이 명확하게 기재되어야 한다. 중요한 조건이 누락되거나 문구가 모호할 경우, 거래 후 심각한 법적 다툼이 발생할 수 있으므로 사전에 중개인이나 법률 전문가의 검토를 받는 것이 현명하다.

또한, 계약서 작성 전에는 거래 대상 부동산의 정보가 서류상 내용과 정확히 일치하는지를 반드시 확인해야 한다. 매도인과 매수인의 인적 사항, 부동산의 주소, 지번, 용도, 면적 등이 등기부등본, 토지대장, 건축물대장 등의 공적 서류와 일치하는지 대조하는 것이 안전하다.

등기부등본 확인은 아무리 강조해도 지나치지 않다. 등기부등본은 해당 부동산의 소유권, 근저당권, 전세권, 가처분, 가압류 등 법적 권리관계를 한눈에 파악할 수 있는 핵심 서류로, 매매계약 체결 전에 반드시 열람해야 한다. 만약 소유자가 매도인이 아니거나, 부동산에 담보권·가압류 등의 권리 제한이 설정되어 있을 경우, 계약 자체가 무효가 될 수 있고, 매수자가 예상치 못한 법적 책임을 지게 될 위험이 있으므로 소유자 확인과 권리분석은 필수 절차다. 등기부등본에는 부동산의 현재 소유자, 권리관계, 부채나 담보 설정 상태 등 잠재적 분쟁 요인이 모두 기재되어 있기 때문에 거래 전에 이를 철저히 검토함으로써 법적 위험을 사전에 차단할 수 있다.

부동산 매매 시에는 세금 및 채무 관련 사항을 철저히 사전 점검해야 한다. 대표적인 세금으로는 매도자가 부담하는 양도소득세와 매수자가 부담하는 취득세(지방교육세 및 농어촌특별세 포함) 등이 있으며, 매도인의 세금 체납 여부를 반드시 확인해야 한다.

매도인이 국세나 지방세를 체납한 경우, 해당 부동산에 압류가 설정되거나 공매 대상이 될 수 있으며, 이것으로 인해 매수인이 관련 부채를 떠안게 될 위험이 있다. 따라서 계약 전 등기부등본과 세금 납부 상태를 꼼꼼히 확인하는 것이 필수다. 이외에도 취득세, 중개수수료, 법무사 비용, 등기 수수료 등 각종 부대비용을 사전에 자세히 파악하고 총비용에 대한 예산을 설정하면 예상치 못한 재정적 부담을 줄일 수 있다.

또한, 부동산 담보대출, 전세권, 근저당권 등의 설정 여부를 등기부등본을 통해 확인하고 임대차계약이나 세입자 존재 시 확정일자와 전입일자를 꼼꼼히 검토해 보증금 인수나 명도 분쟁을 사전에 방지해야 한다. 관리비 미납 여부는 관리사무소에 관리비 납부 확인서를 요청해서 확인하며, 전입세대 열람을 통해 현 세입자의 전입 상태를 파악하는 것도 중요하다. 부동산 매수 전에는 반드시 현장을 직접 방문해 실물을 꼼꼼히 점검해야 한다. 건물의 경우 노후도, 균열, 설비 상태, 일조권, 소음, 조망, 인근 환경 등을 종합적으로 평가해야 한다.

토지의 경우에는 지목, 용도지역, 도로 접면 여부, 경사도 등을 확인해 향후 개발 및 이용 가능성을 철저히 판단해야 한다. 특히 토지이용계획확인서 및 토지이음을 통해 건축 제한, 개발행위 가능 여부 등 법적 제약사항도 신중하게 검토하는 것이 바람직하다.

부동산 매매 시 일반인들이 주의해야 할 사항은 크게 4가지로 정리할 수 있다.

첫째, 계약 당사자의 신원을 정확히 확인해야 한다.

매도인과 매수자가 직접 계약을 체결하는 것이 원칙이며, 매도인의 신분증을 통해 실명과 주소 등 개인정보를 반드시 확인해야 한다. 부득이하게 대리인이 계약을 진행하면 본인의 인감증명서와 위임장을 반드시 첨부해야 하며, 위임장에는 매매 목적, 대상 부동산, 계약 조건 등을 명확히 명시해야 한다.

배우자가 대리로 계약하는 경우에도 다른 제삼자와 마찬가지로 동일한 절차가 적용된다. 계약서에는 계약일자와 매도인 또는 대리인의 개인정보를 정확하게 기재해야 하며, 계약일은 실제 계약 체결 날짜를 기준으로 작성한다.

둘째, 부동산의 면적을 꼼꼼히 확인해야 한다.

계약서에는 부동산의 주소, 토지면적, 건물면적, 부속건물, 미등기 건물 등을 명확하고 상세하게 표시해야 한다. 면적은 일반적으로 등기부등본을 기준으로 작성되지만, 실제 면적은 토지대장 및 건축물대장을 함께 대조 확인해야 한다. 만약 등기부상 면적과 대장상 면적이 일치하지 않을 경우, 잔금 지급 전에 이를 정정하거나 특약으로 차이를 명확히 기재하는 것이 좋다. 특히 옥탑방이나 창고 등 미등기 건물은 등기되지 않았으므로 사진을 첨부하거나 특약에 포함해 매매 대상임을 명시해야 하며, 가능하다면 등기 완료 후 매입하는 것이 가장 안전하다.

셋째, 매매대금의 지급 방식과 시기를 계약서에 구체적이고 명확하게 명시해야 한다.

일반적으로 계약금, 중도금, 잔금으로 나누어 지급하며 단계별 금액, 지급일자, 지급수단(계좌이체, 수표 등)을 분명히 표시해야 한다. 계약금은 계약 성립의 증거이자 계약 당사자 일방이 계약을 해제할 수 있는 법적 수단이다. 이 경우 매도인은 계약금의 배액을 배상해야 하고, 매수인은 계약금을 포기해야 한다.

중도금 지급 이후에는 당사자 간 합의 없이는 일방적 해제가 불가능하다. 잔금은 계약 종결의 핵심 절차로, 잔금 지급 직전까지 권리관계에 이상이 없는지 최종 확인하고 잔금 지급과 동시에 소유권이전등기 및 부동산 인도 절차를 함께 진행해야 안전하다.

넷째, 특약사항을 계약서에 명확하게 명시해야 한다.

예를 들어 임차인이 있는 부동산의 경우, 명도 주체, 시기, 명도 비용 부담 주체 등을 구체적으로 작성해야 향후 발생할 수 있는 분쟁을 예방할 수 있다. "매도인은 잔금 지급일까지 임차인을 책임지고 명도한다"와 같이 명확하게 기재한다. 또한 매수자의 요청사항이나 주택 내 주요 시설물의 처리 방안 등도 구두가 아닌 서면 특약으로 명확히 남겨야 한다. 참고로 주택 등 건물 매매의 경우, 매수인은 건물에 중대한 하자가 있으면 그 사실을 인지한 날로부터 6개월 이내에 매도자에게 하자담보 책임을 청구할 수 있다. 단, 매수인이 하자를 이미 알았거나 알 수 있었던 경우는 제외된다.

내 집 마련을 위한 매수 전략과 확인 사항

자신의 주거 목표와 미래 분석을 정확히 파악하자

내 집 마련은 누구에게나 중요한 인생의 큰 투자 중 하나로 여겨진다. 하지만 많은 이들이 이에 대한 구체적인 전략과 확인해야 할 사항들에 대해 막막해한다.

부동산 매수의 첫 번째 핵심은 자신의 진정한 목적을 명확히 하는 것이다. 내 집 마련의 목적을 정확히 정의해야 하며 투자용인지, 거주용인지를 먼저 결정해야 한다. 거주 목적이라면 위치, 교통, 학교, 생활 편의 시설 등 삶의 질을 좌우하는 요소들을 꼼꼼히 살펴봐야 하고, 투자 목적이라면 미래 시세 상승 가능성과 발전 잠재력을 자세히 검토해야 한다.

집의 크기와 구조도 중요한 고려 사항이다. 대가족은 넓은 공간을, 1~2인 가구는 아담한 공간을 선호할 수 있으므로 가족 구성원과 생활 패턴에 맞는 집을 선택하는 것이 중요하다. 부동산 매수 과정에서 종종 어디서부터 시작해야 할지 혼란스러워지거나 수많은 정보 속에서 전략 수립에 어려움을 겪기도 한다.

급매물은 시세보다 저렴하게 나오는 물건을 의미하며, 이는 대개 매도자의 긴급한 사정 때문에 발생한다. 시간적 우위를 점하면 보다 유리한 조건으로 거래할 수 있다. 부동산 시장의 10% 하락을 기다리기보다는 직접 발품을 팔아 10% 저렴한 급매물을 찾는 것이 더 현명할 수 있다.

부동산 가격은 정부 정책, 금리 전망, 자금 흐름 등 다양한 요인에 영향을 받는다. 관련 정보를 지속해서 파악하고 시장 반응을 주시하는 것이 중요하다. 시장 흐름을 파악해 적절한 시기와 전략을 세우되 기회를 놓치지 않도록 주의해야 한다.

부동산 시장의 불확실성이 높아진 요즘, 내 집 마련을 계획한다면 철저한 시장 조사가 무엇보다 중요하다. 최근 주택 가격 흐름과 전반적인 시장 동향을 면밀히 분석하고 교통망 확장이나 도시개발계획과 같은 미래 변화를 미리 파악하면 향후 시세 상승 가능성이 있는 지역을 선별할 수 있다. 이런 정보는 국토교통부 실거래가 공개시스템, 지자체 홈페이지, 부동산 관련 포털 사이트 등을 통해 비교적 쉽게 확인할 수 있다.

아파트의 경우, 같은 지역 내에서도 단지별 시세 차이가 커지고 있으며 일부 고평가된 단지나 비선호 지역은 가격 조정 가능성도 있다. 따라서 단기적인 가격 상승 기대보다는 장기 거주를 전제로 해당 주택의 실질적 가치와 생활환경을 종합적으로 따져봐야 한다.

주택은 단순한 투자 상품이 아니라 오랜 시간 머무는 공간이므로 교통, 교육, 인프라, 커뮤니티 등 거주 편의 요소를 꼼꼼히 점검해야 한다. 내 집 마련의 목적이 실거주인지 투자인지에 따라 선택 기준은 달라진다. 실거주 목적이라면 본인과 가족의 라이프 스타일에 맞는 안정적인 주거환경이 가장 중요하고, 투자 목적이라면 미래개발 가능성과 임대 수익률, 시세 상승 여력 등을 분석하는 전략이 필요하다. 특히 정부 정책 변화로 무주택자의 청약 기회는 확대되고 있는 반면, 기존 주택 보유자의 진입 장벽은 높아지고 있어 청약제도의 변화에도 민감하게 대응해야 한다.

청약통장은 여전히 신규 분양아파트를 저렴하게 마련할 수 있는 실질적 수단이다. 하지만 청약은 단순히 신청만으로 결과가 보장되지 않기 때문에 입지, 평형, 분양가 등 주요 조건을 충분히 비교하고 가점제 또는 추첨제 방식에 맞춘 전략적 접근이 필요하다. 무엇보다 자신의 재정 여건과 장기적인 주거계획을 고려해 무리 없는 수준에서 내 집 마련을 준비하는 것이 핵심이다.

좋은 집보다 좋은 위치가 더 중요하다

내 집 마련에서 위치는 핵심적인 요소 중 하나다. 좋은 집보다는 좋은 위치에 있는 집이 더욱 가치 있을 수 있다. 좋은 입지는 시간이 흐를수록 그 가치를 높이고 생활의 편리함은 물론 미래의 무한한 가능성까지 열어준다. 부동산 업계에서는 위치가 모든 것을 결정한다. 위치를 현명하게 선택하면 미래 자산가치를 크게 높일 수 있다는 의미다. 이는 주택 매수에서 매우 중요한 고려 사항이다. 주택의 위치에 따라 생활 편의성이 크게 달라지기 때문에 학교, 직장, 병원, 쇼핑몰, 대중교통 등과 가까운 곳에 위치한 집은 항상 높은 수요를 보이며, 상대적으로 시세 상승 잠재력도 크다. 또한, 주변 상권의 활성화 여부도 중요한 점검 사항이다. 상업시설과의 접근성은 매우 중요한 요소로, 주택 매수 후 일상적 편리함을 제공하고 장기적인 가치 상승에도 영향을 미칠 수 있다.

내 집 마련 시 교통 여건을 자세히 살피는 것은 필수다. 가까운 지하철역, 버스 정류장 등 교통 편의성은 핵심적인 고려사항이다. 교통이 편리한 지역은 거주 만족도가 높고, 특히 역세권의 경우 꾸준한 임대 수요와 안정적인 거래로 투자 가치를 보장받을 수 있다. 따라서 우선적으로 역세권에 주목하고 교통 여건을 철저히 분석해 주택을 마련할 필요가 있다. 지하철역에서 도보 10분 이내, 반경 500m 이내 위치한 곳을 역세권으로 볼 수 있다. 맹자의 어머니가 자녀 교육을 위해 세 차례 이사했듯이 거주 예정지의 주변 환경을 고려하는 것은 당연하다. 특히 최근에는 교육환경이 부동산 가치를 크게 좌우한다.

아파트를 선택할 때는 주변에 유치원부터 초·중·고등학교가 가까이 위치한 1,000세대 이상의 대단지를 선호하는 것이 좋다. 인근에 대형 백화점이나 종합병원 등 생활 편의시설이 잘 갖춰진 곳이 이상적이지만 여관이나 술집 등 유흥업소가 많은 곳은 피해야 한다. 또한 조망권이 좋은 곳이 더욱 유리하다. 저층 아파트보다 고층 아파트가 시세가 높은 이유다.

요즘 미분양아파트는 단순히 팔리지 않은 집이 아니라 숨겨진 기회로 볼 수 있다. 주로 수도권의 비인기 지역이나 소규모 단지에 많지만, 간혹 시세보다 저렴하게 내놓은 진주 같은 매물도 존재한다. 처음에는 망설이거나 의구심이 생길 수 있지만, 위치와 주변 인프라를 꼼꼼히 살펴 신중하게 선택한다면, 예상을 뛰어넘는 성과와 만족감을 얻을 수 있다. 주택건설사 공식 홈페이지부터 부동산 정보 사이트, 심지어 지역 커뮤니티 게시판까지 숨은 보석 같은 아파트는 조용히 그 자리를 지키고 있다.

매수계획이 똑똑해야 매수도 여유롭다

내 집 마련을 위해서는 여러 가지 단계와 고려해야 할 사항이 있다. 먼저 매수계획을 세울 때는 원하는 지역, 필요한 자금, 매수 시기 등을 자세히 검토하고 구체적인 실행 방안을 마련해야 한다. 이는 내 집 마련 계획을 설계하는 초기 단계라고 할 수 있다.

다음으로 정보 수집 단계에 들어가는데, 주택 매수를 할 때 정보를 파악하는 것은 매우 중요하다. 금융, 청약, 지역, 아파트 분양 등 내 집 마련에 필요한 정보를 체계적으로 정리하고 구체적인 수집 방법을 모색해야 한다. 특히 본인의 조건과 원하는 주택에 따라 통장 가입, 금융기관 방문, 인터넷 정보 검색, 건설회사 물색, 부동산 상식 등 다양한 경로를 통해 정보를 수집해야 한다. 중요한 것은 정보 수집이 초기 단계에만 국한되는 것이 아니라 내 집 마련의 목표를 달성할 때까지 지속해서 이루어져야 한다는 것이다.

자금 마련계획은 내 집 마련 과정에서 가장 핵심적인 부분이다. 체계적인 계획을 통해 적정 가격대의 집을 선택하고 실제 구매를 가능하게 할 수 있다. 자금계획 수립 시에는 총 구매비용을 종합적으로 고려해야 하며, 집값뿐만 아니라 중개수수료, 취득세, 등기비용 등 부대비용도 반드시 고려해야 한다. 대출을 고려한다면 대출 한도와 이자율을 정확히 파악하고 향후 상환계획을 자세히 수립해야 한다. 자신의 재정 상태를 점검하고 무리하지 않은 합리적인 범위 내에서 대출을 결정하는 것이 중요하다. 저축, 재테크, 대출 등을 통해 최종적으로 필요한 자금을 마련하고 목표 시기에 맞춰 자금 조달계획을 수립해야 한다.

아파트는 표준화되어 있어 대출 가능 범위를 쉽게 파악할 수 있지만, 다세대주택이나 일반주택의 경우 각 물건의 특성에 따라 감정 기간이 길어질 수 있으므로 사전에 대출 가능 범위를 확인하는 것이 매우 중요하다. 주택 매수 단계에서는 주택 상품별 특성, 구체적인 시장 동향, 매매가 대비 전세가 비중, 청약 및 분양권 매수 등을 자세히 분석해야 한다. 또한 매수 가이드, 계약 절차, 부대비용, 권리분석, 입지 분석 등을 철저히 검토해야 한다. 특히 주택 매수 전 집의 상태를 꼼꼼히 점검하는 것은 필수적이다. 내부 상태와 외부 환경을 세밀하게 확인해 향후 발생할 수 있는 과도한 수리 비용을 예방해야 한다. 건축 연도와 구조를 자세히 검토해서 오래되거나 구조적 문제가 있는 경우, 막대한 수리 비용이 발생할 수 있음을 인지해야 한다.

내 집 마련은 결코 쉬운 여정이 아니다. 하지만 철저한 준비와 계획, 시장 조사, 그리고 명확한 목표 설정을 통해 진행한다면 과정상의 어려움을 충분히 극복할 수 있다. 단계별로 세심하게 확인하며 내 집 마련의 꿈을 현실로 만들어간다면 그 성취감은 그 어떤 경험과도 비교할 수 없을 것이다.

내 집 마련은 단순한 부동산 거래가 아니라 가족의 삶의 질과 미래를 좌우하는 중요한 선택이다. 핵심은 서두르지 않고 철저한 계획과 준비를 통해 자신에게 가장 적합한 집을 찾는 것이다. 주택은 단순한 공간을 넘어 안정감과 행복을 제공하는 자산이므로 신중하게 비교하고 모든 조건을 꼼꼼히 살펴봐야 한다.

부동산 매수는 순간적인 결정이 아닌 장기적인 안목이 필요한 여정이다. 내 집 마련을 위한 준비 과정을 소중하게 여기며 차근차근 나아간다면, 그 과정 자체가 의미 있는 삶의 토대가 될 것이다.

자주 이사하는 것을 귀찮아하거나 두려워하지 말자

이사는 새로운 기회를 여는 열쇠다

 직장인들 사이에서 부동산 투자에 관한 관심이 나날이 높아지고 있다. 동료들과의 대화에서도 부동산 투자가 단연 화제의 중심에 서 있다. 이제 월급으로 순수하게 저축해 내 집을 마련하던 시대는 저물어가고 있다. 많은 직장인이 부동산 투자를 시작하면서 가장 먼저 직면하는 난관 중 하나가 바로 이사 문제다.
 직장인이나 초보 투자자들이 부동산 투자를 망설이는 이유 중 하나는 이사가 번거롭고 두렵다는 심리적 장벽 때문이다. 하지만 최근 부동산 시장의 트렌드는 오히려 잦은 이사를 통해 주거환경과 자산을 적극적으로 업그레이드하는 전략을 성공적인 투자 방식으로 꼽고 있다.

 성공적인 부동산 투자를 위해서는 이사를 성장의 기회로 바라보는 생각의 전환이 필요하다. 우리가 이사를 두려워하는 근본적인 이유는 안정감에 대한 욕구와 변화에 대한 불안감 때문이다. 현재 거주 중인 집이 불편하더라도 익숙함 속에서 안정감을 느끼며 새로운 환경에 적응해야 한다는 생각이 두려움을 불러일으킨다. 게다가 이사는 시간과 비용이 소요되는 일이기에 번거롭고 피하고 싶은 일로 여겨진다.
 하지만 부동산 투자에서 이사를 두려워하면 성장의 기회를 놓칠 수 있으며, 특히 주거환경 변화는 자산 증대를 위한 중요한 전략 중 하나다.

그렇다면 이사를 두려워하지 않기 위해서는 어떤 마음가짐과 전략이 필요할까? 무엇보다 이사는 기회라는 인식이 중요하다. 부동산 투자에서 이사는 단순한 거처 이동이 아니라 더 나은 투자처로의 이동 과정이다. 현재 거주지역의 부동산 가치가 이미 정점에 도달했다면, 이를 매도하고 성장 잠재력이 높은 지역으로 이동하는 것이 현명할 수 있다. 특히 최근 도시 재개발지역이나 교통 호재가 예정된 지역은 장기적으로 부동산 가치 상승 가능성이 크다.

이사는 일시적인 불편함을 감수하더라도 장기적으로 자산을 늘리는 기회이며, 더 좋은 투자처를 찾아 이동한다면, 지금의 불편함은 미래의 수익으로 충분히 보상받을 수 있다.

더 나은 교육환경이나 직장 접근성이 좋은 지역으로 이사하면 일상의 만족도를 크게 높일 수 있다. 새롭게 재건축된 신축 아파트로 이사한다면 더욱 좋은 주거 환경과 생활 편의를 누릴 수 있다.

특히 직장인 투자자들은 직장 인근의 적당한 거리에 있는 투자처로 이동하면 통근 시간을 줄이고 그 시간을 자기계발이나 가족과의 시간으로 활용할 수 있다. 결국 이사는 단순한 물리적 이동을 넘어 삶의 방식과 환경을 개선하는 소중한 기회가 될 수 있는 것이다.

이사 전략으로 성공하는 직장인의 부동산 투자법

직장인에게 이사는 단순한 주거 이동을 넘어 전략적인 부동산 투자의 수단이 될 수 있다. 초기 자본이 부족한 상황에서 매달 고정지출인 주거비를 최소화하면 남는 자금으로 투자 기반을 마련할 수 있다. 특히 임대아파트에 거주하며 절약한 돈은 앞으로의 매수 기회로 연결될 수 있다. 이사를 단순히 성가신 일로만 여긴다면 장기적인 자산 형성의 기회를 놓칠 수 있다.

또한, 시장 변화에 맞춰 유망 지역으로 이동하는 것은 자산가치를 높이는 효과적인 방법이다. 신규 개발지구나 가격 상승이 예상되는 지역에 먼저 진입해 일정 기간 거주한 후 옮겨가는 전략은 실거주와 투자를 동시에 충족시키는 선택이 된다. 최근과 같은 조정기에는 상대적으로 적은 비용으로 더 좋은 입지로 이동할 기회가 많아졌기 때문에 유연한 주거 전략이 자산 성장의 핵심이 될 수 있다.

몸테크, 즉 주거의 불편함을 감수하면서 재테크를 실현하는 방식은 현실적인 투자 수단으로 자리 잡고 있다. 특히 직장 이동, 자녀 교육, 전셋집 반환 등의 계기를 활용해 재건축 가능성이 있는 아파트에 직접 거주하는 것은 실패 위험이 낮은 전략으로 평가된다. 2~3년 단위로 이동을 반복하며 자산을 쌓는 방식은 단기 투자가 아니라 지속적인 자산 축적을 위한 전략이다.

서울 주요 지역의 재건축 단지들은 장기간에 걸쳐 꾸준히 가격이 상승해왔으며, 이는 단순한 기대가 아니라 과거 데이터로 입증된 추세다. 따라서 초기 신도시나 저평가된 지역의 전세를 활용해 분양권을 노리거나 청약을 준비하는 과정 자체가 장기적인 자산 설계의 일부가 된다. 특히 신도시는 형성에 오랜 시간이 걸리므로 이 기간 동안 여러 차례 전세 이동을 감수하며 자금을 모으고 청약을 준비하는 것은 충분히 전략적인 선택이 된다.

직장인 투자자라면 출퇴근 거리만으로 주거지를 결정하지 말고 내재가치가 높은 지역의 미래 가능성을 중심으로 주거 전략을 수립해야 한다. 현재 시세가 저렴하더라도 개발계획, 교통 호재, 교육환경 등 복합적인 요인이 반영되는 지역은 미래가치 상승 잠재력이 크다.

현금이 부족한 1주택 실수요자에게 몸테크는 단순한 고생이 아니라 현실적인 생존 전략이며, 동시에 자산을 키우는 가장 직접적인 방법이다. 특히 세제 혜택이 줄어들고 규제가 강화되는 최근 투자 환경에서는 다주택보다 똘똘한 한 채 전략이 더욱 유효해졌다. 결국 직장인의 재테크는 생활의 유연성에서 시작된다.

생활의 불편함을 감수하더라도 장기적인 자산가치와 투자 수익을 고려한 이사 전략을 세우는 것이 중요하다. '조물주 위에 건물주'라는 말이 현실로 다가오는 시대, 부동산은 여전히 대한민국 자산 형성의 핵심이며, 그 시작은 지금의 작은 움직임일 수 있다.

자주 다닌 이사가 부동산 초보자에게 유리한 이유

최근 부동산 시장에서는 장기 거주보다 주거 환경 개선과 자산 상승 기회를 적극적으로 모색하는 이사 전략이 주목받고 있다. 이러한 이사 전략이 부동산 초보자에게 특히 유리한 이유는 다음과 같다.

저평가된 신흥지역에 선제적으로 진입해 자산 상승 기회를 확보할 수 있고, 다양한 지역 거주를 통해 부동산 안목과 투자 경험을 쌓을 수 있으며, 1주택 2년 이상 실거주 시 양도소득세 비과세 혜택을 적극적으로 활용할 수 있다. 부동산 초보자들은 2~3년 단위로 수도권 주요 개발 예정지에 실제 거주하며, 지역의 변화와 상승을 기다리면 편안하게 시세차익을 얻고 자산을 키울 수 있다. 정권이나 규제에 따라 부동산 투자의 변동성이 크지만, 10년 이상 장기적으로 보면 부동산은 꾸준히 우상향 곡선을 그리고 있어 사람들의 관심은 여전하다.

요즘 부동산 전문가들이 방송이나 강연에서 가장 자주 듣는 질문은 "지금 집을 사야 할까요, 팔아야 할까요?"이다. 이 질문은 지금 대한민국의 가장 불편한 현실을 그대로 반영하고 있다. 집을 단순한 보금자리가 아닌 투자 상품으로 바라보는 시각이 담겨 있기 때문이다. 적어도 자본주의 사회를 살아가는 우리에게 집은 안락한 삶의 공간인 동시에 가치 있는 부(富)의 지표로 여겨지는 것은 불가피한 현상일 것이다. 하지만 가장 중요한 것은 나의 집 가치와 상관없이 부동산에 꾸준히 관심을 갖는 것이다. 그래야 현재든 먼 미래든 나만의 소중한 삶의 안식처를 찾고, 부동산 투자 수익을 통해 여유로운 노후를 준비할 수 있을 것이다.

지금의 부동산 환경에서는 스마트 노마드 전략, 즉 자주 이사하며 자산을 키우는 방식을 이해하고 초보자들이 이를 어떻게 활용할 수 있는지 고민해야 할 때다. 부동산 스마트 노마드는 2030~4050 직장인을 중심으로 이사를 전략적으로 반복하며 거주와 투자를 동시에 추구하는 새로운 투자 방식으로, 최소 2년 이상 실거주 후 비과세 혜택을 받아 매도하고 다시 유망 지역으로 이동하는 순환을 반복해서 자산 증식을 극대화하는 방법이다. 최근 부동산 추세에 맞는 이사 전략은 크게 3가지로 볼 수 있다.

첫째, 교통 호재 지역으로 GTX 개통 예정 지역, 지하철 연장 예정 지역 등으로의 전략적 이동, 둘째, 자녀 입학 시기에 맞춰 인기 학군 내로 이동 후 학업 종료 후 매도하는 인기 학군 지역 중심 이동, 셋째, 정비사업 확정 예정지역 중심으로 주기적 거주지 이동하는 재개발·재건축 예정지 중심 이동이다.

초보자를 위한 스마트 노마드 성공 노하우는 부동산 앱을 활용해 이사하기 좋은 타이밍을 미리 파악하고 2년 실거주 비과세 혜택 조건을 정확히 맞추어 이사를 계획하며 무리한 금액보다는 실거주와 투자를 병행할 수 있는 적절한 금액대 아파트를 중심으로 매입하는 것이다.

직장인들에게 자주 이사하는 것은 단기적으로 귀찮고 번거로울 수 있지만, 이사라는 과정은 부동산 투자에서의 전략적인 이동을 의미할 수 있다. 잠재력 있는 시장이 활성화된 지역에 먼저 입주해서 부동산 가치 상승을 경험한 뒤, 그 지역에서 축적된 자산을 바탕으로 더 나은 지역으로 이사하며 투자 규모를 확대할 수 있다.

또한 다양한 지역을 경험하면서 여러 부동산의 특성을 배우는 기회를 얻게 되고, 이를 통해 부동산 시장에 대한 이해도를 높이고 점차 더 좋은 조건의 부동산을 선택할 수 있는 능력을 키울 수 있다. 이 과정에서 쌓은 경험은 장기적으로 더 큰 자산을 축적하는 토대가 된다. 부동산 투자는 비록 오랜 시간이 소요되는 과정이지만, 잦은 이사에 대한 두려움을 극복한다면 오히려 부동산 투자에서 유리한 위치를 선점하는 기회가 될 수 있다. 직장인으로서 시간 부족을 이유로 투자를 미루기보다는 이사를 전략적으로 활용해서 자산을 신속하게 축적하고 시장 변화에 민첩하게 대응하는 것이 중요하다.

잦은 이사가 번거롭게 느껴질 수 있지만 이를 기회로 전환할 수 있다면, 누구나 부동산 투자에서 큰 성공을 거둘 수 있을 것이다. 이제 이사는 더 이상 지치고 힘든 일이 아니다. 전략적으로 자주 움직이는 습관이 부동산 투자 성공의 지름길이며 잦은 이사를 두려워하지 말고 적극적으로 활용한다면 자산 증식을 빠르게 앞당길 수 있다. 이제 이사를 단순한 이동이 아닌, 부동산 투자 전략의 일환으로 보고 더 큰 목표를 향해 나아갈 필요가 있다.

CHAPTER 03

월급은 나를 먹여 살리고,
부동산은 나를 자유롭게 한다

월급쟁이가 직장생활과 부동산 투자를 병행해야 되는 이유

자기 개발보다 자산 개발이 먼저다

월급쟁이가 목돈을 모으는 방법은 크게 2가지로 나눌 수 있다.

첫째, 지출을 줄이는 것, 둘째, 수입을 늘리는 것이다. 이 2가지를 동시에 실천한다면 가장 효과적이고 빠르게 목돈을 모을 수 있을 것이다. 요즘 많은 직장인이 월급으로 안정적인 수입을 얻고 있지만, 점점 더 많은 이들은 부동산 투자를 통해 자산을 확대하고 싶어 한다. 이러한 추세는 단순한 경제적 동기를 넘어 장기적인 재정적 안정과 자산 축적을 위한 필수 전략으로 자리 잡고 있다.

특히 월급쟁이들에게 부동산 투자는 부업 이상의 의미를 지니며 직장생활과 부동산 투자의 병행은 개인의 재정적 미래를 더욱 탄탄하게 만드는 중요한 방법이다. 월급쟁이가 직장생활과 부동산 투자를 함께 해야 하는 이유는 투자를 위한 초기 자금과 기본 생활에 필요한 수입이 모두 필요하기 때문이다.

과연 절약만으로 경제적 불안감에서 벗어날 수 있을까?

절약은 단순히 불안감을 해소하는 수단에 불과하다. 물론 절약을 통해 현명한 재정 마인드를 배우고 기회를 얻을 수 있지만, 절약에는 분명한 한계가 있다. 매달 30만 원씩 절약한다고 가정하면 1년에 360만 원, 10년이면 3,600만 원을 모을 수 있다. 하지만 냉정하게 말해 이 정도

금액으로 경제적 불안감을 완전히 해소하기는 어렵다.

더욱이 지나친 절약은 삶의 질을 저하시킬 뿐이다. 과도한 의욕은 지속성을 해치는 주된 원인이 된다. 절약은 무조건적으로 하는 것이 아니라 작은 소비 습관부터 점진적으로 개선해나가야 한다. 절약만으로는 경제적 불안감에서 벗어나기 어렵고 좋은 직장에 다닌다고 해서 그 불안감이 완전히 해소되는 것도 아니다.

그렇다면 어떻게 해야 월급쟁이의 일상에서 벗어날 수 있을까? 자기개발을 통한 수입 증대도 한 방법이 될 수 있다. 하지만 현실에서 사장이 주는 월급은 개인의 능력과 항상 비례하지 않는다. 만약 노력에 비례하는 보수를 받을 수 있다면 더할 나위 없겠지만 현실은 그렇지 않다. 설령 자기 개발로 연봉이 몇백만 원 더 오른다고 해도 경제적 불안감을 완전히 해소하기는 어렵다. 일하는 동안에는 상대적으로 불안감이 덜 할 수 있지만, 이는 정년까지의 이야기일 뿐이다.

퇴직 후의 삶은 어떻게 준비할 것인가? 회사 밖에서 얻는 부수입도 고려해볼 필요가 있다. 시간적 여유가 있다면 부수입을 늘리는 것이 좋지만 시간이 없더라도 쪼개서라도 만들어야 한다. 실제로 우리는 평생직장이라는 개념이 점점 희미해지는 시대에 살고 있다. 월급으로 생활하는 직장인들이 단순히 월급에만 의존하는 것은 위험할 수 있다.

오늘날과 같이 급변하는 경제 환경에서 직장인의 월급만으로는 불확실한 미래를 대비하는 데 한계가 있으며, 경제 불황, 회사 구조조정, 예기치 못한 퇴직 등으로 인해 수입 감소나 직업 상실의 위험에 직면할 수 있다. 이러한 상황에 대처할 수 있는 능력은 다양한 수입원을 확보하는 데서 시작된다. 부동산 투자와 같은 다른 자산을 통해 수익원을 다각화하는 것은 장기적으로 더 안정적인 재정적 기반을 마련하는 데 도움을 줄 수 있다.

월급으로 생활하는 직장인들이 자격증 공부를 하고 각종 강의를 듣는 이유도 현재의 직장이 자신의 미래를 전적으로 책임질 수 없다는 것을 인식하고 있기 때문이다. 하지만 부수입은 단순히 목돈을 더 빨리 모으기 위한 수단일 뿐이다.

투자를 반드시 월급이 있을 때 시작해야 하는 이유

부동산 투자를 병행한다고 해서 직장생활을 포기할 필요는 없으며, 오히려 직장생활과 부동산 투자의 병행은 상호 보완적인 효과를 낳을 수 있다. 직장인으로서 안정적인 월급을 기반으로 부동산 투자를 통해 수익을 추구하는 것은 초기에는 힘들 수 있지만, 시간이 지남에 따라 안정적인 재정 기반을 마련하게 되며, 직장에서의 경험과 부동산 시장에 관한 공부를 통해 더 지혜로운 투자 결정을 내릴 수 있게 된다.

이렇게 열심히 돈을 모으는 이유는 목돈을 모아 본격적으로 투자를 시작하기 위해서다. 간혹 이러한 목적을 간과하는 사람도 있다. 실제로 투자보다 절약을 우선시하는 사람이 있는데, 이 경우 투자하는 돈마저 아깝다고 생각해 계속 저축만 하는 안타까운 상황이 발생한다. 투자에 대한 결심이 섰다면 반드시 간과하지 말아야 할 것이 있다.

처음에 투자로 한두 번 재미를 봤다고 직장에서 사표를 쓰지 말아야 한다는 것이다. 투자로 큰 수익을 얻었다고 해서 사장에게 사표를 던지는 것은 굉장히 위험하고 무모한 짓이다. 직장을 그만두고 투자에 전념한다고 해서 더 높은 수익을 올린다는 보장이 없다. 전업 투자자는 월급의 2배 이상의 수익이 꼬박꼬박 주기적으로 들어오는 시스템이 구축된 후에야 고민할 수 있는 영역이다.

특히 부동산 투자는 투자 이후 오랜 기다림이 필요하다. 즉, 수익을 실현하기까지 장기간 기다려야 한다. 월급쟁이 시절에는 월급으로 생활비가 충당되었기 때문에 아무런 문제가 없지만, 전업 투자자의 경우 생활비 마련이 어려워 수익이 생기기도 전에 조급해져 매도하는 상황이 발생할 수 있다. 그래서 우리 주변에는 몇 번의 투자로 성공을 맛보고 자신만만하게 직장을 떠났다가 후회하는 전업 투자자들을 우리는 주변에서 가끔 볼 수가 있다. 경험의 함정에 빠져 손해만 보고 다시 직장으로 돌아가는 경우도 많다. 우리는 안정적인 부동산 투자 시스템을 구축할 때까지 혹은 정말 남들이 인정하는 부자가 되어 경제적 자유를 누릴 때까지 계속 투자와 월급쟁이 생활을 병행해야 한다.

직장생활과 부동산 투자를 병행하는 것은 단순히 2가지 일을 동시에 하겠다는 의미가 아니다. 이는 재정적 안정, 자산 증식, 은퇴 준비 등 다양한 측면에서 자신과 가족의 미래를 준비하는 중요한 전략이며, 월급에만 의존하지 않고 부동산 투자를 통해 안정적인 자산을 축적함으로써 경제적 자유를 실현하고 다양한 위험에 대비할 수 있다.

이러한 투자는 지속적인 학습과 철저한 준비가 필요하지만, 장기적인 관점에서 그 가치는 어떤 자산보다도 크고 확실한 기반을 제공한다. 월급쟁이가 직장생활과 부동산 투자를 병행하는 이유는 바로 그 미래의 가치에 대한 확신에서 비롯된다. 직장과 투자라는 2개의 울타리가 이중으로 버티고 있어야 자신과 가족을 위험으로부터 지킬 수 있고, 생활의 여유를 누리면서 지속해서 투자를 할 수 있기 때문이다.

월급은 나를 먹여 살리고, 부동산은 나를 자유롭게 한다

정년이 보장되지 않는 시대에 직장인이 오로지 노력만으로 부를 이루기란 쉽지 않다. 아무리 열심히 일하고 성실하게 저축해도, 퇴직 이후의 경제적 여유를 보장받기는 어렵다.

많은 직장인은 이미 알고 있다. 그 해답이 바로 투자에 있다는 것을. 물론 절약과 자기 계발, 부수입도 중요하지만 결국 이러한 모든 노력은 궁극적으로 자산을 키우기 위한 준비 단계에 불과하다. 그중에서도 부동산은 오랫동안 가장 신뢰할 수 있는 자산 증식 수단으로 자리 잡아왔다. 불안정한 고용 환경 속에서 미래를 위한 안전한 길을 모색한다면 부동산 투자만큼 확실하고 효과적인 방법은 없을 것이다.

월급쟁이로서 매달 고정적인 수입을 받지만, 이 금액으로는 빠른 자산 축적에 한계가 있다. 반면 부동산은 시간이 지남에 따라 자산가치가 상승하는 특성을 지니고 있으며, 시세차익뿐만 아니라 임대수익을 통해 매달 일정한 수익을 창출할 수 있어 월급 외 추가 수입원을 확보할 수 있다. 특히 초기에 소액으로 시작해 임대수익을 통해 점진적으로 자산을 늘려가면 자산 증식 속도가 가속화되는 효과를 볼 수 있다.

부동산은 장기적 관점에서 세금 혜택을 제공하는 유리한 투자처다. 월급 수입은 소득세를 납부해야 하지만, 부동산 투자는 세금 혜택의 기회를 제공한다. 임대소득에 대한 세금은 월급 소득에 비해 공제가 더 유리하게 적용되는 경우가 많으며, 주택담보대출 이자 비용을 세금에서 공제받을 수 있는 혜택도 있다. 따라서 부동산 투자 수익은 월급 외 소득을 증대하면서 세금 측면에서도 유리하게 작용할 수 있다.

부동산 투자의 다른 중요한 이점은 은퇴 준비와 경제적 자유를 위한 기반을 마련할 수 있다는 점이다. 퇴직 후의 불안감은 많은 직장인들이 겪는 고민이지만 부동산 투자는 퇴직 후에도 일정한 임대수익을 제공하며 장기적으로 자산가치를 증대시키는 기회를 제공한다. 이는 은퇴 후 생활비 걱정을 줄이고 재정적 자유를 꿈꿀 수 있게 한다. 안정적인 현금흐름을 만들어주는 부동산은 은퇴 후에도 계속 수익을 발생시키는 중요한 자산이다.

부동산 투자의 또 다른 중요한 특징은 레버리지 효과다. 레버리지는 적은 자본으로 큰 자산을 운용할 수 있는 투자 전략을 의미하며, 주택담보대출을 활용하면 초기 자금이 부족해도 대출을 통해 더 큰 부동산을 구매할 수 있다. 이 과정에서 월급은 여전히 대출 상환금을 부담하는 주된 소득원이지만 자산가치 상승과 임대수익은 월급에 의존하지 않는 추가적인 수익을 창출해준다.

시간이 지나면서 부동산의 가치 상승과 임대수익은 복리 효과를 일으키며 결국 월급 외에도 큰 재정적 자립을 가능하게 한다. 부동산 투자는 다양한 투자 자산 중 안정적인 자산으로 평가받기 때문에 주식이나 채권처럼 시장 변동성이 크지 않으며 물리적 자산으로서 일정 부분 안정성이 보장된다. 물론 부동산 시장에도 가격 변동이 존재하지만, 장기적 관점에서 안정적인 투자처로 여겨진다. 월급 외에도 부동산 투자로 자산을 분산시키면 경제적 충격이나 위기 상황에 더욱 안정적으로 대처할 수 있다.

부동산을 매수할 때 반드시 알아야 할 레버리지 전략

레버리지의 마법, 적은 돈으로 큰 자산 사는 방법

부동산 투자에서 레버리지(Leverage)는 타인의 자본을 마치 지렛대처럼 활용해 자기 자본 대비 수익률(ROE)을 높이는 전략을 의미한다. 이 방식은 주로 은행이나 제2금융권에서 대출을 받아 부동산에 투자하는 형태로 이루어지며, 금융 분야에서 흔히 사용되는 차입을 통한 투자 개념을 부동산 분야에 적용한 것이다.

부동산 레버리지는 자기 자본보다 더 큰 규모의 자산을 확보할 수 있게 해주는 방법으로, 대출을 통해 부동산을 매입한 후 자산가치 상승에 따른 시세차익이나 임대수익으로 대출이자를 상환하고 추가 수익을 창출하는 방식으로 운용된다.

이 투자 전략은 자기자본만으로는 얻기 어려운 더 높은 수익률을 추구할 수 있어 부동산 투자자들 사이에서 널리 활용되며, 특히 초기 자본이 부족한 투자자들에게는 진입 장벽을 낮춰주는 매우 유용한 투자 방법이 될 수 있다. 예를 들어, 1억 원의 자기자본으로 5억 원 규모의 부동산에 투자했다고 가정해보자. 이때 해당 부동산의 시세가 10% 상승하면 자산가치는 5억 원에서 5억 5,000만 원으로 증가하게 된다. 그 결과 5,000만 원의 시세차익이 발생하는데, 이는 전체 투자 금액 기준으로는 10% 상승이지만 실제 자기자본(1억 원) 관점에서 보면 무려 50%

의 수익률을 실현한 셈이다. 이처럼 레버리지를 활용하면 자기 자본 대비 수익률(ROE)을 크게 높일 수 있다.

부동산은 본질적으로 고가의 실물자산이기 때문에 대출을 통한 레버리지 전략은 투자 규모를 확대하고 자산 증식 속도를 높이는 핵심적인 방법이 된다. 이러한 접근은 자기 자본보다 훨씬 더 큰 규모의 자산을 운용할 수 있다는 점에서, 초기 자금이 제한적인 투자자들에게도 매력적인 기회를 제공한다.

하지만 레버리지가 수익률을 높이는 동시에 손실 위험도 확대시키는 양날의 검이라는 점을 반드시 명심해야 한다. 만약 자산 가격이 하락하면 손실 폭은 레버리지 비율만큼 급격히 확대되며 이자비용, 공실, 경기 변동 등의 복합적인 변수가 작용하면 원리금 상환 부담이 심각해질 수 있다. 따라서 레버리지는 철저한 자금계획과 위험 관리가 뒷받침될 때만 효과적으로 활용할 수 있는 투자 전략이다. 단기적인 시세차익만을 노리는 무리한 차입보다는 장기적인 관점에서 임대수익, 보유 여력, 이자 부담 등을 종합적으로 검토하는 전략적 접근이 반드시 필요하다.

레버리지 전략의 가장 큰 장점은 자산 확대의 기회를 열어준다는 점이다. 자본이 제한적인 상황에서도 대출을 활용하면 더 큰 규모의 부동산에 투자할 수 있으며, 이를 통해 자산가치 상승과 임대수익이 동시에 발생하는 구조 속에서 빠르게 자산을 불릴 수 있다. 특히 초기 자본이 부족한 투자자에게 이 전략은 진입 장벽을 낮추고 자산 성장의 기회를 제공하는 효과적인 수단이 된다.

하지만 레버리지를 활용할 때는 주의해야 하는 몇 가지 중요한 사항이 있다. 무엇보다 가장 중요한 것은 대출 상환 능력을 철저히 검토하는 것이다. 대출금을 제때 상환하지 못하면 연체 이자 증가, 신용도 하락, 최악의 경우 부동산 담보권 실행과 같은 심각한 재정적 위기에 직면할 수 있다. 따라서 투자에 앞서 월별 원리금 상환액이 개인의 고정 수입과 임대수익으로 안정적으로 감당할 수 있는 수준인지 반드시 세밀하게 계산해야 한다. 또한 향후 금리 인상 가능성을 고려해 고정금리와 변동금리 중 어떤 조건이 자신의 상황에 더 유리한지 사전에 자세히 분석해야 한다.

변동금리는 초기 이자가 낮은 반면 금리 상승 시 부담이 급격히 증가할 수 있으므로 장기 투자일수록 금리 구조를 더욱 신중하게 판단해야 한다. 결국 레버리지는 현명하게 활용하면 강력한 자산 증식 도구가 될 수 있지만, 부채 관리와 금리 위험에 대한 철저한 대비 없이는 오히려 자산을 갉아먹는 양날의 검이 될 수 있다.

레버리지를 활용한 부동산 투자에서 수익률 분석은 핵심적인 절차다. 단순히 임대수익만 살펴보는 게 아니라 자산가치 상승에 따른 시세차익까지 포함한 종합적인 수익 구조를 면밀히 검토해야 한다. 특히 총수익에서 대출이자와 원리금 상환액 등 비용을 제외한 순수익을 기준으로 투자 수익률(ROI)을 계산해야 하며, 이 수치가 자기자본 대비 투자 목표 수익률을 달성하는지 꼼꼼히 분석해야 한다. 이러한 순수익률(ROI)은 레버리지 전략의 적합성을 판단하는 결정적인 지표가 된다.

또한, 부동산 시장의 변동성에 각별한 주의를 기울여야 한다. 부동산 시장은 지역 특성과 경제 흐름에 따라 크게 변동할 수 있으며, 특히 금리 상승이나 경기 침체기에는 수익은 줄고 상환 부담은 더욱 커질 수 있다. 이런 상황에서는 수익률이 급격히 하락하거나 심지어 역마진이 발생할 위험이 있다. 예를 들어, 고정금리 대출을 받은 경우에도 임대

수익이 감소하거나 공실이 발생하면 원리금 상환이 큰 부담이 될 수 있으며 변동금리 대출의 경우 금리 상승 시 이자 비용이 예상보다 빠르게 증가할 수 있다. 따라서 레버리지 투자를 계획할 때는 시장 금리 동향, 지역별 수요·공급 변화, 정부 정책 흐름 등 외부 요인을 반드시 고려해야 하며 이에 따른 위험 최소화 전략을 수립해야 한다.

이러한 전략에는 금리 인상에 대비한 고정금리 또는 변동금리 선택할 때 수익 하락 시에도 견딜 수 있는 현금흐름 관리, 최악의 상황에서 매도 타이밍 확보를 위한 비상계획 수립 등이 포함된다. 결국 레버리지는 자산을 빠르게 성장시킬 수 있는 강력한 도구지만, 수익률 분석과 시장 흐름에 대한 냉철한 판단이 선행되지 않으면 오히려 위험을 확대하는 요소가 될 수 있다.

레버리지 전략으로 안전하게 투자하는 방법

이번에는 부동산 매수 시 꼭 알아야 할 레버리지 전략의 핵심 요소를 상세히 분석해보겠다. 먼저, 레버리지를 활용할 때 가장 중요한 것은 철저한 위험 관리다. 그중에서도 대출 상환계획 수립은 투자 시작 전 반드시 선행되어야 한다. 투자자는 월 소득, 예상 임대수익, 고정 지출 등을 토대로 매달 감당할 수 있는 상환 금액을 정확히 산출해야 하며, 금리 상승 시 월 상환액의 잠재적 증가폭에 대한 시나리오도 미리 준비해야 한다. 이러한 사전 준비는 금리 인상이나 경기 침체와 같은 외부 충격 발생 시 급격한 매도로 이어질 수 있는 심리적 부담을 완화하는 데 결정적인 도움을 준다.

다음으로, 비상 자금 확보는 레버리지 전략의 핵심 방어 수단이다. 부동산 시장은 예측하기 어려운 변수가 많다. 임대 공실, 임차인 연체, 갑

작스러운 금리 인상, 예상치 못한 수리비 등 다양한 상황에 대비하려면 최소 6개월 치 원리금 상환액과 고정 지출에 해당하는 현금성 자산을 확보하는 것이 매우 중요하다. 이러한 비상 자금은 자산가치 하락기에 급매를 방지하고 장기 자산 전략을 유지할 수 있게 해주는 안전판이 된다. 마지막으로 시장 동향을 지속적으로 모니터링하며 유연한 대응 전략을 유지하는 것 역시 중요하다.

부동산 시장은 금리, 정부 정책, 공급 물량, 인구 구조 등 다양한 요인의 영향을 받는다. 따라서 분기 또는 반기 단위로 지역별 부동산 가격 추이, 전세 수급 상황, 금리 전망 등을 자세히 점검하고, 필요시 즉각적으로 전략을 조정할 수 있어야 한다. 예를 들어, 금리 인상이 예상되는 시점에는 고정금리 대출로 전환하거나 여유자금이 있다면 일부 대출을 조기 상환하는 것도 효과적인 위험 대응 방안이 될 수 있다. 결국, 레버리지는 치밀하게 설계된 방어 전략과 함께할 때 비로소 강력한 자산 증식 수단이 된다. 단순히 수익률만 좇기보다는 변화하는 시장에 유연하게 대응하며 안정적으로 버틸 수 있는 역량을 갖추는 것이 진정한 투자 전략이다.

레버리지 전략의 핵심은 작은 힘으로 큰 힘을 만든다는 지렛대 원리를 부동산 투자에 적용하는 것이다. 즉, 자기자본 외에 차입금을 활용해 더 큰 규모의 자산에 투자함으로써 자본 대비 수익률(ROE)을 높이는 전략이다. 대출을 통해 수익성 높은 부동산에 투자하면 대출이자를 상환한 이후에도 임대수익, 시세차익 등 추가 수익을 창출할 수 있어 투자 효율성을 극대화할 수 있다. 특히 부동산 가격이 상승하는 시기에는 많은 투자자들이 레버리지를 활용해 자산을 빠르게 확대하려는 경향이 있다.

하지만 최근처럼 금리 변동, 고물가 등의 위기가 심화되는 국면에서는 부의 레버리지(negative leverage)가 발생할 위험이 커진다. 이는 차입 비용이 수익률을 초과해 손실로 이어지는 상황을 의미하며, 잘못된 투자 판단 시 수익률이 하락하고 오히려 자본 손실을 입을 수 있다. 부동산에서 가장 일반적으로 활용되는 레버리지 방식은 주택담보대출이다. 예를 들어, 3억 원의 자기자본으로 5억 원짜리 아파트를 매수하고 전세보증금 2억 원을 끼고 투자에 나설 수 있다. 이후 해당 부동산의 시세 상승이 발생하면 차익이 자기자본 대비 몇 배로 커지게 되는 구조다.

또한 상업용 부동산 투자에서도 레버리지는 효과적으로 활용될 수 있다. 예를 들어, 5억 원 규모의 상가를 매입하면서 1억 원의 자기자본과 4억 원의 대출을 활용하는 경우 투자자는 적은 자본으로 고가 자산에 접근할 수 있고, 안정적인 임대수익을 통해 이자 비용을 상쇄하거나 초과 수익을 기대할 수 있다.

결과적으로 레버리지는 자본이 제한된 투자자에게 자산 확대의 기회를 제공하는 강력한 도구지만 금리 수준, 지역 시장의 수익성, 공실 위험 등 외부 변수에 민감하게 반응하므로 철저한 수익성 분석과 위험 관리가 반드시 병행되어야 한다.

부동산 투자에서 레버리지는 자기자본 대비 수익률(ROE)을 극대화할 수 있는 중요한 전략이다. 타인의 자본(대출)을 활용해 투자하면 동일한 수익을 창출하더라도 자기자본의 효율성을 크게 높일 수 있다.

예를 들어 1,000만 원 전액을 투자해 100만 원의 순이익을 올리면 ROE는 10%다. 반면 500만 원의 자기자본과 500만 원의 대출(이자율 5.5%)을 활용해 같은 수익을 달성할 경우, 이자 27.5만 원을 제외한 순이익은 72.5만 원이며, ROE는 14.5%로 상승한다. 이것이 레버리지를 활용한 투자의 핵심 장점이다.

상업용 부동산은 일반적으로 매입가의 25~50%를 자기자본으로 충당하고 나머지 50~75%는 대출을 통해 조달한다. 예를 들어, 10억 원짜리 상업용 부동산에 4억 원의 자기자본과 6억 원의 대출(연 5.5%)을 활용해 연 9,600만 원의 임대수익을 올릴 경우, 이자 3,300만 원과 세금·관리비 600만 원을 제외한 순이익은 약 5,700만 원이다. 이는 ROE를 약 14.25%로 끌어올려, 전액 자기자본 투자 시(ROE 9.0%)보다 훨씬 높은 수익률을 달성할 수 있다.

또한 자산가치 상승은 투자 수익률(ROI)을 더욱 높인다. 10억 원의 부동산 가치가 7% 상승하고 자기자본이 1억 원(10%)일 경우, 시세차익만으로 ROI는 70%에 달한다. 여기에 연 5%의 임대수익까지 더해지면 실제 ROI는 더욱 커진다. 다만 정확한 수익률 산정을 위해서는 취득세, 재산세, 공실 위험, 관리비 등도 꼼꼼히 고려해야 한다.

하지만 레버리지는 수익을 키우는 동시에 위험도 확대된다. 부동산 가치가 하락하면 손실은 자기자본을 훨씬 초과할 수 있다. 예를 들어, 5억 원짜리 부동산에 1억 원을 투자하고 나머지 4억 원을 대출받았는데 부동산 가치가 5% 하락하면 자산은 4.75억 원으로 줄고 남은 대출을 고려하면, 순자산은 7,500만 원으로 2,500만 원의 손실이 발생할 수 있다. 이러한 위험은 공실률과 금리 상승에서도 발생한다.

2025년 상업용 부동산의 공실률은 10~15% 수준으로 추정되며, 이는 임대수익 감소로 이어질 수 있다. 동시에 대출 금리도 5~7.5%로 유지되고 있어 수익률 하락 또는 적자 전환 가능성도 상존한다. 실제로

2024년 평택 지역에서는 상업용 부동산 가격 하락과 공실률 증가가 겹치면서 레버리지 투자자의 손실이 크게 확대되기도 했다.

레버리지는 잘 활용하면 자산을 빠르게 증식시킬 수 있는 강력한 도구지만 반대로 위험 관리에 실패하면 손실도 기하급수적으로 커질 수 있다. 따라서 수익률 계산만큼 중요한 것은 변동성에 대한 철저한 대비와 자기자본 대비 적정 수준의 레버리지 설정이다.

상업용 부동산 투자에서 금융기관의 대출 승인 여부를 결정짓는 핵심 지표는 바로 DSCR(부채상환능력비율)이다. 일반적으로 대부분의 금융기관은 최소 1.2~1.3배 이상의 DSCR을 요구하며, 특히 제1금융권은 1.3배 이상을 기본 조건으로 적용하는 추세가 뚜렷하다. DSCR은 연간 순운영수익(NOI)을 연간 원리금 상환액으로 나눈 값이다.

예를 들어, 연간 임대수입이 1억 2,000만 원이고 운영비(관리비, 세금 등)가 2,000만 원이라면 NOI는 1억 원이 된다. 이때 대출금 6억 원을 연 5.5% 금리로 20년 만기 상환할 경우, 연간 원리금은 약 4,950만 원이며 DSCR은 2.02로 대출 승인 가능성이 커진다. 다만 이 계산에는 공실률(2025년 기준 10~15%)과 금리 변동성(5~7.5%)을 고려해야 한다. 공실이 장기화되거나 금리가 상승하면 NOI가 감소하거나 상환 부담이 커져 DSCR이 하락할 수 있다. DSCR이 기준에 미치지 못할 경우, 대출 승인은 어려워질 수 있지만 임대수익 증가 가능성, 운영비 절감계획, 추가 담보 제공, 신뢰할 만한 사업계획 등이 함께 제시되면 예외적으로 승인될 수 있다.

일반적으로 상업용 부동산 대출은 LTV 50~75%, 금리 5~7.5% 범위에서 운용되고 있으며 금융기관의 재량에 따라 조정될 수 있다. 이처럼 레버리지를 활용한 투자는 강력한 수익 도구가 될 수 있지만, 철저한 분석과 전략이 선행되어야 한다.

예를 들어, 10억 원의 상업용 부동산을 LTV 70%로 매입하면 3억 원의 자기자본으로 투자할 수 있다. 연 6% 임대수익(6,000만 원)에 더해 연 3~7% 수준의 자산가치 상승이 이어질 경우 투자자는 자산 증식의 가속도를 경험하게 된다. 그러나 이는 금리 인상, 자산가치 하락, 공실 증가 등의 위험에 따라 수익이 급격히 줄어들거나 손실로 전환될 수 있음을 의미한다. 초보 투자자라면 이러한 레버리지 전략을 소규모로 시작하는 것이 바람직하다.

현재 수도권의 2~3억 원대 소형 오피스텔에 LTV 70%를 적용해 연 4~6% 임대수익을 확보하며 실전 경험을 쌓는 방법도 좋은 시작점이 된다. 하지만 오피스텔 대출한도는 주거 목적 여부, 투자자의 신용 상태, 그리고 정부 및 각 금융기관의 대출 정책에 따라 크게 달라질 수 있으므로 실제 대출을 진행하기 전에 반드시 사전에 금융기관에 정확히 확인해야 한다. 동시에 성공한 투자 사례를 연구하고 부동산 전문가 등의 조언을 적극적으로 활용하는 것도 중요한 전략이다.

부동산 투자의 본질은 지속 가능한 수익과 안정적인 현금 흐름이다. 레버리지는 이를 가속화하는 유용한 수단이지만 방향을 잘못 잡으면 위험을 키우는 양날의 검이 될 수 있다. 서울 강남권 소형 빌딩의 임대수익률(5~8%)이 주거용 아파트(3~5%)를 상회하는 사례처럼 안정성과 수익성을 동시에 고려한 전략 수립이 중요하다.

궁극적으로 중요한 것은 레버리지를 잘 활용하는 능력이 아니라 위험을 인지하고 통제할 수 있는 능력이다. 이러한 능력을 가진 투자자만이 레버리지를 통해 진정한 자산 성장을 이룰 수 있다는 점이다.

단기간 상승이 예상되는 아파트 투자의 징후는?
(저평가 지역과 저평가 아파트 찾아내기)

단기 상승 아파트를 찾아내는 3가지 핵심 신호

부동산 투자에서 안정적인 수익을 창출하기 위한 가장 핵심적인 전략은 저평가된 지역의 부동산을 저렴하게 매수해 안전마진을 확보하는 것이다.

안전마진(margin of safety)은 실제 시장가치보다 낮은 가격에 부동산을 매수함으로써 시장가격이 일시적으로 하락하더라도 손실을 최소화하고 매도 압박 없이 버틸 수 있는 재무적 완충장치를 의미한다. 안전마진이 확보된 투자자는 경기 침체기나 부동산 하락장에서도 급매를 피하고 장기보유를 통해 반등을 기다릴 수 있는 심리적·재무적 토대를 마련할 수 있다. 반면, 시세보다 고평가된 가격에 매수한 투자자는 시장 하락 시 손실을 피하기 어렵고 단기 중심의 투자 전략일수록 더 큰 위험에 노출된다.

많은 투자자들이 단기간 내 가격 상승이 예상되는 아파트를 선호하지만, 그러한 기회를 포착하려면 단순한 추측을 넘어 지역별 수급 상황, 교통 인프라 확충계획, 재개발·재건축 가능성, 정부 정책 방향, 실거래가 흐름 등 다각적이고 심층적인 시장 분석이 필수적이다. 단기 상승 아파트는 특정 조건과 환경이 완벽하게 맞물릴 때만 존재하며, 이를 정확히 이해하고 선제적으로 매수한 투자자만이 기대 이상의 수익을 달성할 수 있다.

결국 성공적인 부동산 투자는 단순한 시세차익 추구가 아니라 하락장에서도 흔들리지 않는 안전마진 확보와 상승장의 신호를 읽어내는 통찰력에서 시작된다. 시장의 흐름을 세밀하게 분석하고 지역별 기초 데이터를 기반으로 판단하는 습관을 기른다면 부동산 투자 초보자도 충분히 전략적인 투자가 가능하다.

부동산 가격 상승의 첫 번째 징후는 개발 호재와 인프라 확장이다. 아파트 가격은 주변 환경에 크게 좌우되며 특히 개발사업이 진행 중인 지역은 단기간에 가격이 급등할 가능성이 크다. 개발 호재란 대규모 공공사업, 교통망 개선, 신도시 조성 등을 의미하며, 이는 지역의 생활 편의성과 접근성을 높여 수요를 끌어올린다. 예를 들어, 2024년에 부분 개통하고 2025년 추가 확장 예정인 GTX-A 노선으로 고양시와 동탄신도시의 아파트 매매가가 5~10% 상승할 것으로 예상된다. 주요 징후 중 하나는 교통 여건 개선이다. 새로운 지하철 노선 개통이나 도로망 확충은 아파트 가격 상승을 가속화한다. 가령, 2025년 GTX-A 노선과 서울 지하철 9호선 연장(2025년 완공 목표)은 동탄과 강남 지역 아파트가격을 5~10% 끌어올릴 전망이다.

교통은 주거지 선택의 핵심 요소이므로 교통 개선계획 발표는 투자자들에게 절호의 기회가 될 수 있다. 상업 및 공공시설 개발도 중요한 요인이다. 대형 쇼핑몰, 병원, 학교, 공원 등 생활 편의시설이 들어설 예정인 지역은 수요가 급증한다. 예를 들어, 2025년 서울 영등포 여의도 쇼핑몰, 오피스 복합단지 등 통합개발은 지역 아파트가격을 7~12% 끌어올릴 것으로 전망된다. 또한 도시 재개발이나 재건축 프로젝트가 진행되는 지역, 가령 마포구 일부 노후 주거지의 재개발은 지역의 이미지와 가치를 크게 높일 것이다.

아파트가격은 수요와 공급의 원리에 따라 변동한다. 특정 지역에서 수요가 공급을 초과하면 단기간에 가격이 상승할 가능성이 크다. 이는 인구 유입이 활발하거나 신규아파트 공급이 제한된 지역에서 주로 나타난다. 주요 징후는 인구 유입 증가다. 일자리가 풍부하거나 교육여건이 우수한 지역, 예를 들어 2025년 반도체 클러스터로 인구 유입 증가된 고덕국제신도시는 아파트 수요가 급증하며 전문가들은 매매가가 5~10% 상승할 것으로 예상한다. 신규 공급이 부족한 지역은 기존 아파트가치가 상승한다. 또한, 임대 수요가 높아지며 전세·월세가격이 상승(2024년 기준 고덕 10% 상승)하면 매매가 상승으로 이어질 가능성이 크다.

정부 정책과 규제 완화도 중요한 요인이다. 부동산 시장은 정부 정책에 크게 좌우되며 특정 지역에서 규제 완화나 지원 정책이 발표되면 아파트 가격이 단기간에 상승할 수 있다. 예를 들어, 2023년 8월 인천 일부 지역의 조정대상지역 해제로 LTV가 70%에서 85%로 완화되며 매수세가 증가했다. 2025년에는 추가 규제 완화로 비슷한 효과가 기대된다. 특정 지역에 세금 감면이 부여되면 투자자 관심이 집중될 수 있다. 또한, 주거환경 개선 정책 가령 용인반도체 클러스터는 지역 주거 수요를 크게 증가시킬 것으로 전망된다.

상승 잠재력이 높은 저평가 지역과 아파트 찾는 실전 노하우

부동산 가격 상승 징후를 찾으려면 먼저 저평가된 지역을 식별하는 것이 중요하다. 단기간 내 상승이 예상되는 아파트를 발견하는 방법은 저평가된 지역을 찾는 것이다. 특정 지역의 입지와 인프라에 비해 가격이 낮게 형성되어 있다면, 투자자들의 관심을 끌어 가격 상승 가능성이 커진다. 이를 확인하는 주요 방법은 비슷한 조건의 인근 지역과 비교하는 것이다. 유사한 교통 환경과 생활 인프라를 가진 주변 지역의 가격과 비교했을 때 상대적으로 낮은 가격대를 형성한 지역은 가격 상승 잠재력이 크다.

저평가된 지역에 신규아파트 단지가 조성되면 해당 지역의 평균 가격이 상승하는 경우가 많다. 심지어 낙후된 지역이라도 개발계획이 발표되면 빠르게 가치가 상승할 수 있다. 저평가 지역을 발견하는 부동산 지표로는 10년간의 매매지수, 미분양 현황, 수요와 공급 상황, 청약 경쟁률 등이 있다.

가장 먼저 적용할 수 있는 방법은 특정 지역의 10년간 매매지수 흐름을 분석해 저평가 지역을 예측하는 것이다. 거래량 변화는 부동산 시장의 분위기를 직접적으로 반영하는 지표 중 하나다. 특정 지역의 거래량이 급증하면 이는 수요 증가와 단기간 내 가격 상승 가능성을 시사한다. 일정 기간 동안 거래가 증가하면 해당 지역이 시장에서 주목받고 있다는 신호일 수 있다. 매물이 줄어드는 현상이 나타나면 매수자가 늘어나 가격 경쟁이 시작될 가능성이 크다. 또한 특정 평형대의 아파트 거래가 활발해지면 해당 평형대 가격이 단기간에 상승할 수 있다. 10년간의 매매지수를 파악하려면 한국부동산원의 매매가격지수 통계를 활용해 확인할 수 있다.

다음 그래프는 부동산 시장의 동향을 가장 민감하고 정확하게 반영하는 수도권 3개 도시의 10년간 주택매매지수를 보여준다. 약 10년

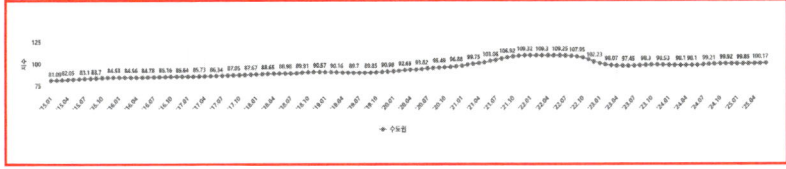

(출처 : 매매가격지수 / 한국부동산원)

간의 데이터를 살펴보면 전반적으로 우상향 추세를 보이다가 2022년 10월을 기점으로 매매가격지수가 하락하기 시작했음을 알 수 있다. 매매가격지수를 분석할 때는 지리적으로 인접한 지역들의 추세를 종합적으로 확인하고 절대 금액이 아니라 매매가격지수의 변화에 더욱 주목하는 것이 매우 중요하다.

인천지역을 상대적으로 저평가된 곳으로 판단했다면, 인천시에서 가장 저평가된 시·군·구를 그래프를 통해 다시 한번 확인해볼 수 있다. 그래프에 따르면 인천시에서 연수구가 가장 저평가된 지역으로 나타났다. 따라서 투자자는 자신의 투자 기준에 맞는 인천시 연수구의 저평가된 아파트를 찾아보는 것이 좋다. 어느 지역이 저평가되었는지 확인했

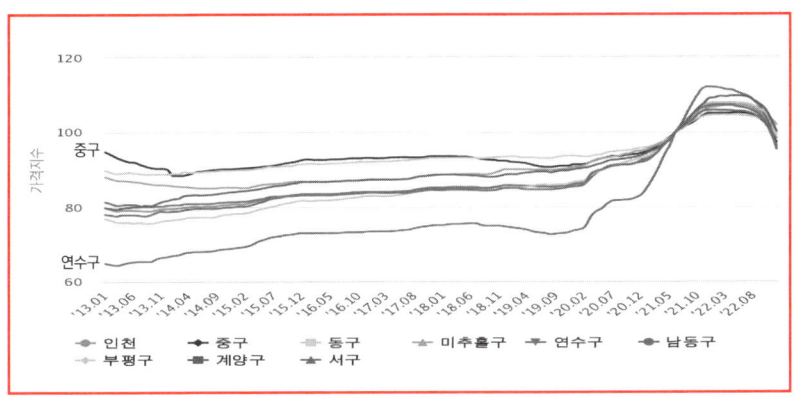

(출처 : 종합주택 매매가격지수 / 한국부동산원)

다면 다음 단계로 개별 단지의 저평가 여부를 판단해야 한다. 아파트는 개별성이 매우 강해서 같은 동(洞) 단위에서도 평균 단가가 비슷해도 가격 차이가 크게 날 수 있다.

관심 있는 아파트를 비교하려면 최대한 조건이 비슷한 단지를 선별하고 과거 가격 흐름이 유사했던 아파트를 찾아야 한다. 하지만 전국의 수백 개 아파트 중 조건과 가격 흐름이 비슷한 아파트를 찾기란 쉽지 않다.

따라서 세심하고 꼼꼼한 수작업을 통해 비교에 적합한 아파트 단지를 선정해야 한다. 비교군을 정확히 설정하면 저평가 여부를 정확히 판단할 수 있고, 더 나아가 투자 시 안전마진과 예상 매도 시점까지 예측할 수 있다.

예를 들어, 인천시 연수구 송도더샵퍼스트파크 아파트의 현재 저평가 상태를 확인해보자. 저평가 여부를 판단하기 위해서는 송도더샵퍼스트파크와 평형, 세대수, 입주연도 등의 조건이 비슷한 아파트를 찾아야 한다. 이러한 조건에 부합하는 아파트를 찾기 위해 프롭테크 사이트인 호갱노노와 아실을 활용해보는 것이 좋다.

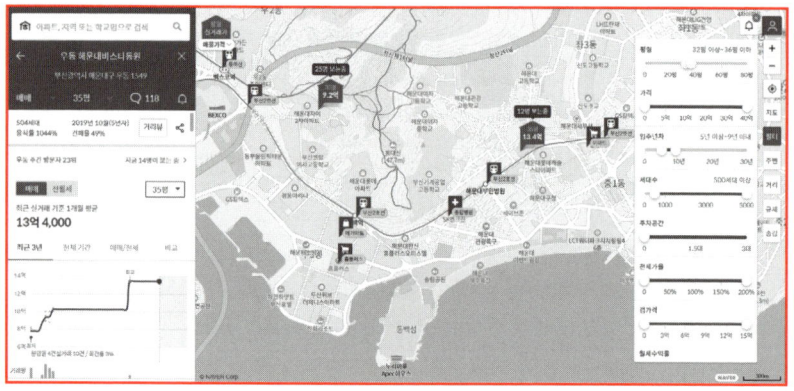

(출처 : 우동 해운대비스타동원 필터 설정 /호갱노노)

우선 송도더샵퍼스트파크의 주요 주택형은 전용 85㎡이므로 호갱노노의 필터 탭에서 32~36평 사이의 평형을 선택한다. 이때 가격 필터는 건드리지 않는다.

가격을 필터링하면 현재 송도더샵퍼스트파크와 비슷한 가격대의 아파트만 보이기 때문에 과거에는 송도더샵퍼스트파크보다 가격이 낮거나 비슷했지만, 현재는 더 비싼 아파트를 찾기 어렵다. 입주 연차는 최대한 비슷하게 설정하는 것이 좋은데, 송도더샵퍼스트파크가 2017년 7월에 입주했으니 2015~2019년 사이에 지어진 아파트가 보이도록 가구 수는 대략 500가구 이상으로 설정한다.

이렇게 설정한 후 아실 사이트로 가서 여러 아파트 가격 비교를 선택한 뒤 송도더샵퍼스트파크의 해당 주택형을 찾아 추가한다.

(출처 : 해운대구 우동 일대 아파트 / 아실)

이제 다시 호갱노노의 필터 기준으로 돌아와 앞서 설정했던 호갱노노 필터 조건 그대로 인천시 연수구 송도동과 인구수가 비슷한 부산시 해운대구 우동을 비교해보겠다.

아실의 필터링 결과 부산시 해운대구 우동에서는 3개 아파트가 조회

되었고 그중 같은 평형인 전용 85㎡ 면적의 13억 4,000만 원(2022년 6월 기준) 상당 부산 해운대구 우동 해운대비스타동원을 선택해 아실의 아파트 가격 비교에 추가한다.

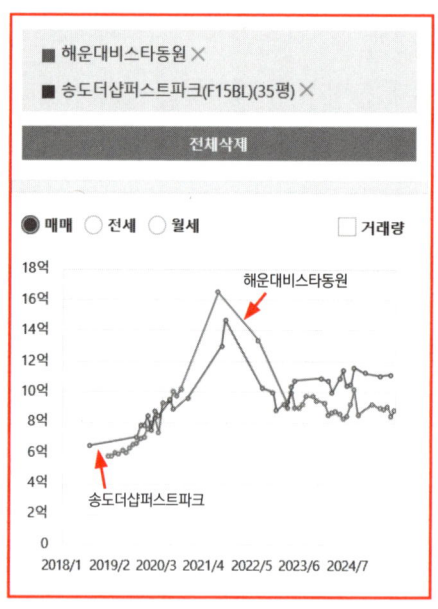

(출처 : 송도더샵퍼스트파크와 해운대비스타동원 전용 85㎡ 시세 비교 /아실)

2019년에는 두 아파트의 가격이 서로 비슷했지만 2021~2022년에 그 격차가 크게 벌어졌다. 이를 통해 현재 송도더샵퍼스트파크가 저평가되었음을 알 수 있다. 원래 가격이 높았던 아파트는 현재 과도한 공급이나 지역 경기 침체로 인해 가격이 낮아진 상태이지만 본래의 가치를 되찾아 다시 상승할 가능성이 크다.

2024년 7월 송도더샵퍼스트파크와 해운대비스타동원의 시세를 비교해보면 송도더샵퍼스트파크가 본래의 가격을 회복해 시세를 형성하고 있다. 2021년 7월경에 저평가된 더샵퍼스트파크를 매수했다면 약 1.6억 원의 차익을 얻을 수 있었을 것이다.

이러한 비교 과정의 핵심은 20~30개 이상의 유사 아파트를 지속적으로 검색하는 것이다. 과거 데이터의 비교 기간이 길수록, 비교군이 많을수록 더욱 정확한 평가가 가능하다. 핵심은 관심 있는 아파트와 최대한 가치가 비슷한 아파트를 찾아내는 것이다. 비슷한 가치의 아파트를 파악하려면 지역 간 비교를 위해 많은 현장을 방문하고 해당 아파트의 가치를 정확히 이해하기 위해 최대한 많은 아파트를 살펴봐야 한다. 비록 두 아파트가 완전히 다른 지역에 있더라도 그 가치가 비슷하다면 한쪽이 일시적으로 저평가되었을 때 지속적으로 관찰하면 가격 상승을 기대할 수 있다.

이러한 아파트를 발견하고 철저한 시장 조사와 분석을 통해 투자 결정을 내리면 단기간 내 높은 수익을 실현할 가능성이 커진다. 하지만 단기적 시각에만 의존하기보다는 장기적인 시장 흐름을 함께 고려하는 것이 성공적인 투자의 핵심이다. 단기간 상승이 예상되는 아파트 투자 징후를 찾고 저평가된 지역과 아파트를 발견하는 것은 실력 있는 투자자가 되기 위한 중요한 전략이다.

정부 개발계획, 교통 인프라 확장, 지역경제 활성화와 같은 외부 요인뿐 아니라 주변 시장의 변동성과 과거 데이터도 중요한 지표가 될 수 있다. 부동산 투자에서 중요한 것은 철저한 분석과 예측이다. 급격한 가격 상승을 목표로 하는 투자는 위험이 따를 수 있으므로 신중한 판단과 접근이 필요하며 투자자 본인이 부동산 앱과 부동산 관련 홈페이지를 통해 많은 연구를 하고 현장 방문을 통해 부동산의 현장 흐름과 분석으로 투자에 임해야 한다.

초보자라면 먼저 소액으로 저평가 지역을 파악하고 점진적으로 투자 금액을 늘려가며 경험을 쌓는 것이 좋으며, 저평가 지역을 찾는 자신만의 노하우를 발굴해야 한다. 다양한 요소를 체계적으로 분석하고 투자에 임하면 단기간에 큰 상승을 예상할 수 있는 아파트를 찾을 수 있을 것이다. 부동산 시장은 끊임없이 변화하므로 최신 정보를 꾸준히 학습하고 전문가 네트워크를 활용하는 것이 성공의 지름길이다.

남들보다 먼저 부동산 하락 신호를 어떻게 알 수 있을까?

부동산 하락 신호 I : 매매 거래량

부동산 투자를 할 때 부동산 하락 신호를 어떻게 예측할 수 있을까? 부동산 시장은 본질적으로 역동적이고 예측이 어려운 특성을 가지고 있다. 그러나 시장의 흐름을 미리 파악하고 부동산 하락 신호를 조기에 감지한다면 투자자는 전략적으로 유리한 시점을 선택하는 중요한 기회를 얻을 수 있다.

부동산 하락을 예고하는 신호들은 실제로 우리의 일상에서 쉽게 접할 수 있는 다양한 경제 지표와 사회적 변화에서 드러나므로 이를 정확하게 읽고 분석하는 능력이 중요하다. 부동산 가격은 흔히 예측 불가능한 하늘의 영역으로 여겨진다. 이는 부동산 가격의 상승과 하락을 예측하는 것이 전문가에게조차 매우 까다로운 과제임을 의미한다.

그럼에도 불구하고 다음과 같은 부동산 가격 하락의 징후들을 주의 깊게 관찰하면 시장의 흐름을 어느 정도 파악할 수 있다. 대표적인 하락 신호로는 부동산 거래 절벽, 미분양주택 증가, 아파트 매매지수 하락, 예정된 공급량 증가, 입지가 좋음에도 불구하고 청약 경쟁률 감소, 전세 물량 증가, 성수기임에도 불구하고 기축 아파트 매매가 하락 등을 들 수 있다. 이러한 지표들을 종합적으로 분석하면 부동산 시장의 하락 신호를 어느 정도 예측할 수 있다.

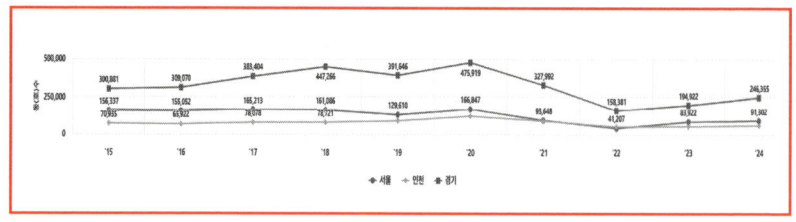

(출처 : (연)행정구역별 아파트거래현황 / 한국부동산원)

부동산 하락을 예견하는 가장 대표적인 신호는 주택 거래의 급격한 감소다. 거래 절벽이 장기화되면 주택 가격의 하락은 불가피하다. 이는 잠재 매수자가 줄어들면서 판매자들이 가격을 낮춰서라도 매물을 처분해야 하기 때문이다. 매수자 중심의 시장 환경에서 매수자들은 부동산 가격이 추가로 하락하기를 기다리며 관망하게 되고 이것으로 인해 부동산 거래는 더욱 위축된다. 매매 거래량은 부동산 시장의 수요를 가늠할 수 있는 핵심 지표다. 거래량이 급격히 줄어들면 시장 수요가 감소되고 있다는 신호로 해석할 수 있다.

특히 일정 기간 동안 거래가 급감한다면 이는 시장 침체의 전조로 볼 수 있다. 과거 활발히 거래되던 지역에서 갑자기 거래량이 현저히 줄어들면 해당 지역의 수요가 감소되거나 투자자들의 신뢰가 무너지고 있음을 의미하며, 이는 잠재적인 가격 하락을 예고한다. 수도권의 세대수가 많은 구축아파트의 거래 감소는 특히 주목할 만한 신호다. 이러한 아파트는 통상 전세 세입자의 매매나 평수 확장을 위한 이사 수요가 안정적으로 존재하기 때문이다. 이러한 고정 수요마저 사라진다면 부동산 시장이 완전히 얼어붙었다고 볼 수 있다.

일반적으로 집값이 상승하면 전셋값도 함께 오르는 경향이 있다. 매매가는 담합이 가능하지만, 전셋값은 실사용 가치에 기반하기 때문에 인위적인 가격 조작이 어렵다. 부동산 시장에서 가격 상승률은 수요의 강도를 보여주는 중요한 지표다. 가격 상승 폭이 점차 둔화되거나 상승세가 지속되지 않는다면 이는 시장 참여자들의 신뢰가 약화되고 있음을 시사한다.

2020년 이후 서울, 인천, 경기 지역의 행정구역별 아파트 거래 동향을 KB 통계 기준으로 분석해보면 서울 아파트 가격의 급등(2020년 20.87% 상승) 이후 점차 상승세가 꺾이며 수요 포화 상태를 보여주고 있다. 구체적으로 서울 강남구는 2020년 25.3% 상승한 후 한국부동산원 자료에 따르면, 2022년에는 0.41%로 급격히 둔화되었고, 2022년 12월에는 실거래가 -0.25% 하락했다.

인천 연수구(송도)의 경우 2021년 8.55% 상승 후 2022년 10월에는 -0.41%로 하락을 기록했으며 84㎡ 아파트 가격은 11.9억 원에서 최고가 대비 약 40~50%로 급격히 떨어졌다. 경기 시흥시 역시 2021년 10.24% 상승 후 2022년 12월에는 -0.11% 하락했다.

이러한 사례들은 상승세 둔화가 향후 부동산 시장 하락의 전조임을 명확히 보여준다. 2025년에는 주택담보대출 금리가 대체로 4~5.5% 사이에서 유지될 것으로 전망되며, 서울 동대문 외곽 지역은 입주 물량이 제한적이고 인천 서구, 경기 평택은 올해 1만 가구 이상의 대규모 입주 물량으로 인해 부동산 가격 하락 압력이 상대적으로 더 클 것으로 분석되고 있다. 부동산에 관심 있는 초보자들은 한국부동산원의 매매가격지수와 국토교통부의 실거래가 데이터를 자세히 분석해 지역별 가격 변동과 거래 동향을 파악해야 한다.

부동산 하락 신호 II : 금리 및 대출 정책

부동산 시장은 금리 변동과 대출 규제정책과 밀접하게 연결되어 있다. 금리가 상승하면 대출이자 부담이 커져 잠재적 매수자의 구매력이 줄어들고, 이는 부동산 시장에 하락 압력을 만든다. 특히 주택담보대출 의존도가 높은 한국 부동산 시장에서는 금리 인상이 직접적으로 주택 수요 감소로 이어진다.

예를 들어, 2025년에 주택담보대출 금리가 현재 4%에서 4.5%로 오르게 되면, 3억 원을 20년 만기로 원리금균등상환 방식으로 대출받는 경우 월 상환액은 기존 약 182만 원에서 190만 원으로 약 8만 원 이상 증가하게 된다.

이러한 금리 인상으로 인해 대출 부담이 커지면서 잠재적 주택 구매자들이 주택 구매를 미루거나 아예 포기하는 사례가 늘어날 것으로 예상된다. 실제로 2017~2018년 한국은행의 금리 인상(1.25%→1.75%) 이후 서울 매매가 상승률은 2017년 10.2%에서 2018년 8.1%로 둔화되었으며, 대출 의존도가 높은 인천 서구와 경기 평택 같은 지역은 2018년 하반기에 1~3% 하락을 경험했다.

대출 규제 강화 역시 구매력을 크게 제한한다. 현재 DSR(연소득 대비 총부채원리금 상환액 비율) 규제가 주택담보대출 전반에 광범위하게 적용되고 있으며, LTV(담보인정비율)도 지역과 주택 유형에 따라 차등 적용되어 대출한도를 제한하고 있다. 가령, 연간 소득이 5,000만 원인 사람의 경우 DSR 40% 규제에 따라 연간 원리금 상환액은 최대 2,000만 원으로 제한되며, 이는 대출 규모와 주택구매 가능 금액에 직접적인 영향을 미치게 된다. 앞으로 DSR이나 LTV 규제가 추가로 강화된다면, 주택 구매자들의 대출 가능 금액은 더욱 축소될 것으로 예상된다.

부동산 투자 초보자들은 한국부동산원 매매가격지수와 금융위원회 대출 규제 정보를 통해 시장 동향을 자세히 분석해야 한다.

정부가 LTV를 70%에서 50%로 낮추면 5억 원 주택을 구매할 때 대출 한도가 3.5억 원에서 2.5억 원으로 축소되고 개인 자본 투입액은 1.5억 원에서 2.5억 원으로 늘어난다. 이는 대출에 의존하는 매수 수요를 크게 줄이고 매수자와 매도자 간 거래 감소로 가격 하락을 초래할 수 있다.

실제로 2024년 서울 노도강(노원구·도봉구·강북구) 지역에서는 LTV가 70%에서 60%로 강화된 후 거래량이 20% 감소하고 매매가는 1~2% 하락했다. 대출 규제 강화로 자금 마련이 어려워진 매수자들이 매수를 포기하면서 단기적으로는 가격 상승이 억제되고 장기적으로는 시장 하락의 신호가 된다. 금리 인상과 대출 규제 강화는 주택 매수 수요를 직접적으로 감소시킨다.

2021년에는 기준금리가 두 차례 인상되었고, DSR 1단계(연소득 대비 원리금 40~60%)와 LTV 강화로 수요가 줄어들었고 서울 노도강(2021년 15.3%→2022년 0.2%), 인천 연수구(8.55%→0.41%), 경기 시흥(10.24%→0.11%) 지역에서 상승 폭 둔화 또는 하락이 관찰되었다. 금리 인상과 대출 규제 발표 후 시장 반응을 자세히 관찰해야 한다.

정부 발표 이후 2024년 평택 25% 감소 등 매매 거래량 급감이나 서울 노도강 15% 증가 등 급매물 증가는 하락의 명확한 신호다. 부동산 초보자라면 한국부동산원 매매가격지수 ·거래량, 국토교통부 실거래가, 부동산 앱의 급매물 정보를 통해 하락 신호를 감지하고 부동산 전문가의 의견을 적극적으로 참고해야 한다.

부동산 하락 신호 Ⅲ : 미분양 수

　전국적인 부동산 공급과잉은 부동산 시장의 가격 하락을 암시하는 중요한 신호다. 특히 아파트 공급이 과도하게 이루어지면 수요를 넘어서는 물량으로 인해 가격이 하락할 수 있다. 따라서 대규모 신규 아파트 단지가 한 번에 공급되면 매수자들의 선택 폭이 넓어져 가격 조정 가능성이 크게 높아진다. 대도시 외곽 지역에서 과도한 신규 공급이 이루어진다면 해당 지역 부동산 가격 하락의 직접적인 원인이 될 수 있다. 서울 외곽 지역에 대규모 아파트 단지가 공급되면 기존 거래 아파트의 가격이 하락할 수 있으며 공급과잉이 심각한 문제로 대두될 경우 가격 조정은 불가피해 보인다. 주거용 부동산뿐만 아니라 상업용 부동산에서도 공급과잉이 발생하면 상업용 부동산 가격 하락이 주거용 부동산 가격에 연쇄적인 영향을 미칠 수 있다.

　부동산 시장은 투자자들의 심리와 신뢰에 매우 민감하게 반응하며 경제 불안정성, 정치적 불확실성, 자연재해 등은 시장에 심각한 타격을 줄 수 있다. 특히 경제 성장률이 둔화되고 실업률이 증가하는 등 경제 상황이 불안정해지면 사람들은 부동산에 대한 신뢰를 잃고 매수를 미루게 되어 부동산 가격 하락으로 이어질 수 있다. 또한 정치적 불안정성이 지속되면 정부의 부동산 정책이 예측 불가능해져 부동산 시장 위축을 초래할 수 있는 잠재적 요인이 된다.

　전문가들은 미분양 물량의 증가가 부동산 정체기가 끝나고 본격적인 하락세가 시작되었음을 의미한다고 분석한다. 특히 청약 수요가 높은 수도권과 서울에서 미분양 물량이 발생하면 향후 몇 년간 부동산 시장의 하락 가능성이 크다고 전망한다.

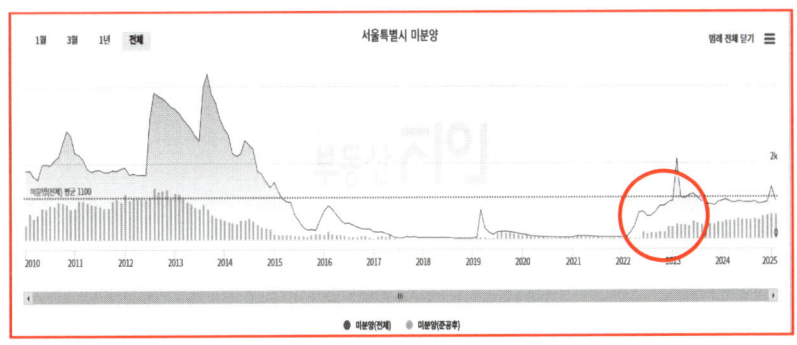

(출처 : 서울시 미분양 현황 / 부동산지인 / 2025. 2월 기준)

    수도권과 서울의 부동산 가격은 한국 부동산 시장의 전반적인 흐름을 대표하는 중심 거점도시로 간주된다. 입지가 우수한 수도권에서 발생하는 미분양은 현재 수요에 비해 공급이 과도하다는 것을 시사하며, 이는 매수자들이 즉각적으로 주택을 매수해야 하는 상황이 아님을 의미한다. 다시 말해, 주택 매수 희망자는 적은 반면 공급은 많기 때문에 자연스럽게 주택 가격이 하락할 수밖에 없다. 서울시 미분양 그래프와 국토교통부의 자료에 따르면, 2022년 상반기부터 미분양 수가 급증해 2025년 3월 말 전국 미분양주택 수는 68,920가구로 2024년 3월 말의 64,964가구와 비교해 3,956가구가 증가했다.

    이처럼 전국적으로 미분양주택이 증가하는 원인은 다양하다. 그동안 건설자재비 등의 급등으로 아파트 분양가가 크게 상승했다는 점이 주요 원인으로 지목된다. 금리 인상으로 인한 원리금 상환 부담 증가도 한 가지 요인이며 장기화될 것으로 예상되는 경기 침체로 인해 매수 심리가 위축된 경향도 있다.

부동산 하락 신호 Ⅳ : 아파트 매매지수

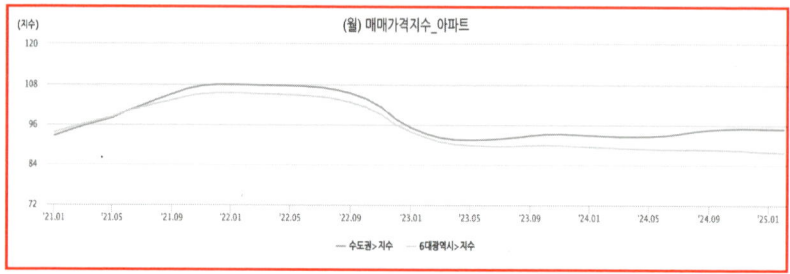

(출처 : 수도권, 6대광역시 아파트 매매가 지수 / 한국부동산원)

마지막으로 아파트 매매지수는 부동산 시장의 미래 변화를 종합적으로 보여주는 중요한 지표다. 한국부동산원의 통계자료에 따르면, 2022년 4월을 기점으로 아파트 매매지수가 하락세로 전환되었다. 이는 2023년 5월 이후 지속적인 하락을 거쳐 2024년 11월 이후 지속적인 하락 국면에 진입했음을 의미한다.

매매가격지수는 경기 후행지수의 특성을 가지고 있으며, 전세가격지수는 선행지수 역할을 한다. 매매가격이 경기 후행지수로 간주되는 이유는 매매 심리가 경기 상황에 따라 크게 달라지기 때문이다.

집값이 상승하는 시기에는 더 오를 것이라는 기대로 매수 수요가 몰리게 된다. 반대로 집값이 하락하기 시작하면 사람들은 관망하는 태도를 취하게 되고, 이는 결과적으로 집값이 더 내리는 결과를 초래한다. 따라서 매매가격지수는 일반적으로 경기 후행지수로 불린다. 반면 전세가격지수는 경기 선행지수로의 기능을 한다.

전세 시장은 투자 수요가 전혀 없는 100% 실수요자 중심의 시장이다. 또한 전세가격이 통상 3~6개월 정도 빠르게 움직이기 때문에 향후 몇 개월 내 시장 상황을 어느 정도 예측할 수 있어 경기 선행지수로 간

주된다. 이 두 지표를 결합한 매매가격 대비 전세 비율을 면밀히 분석하면 투자 타이밍을 포착할 수 있다.

(출처 : 전국 매매가격 대비 전세가격 / 한국부동산원)

　부동산 투자에서 매매가격 대비 전세 비율의 추세를 자세히 관찰해야 한다. 매매가격 대비 전세 비율이 지속적으로 하락하는 것은 전세가격의 변동성이 매매가격에 비해 상대적으로 낮다는 것을 의미한다.

　쉽게 말해, 전세 시장의 실수요자 동향이 전체 시장의 움직임보다 미미하다는 뜻으로, 이는 시장이 위축될 가능성을 시사한다. 앞의 그래프에서 보는 것처럼 2023년에는 부동산 시장 하락을 예고하는 매매가격 대비 전세가격 등 여러 신호가 포착되고 있다. 특히 금리 변동의 여파로 당분간 부동산 시장의 하락이 불가피하다는 것이 전문가들의 중론이다. 그만큼 부동산 매매에 신중하게 접근하고 충분히 심사숙고하는 자세가 필요한 한 해이기도 하다.

　반대로 매매가격 대비 전세 비율이 상승한다면 이는 시장 수급 불균형으로 인해 실수요 중심의 전세 시장가격이 더욱 높아지고 있음을 의미한다. 일반적으로 이러한 매매가격 대비 전세 비율의 상승은 매매가격 역시 뒤따라 상승할 가능성이 크다. 다만 경기 침체기에 매매가격 대비 전세 비율이 상승하는 경우도 있는데, 이러한 상황을 정확히 파악하면 훌륭한 투자 지표가 될 수 있다.

　불황기에 매매가격 대비 전세 비율이 일시적으로 상승하는 현상은 매매 시장의 불안정으로 인해 수요자들이 전세 시장으로 몰리는 경우를 의미한다. 이 시기를 정확히 식별할 수 있다면 매매가격 대비 전세 비율은 초보 투자자도 활용할 수 있는 유용한 지표가 된다. 이러한 신호들을 민감하게 파악하고 분석할 수 있다면 부동산 시장의 하락세를 미리 예측하고 불필요한 손실을 회피할 수 있다. 시장 흐름을 예측하는 능력은 경험을 통해 점진적으로 향상되며 신뢰할 수 있는 데이터를 기반으로 한 체계적인 분석이 핵심이다.

부동산 투자할 때
절대 손해 보지 않는 노하우

부동산 투자는 철저한 시장 분석에서 시작된다

부동산은 전통적으로 안정적인 자산 증식 수단으로 여겨져왔다. 그러나 어떤 투자든 위험은 피할 수 없으며 부동산도 예외는 아니다. 특히 부동산은 무조건 상승한다는 맹목적인 믿음은 초보 투자자들에게 심각한 재정적 손실을 초래할 수 있다.

실제로 개발 호재만 믿고 투자했다가 계획 변경이나 수요 감소로 큰 타격을 입은 사례가 수없이 많다. 따라서 부동산 투자의 첫 단계는 철저한 시장에 대한 이해에 있다. 단순히 가격만 보는 것이 아니라 지역의 인프라 현황, 수요·공급 구조, 정책 방향, 교통 및 도시개발계획 등 다양한 요소를 종합적으로 분석해야 한다. 예를 들어, 지하철 역세권이나 광역 교통망이 확장되는 지역은 장기적으로 가치 상승이 기대된다. 서울 강남구와 같이 교육과 교통 인프라가 우수한 지역은 초기부터 꾸준한 수요로 가치를 지속적으로 높여왔다. 반면, 개발계획이 지연되거나 취소된 지역은 오히려 투자자들에게 손실을 안겼다.

이러한 시장 조사를 위해서는 중앙정부와 지자체의 도시계획, 교통 인프라 확장계획, 재개발·재건축 지정 여부 등을 자세히 조사해야 한다. 서울시의 10년 단위 도시계획이나 5년 단위 주거종합계획 등을 참고할 수 있으며, 도시재생 뉴딜사업 구역이나 역세권 청년주택 예정지 등이 주목받기도 했다.

  초보 투자자들이 흔히 저지르는 실수 중 하나는 타인의 조언만 듣고 성급하게 투자 결정을 내리는 것이다. 투자 목적조차 명확하지 않은 경우가 많아 실거주용인지 임대수익용인지, 구분하지 않고 무작정 매수에 나서는 경우가 많다. 이런 접근은 계획을 흐트러뜨리고, 매도 시기를 놓치면 더 큰 손실로 이어질 수 있다.

  부동산 거래는 단순히 매물만 보는 것이 아니라 해당 지역의 주거환경, 공실률, 유사 매물의 가격 동향 등을 종합적으로 분석해야 한다. 단골 중개업소를 통해 급매물 정보를 확보하거나, 건물 관리인 및 경비원과의 대화를 통해 내부 정보를 얻는 것도 유용한 방법이다. 부동산 거래에서 협상력은 매우 중요하다.

  매도인의 긴급한 매도 사유가 있을 경우, 현실적인 가격 협상이 가능하며 매수자의 전략적 접근에 따라 수천만 원의 차이를 만들 수 있다. 초기에는 넓은 가격 범위를 제시한 뒤 점차 현실적인 선으로 좁혀가는 협상 전략이 효과적일 수 있다. 거래 전에는 반드시 개인의 예산 한도를 명확히 설정해야 한다.

  대출이 포함된 경우, 월 소득 대비 상환 가능 금액을 기준으로 투자 가능 금액을 역산해야 한다. 특히 2025년 기준 LTV와 DSR 등 금융 규제는 투자자별로 적용 기준이 다르므로 사전 확인이 필수적이다.

  절세 전략 또한 중요하다. 1세대 1주택자의 장기보유특별공제, 거주기간 요건, 취득세 감면 조건 등은 투자 시기와 방식에 결정적인 영향을 미친다. 거주 목적 없이 단기차익만을 노릴 경우, 예상보다 많은 세금이 부과될 수 있으므로 반드시 사전 검토가 필요하다.

결국 부동산 투자의 핵심은 철저한 준비에 있다. 신중한 시장 분석, 실현이 가능한 자금계획, 명확한 투자 목적이 뒷받침되어야 성공적인 결과를 기대할 수 있다. 특히 최근과 같이 시장 변동성이 큰 시기에는 단기수익에 집착하기보다 장기적 안목과 전략이 더욱 중요해진다. 불확실성 속에서도 흔들리지 않는 투자를 위해서는 첫걸음부터 신중하게 준비해야 한다.

투자 전 반드시 확인해야 할 2가지 핵심 요소

부동산 투자에는 절대적인 정답은 없지만, 투자에 앞서 꼭 점검해야 할 핵심 요소들이 존재한다. 그중에서도 부동산 시장에서 정부정책과 규제의 영향력은 결코 무시할 수 없는 핵심 요인이다. 대규모 정비사업, 세제 변화, 금융 규제 등은 시장의 흐름을 크게 좌우한다. 예를 들어, 정부가 특정 지역의 개발촉진계획을 발표하거나 규제지역에서 해제할 경우, 해당 지역의 부동산 가치는 급격히 상승할 수 있다.

반면 대출 규제 강화나 다주택자에 대한 세 부담 증가 등은 투자 수요를 위축시키고 부동산 가격 하락으로 이어질 수 있다. 교통망 확충, 대형 상업시설 유치, 공공기관 이전 등과 같은 인프라 개발 역시 부동산 시장에 직접적인 영향을 미친다. 고속철도역이나 지하철역 신설은 접근성을 개선해 주거 수요를 증가시키며, 이는 종종 지역 부동산 가치 상승으로 이어진다. 따라서 이러한 개발계획과 인프라 변화의 흐름을 미리 파악하고 선제적으로 대응하는 것이 투자 전략 수립의 핵심이다.

결국 부동산 투자는 단기적인 가격 변동보다는 장기적인 경제 흐름과 정책 방향에 더욱 민감하게 반응하므로 철저한 시장 흐름 조사와 트렌드 분석을 기반으로 한 전략적 접근이 필수다. 이는 불확실한 시장 환경에서 손실을 최소화하고 성공 가능성을 높이는 가장 확실한 방법이다.

다음은 자금계획과 위험 관리는 성공적인 투자를 위해 반드시 필요한 핵심 요소다. 부동산 투자는 상당한 자금이 소요되며 이는 주로 대출을 통한 자금 조달을 의미한다. 자금계획을 수립할 때는 대출 상환 부담과 금리 변동에 따른 위험을 충분히 고려해야 한다. 과도한 대출은 재정적 여유를 잠식할 수 있으며 결국 투자 실패로 이어질 가능성이 크다. 따라서 자신의 재정 상황을 정확히 파악하고 적절하게 자금을 배분하는 것이 중요하다. 자금계획과 위험 관리가 제대로 이루어지지 않으면 아무리 유망한 부동산이라 할지라도 예상치 못한 상황에서 큰 손실을 입을 수 있다. 자금계획과 위험 관리는 투자자가 안정적인 수익을 올리고 불필요한 경제적 부담을 피할 수 있게 하는 중요한 기초이자 안전장치로 작용한다.

부동산 투자에서 자금계획의 중요성은 아무리 강조해도 지나치지 않다. 대출을 통한 자금 조달은 일반적이지만 자금계획을 잘못 세우면 경기 변동과 금리 변동으로 인해 대출 상환 부담이 예상보다 커져 재정적 어려움을 겪을 수 있다. 금리가 상승하거나 예상치 못한 경제 위기가 발생했을 때 대출 상환이 어려워지면 불리한 시점에 부동산을 매도해야 하는 상황에 처할 수 있다.
따라서 자금 조달 단계에서부터 철저한 계획을 세우고 금리 변동과 상환계획을 신중하게 검토해야 한다. 더욱이 과도한 대출을 자제하고, 자신의 재정 상황에 적합한 대출 한도를 설정하는 것이 중요하다. 체계적인 자금계획만으로도 투자자의 재정적 안정성을 크게 높일 수 있다.

다음으로 부동산 투자에서 위험 관리는 절대적으로 중요한 핵심 요소다. 부동산은 일반적으로 장기 투자 자산으로 접근하지만, 다양한 위험 요소를 제대로 관리하지 못하면 심각한 재정적 손실을 초래할 수 있다. 자연재해, 경기 침체, 정부 정책 변화 등은 예측하기 어려운 외부 변수로 부동산 시장에 지대한 영향을 미칠 수 있다. 따라서 투자자는 이러한 외부 위험에 대비한 전략을 사전에 수립해야 한다.

대표적인 위험 분산 방법으로는 지역 간 다각화 투자와 부동산 유형별 분산 투자가 있다. 이를 통해 특정 지역이나 부동산 유형에서 발생할 수 있는 위험을 최소화하고 전반적인 투자 위험을 줄일 수 있다. 또한 시장 변화에 신속하게 대응하는 능력도 위험 관리의 핵심 요소다. 임대수익을 목표로 하는 투자의 경우 시장 상황에 따라 임대료를 유연하게 조정하고 공실 위험에 대비해 부동산 관리 상태를 지속적으로 모니터링해야 한다. 예상보다 낮은 수익률이나 공실 발생 시 신속하게 대응할 수 있는 탄력적인 운영 전략이 필요하다. 이를 위해 투자자는 시장 동향을 끊임없이 관찰하고 그에 적합한 위험 대응 방안을 미리 마련해두어야 한다.

결론적으로, 부동산 투자에서 철저한 자금계획과 체계적인 위험 관리는 성공적인 투자와 손실 방지를 위한 필수조건이다. 부실한 자금계획은 과도한 대출과 상환 부담으로 재정적 어려움이 발생할 수 있으며, 위험 관리를 등한시하면 예상치 못한 외부 변수로 인해 투자 원금 자체를 잃을 수 있다. 결국, 안정적이고 지속 가능한 수익 창출을 위해서는 투자 초기 단계부터 신중한 자금계획과 체계적인 위험 관리 전략을 수립하는 것이 절대적으로 필요하다.

부동산을 거래할 때 확인해야 하는
부동산 절세 방법

부동산 투자에 뛰어들기 전 수익을 극대화하기 위해서는 세금 구조를 자세히 살펴보는 것이 필수다. 부동산 관련 세금은 투자 단계에 따라 취득세, 재산세, 종합부동산세, 양도소득세, 증여세, 상속세 등으로 나뉘며, 세금마다 부과 기준과 세율이 다르다. 투자자는 보유 목적과 거래 시점에 따라 달라지는 과세 항목과 공제 조건을 정확히 이해해야 예기치 못한 세금 부담을 최소화해야 한다.

'세금은 아는 만큼 줄일 수 있다'라는 말처럼, 세법에 대한 무지는 수십만 원에서 수억 원에 이르는 재정적 손실을 초래할 수 있으며 잘못된 해석은 법적 분쟁으로 이어질 수 있다.

부동산을 매수할 때 알아야 할 취득세 절세 방법

부동산 매수 시 취득세는 생각보다 상당한 비용이다.

주택을 구매하면 부동산 가격에 따라 취득세가 달라진다. 6억 원 이하 주택은 1%, 6억 원 초과 9억 원 이하는 1~3%(누진적용), 9억 원 초과는 3%의 세율이 적용된다. 여기에 취득세액 기준의 지방교육세 10%와 전용면적 85㎡ 초과 시 농어촌특별세 20%가 추가된다.

다주택자에 대한 중과세율(8~12%)은 2022년 12월 21일 이후 폐지되어 현재는 주택 수와 관계없이 기본세율이 적용된다. 감면 혜택을 적극적으로 활용하면 세금 부담을 크게 줄일 수 있다. 2025년 5월 16일부터 시행되는 생애최초 주택 구입자 취득세 감면 제도는 흥미로운 혜택을 제공한다. 이 제도에 따르면, 본인과 배우자 모두 무주택자이고 주택의 시가표준액 또는 신고가액이 12억 원 이하인 경우, 취득세 산출세액에 따라 세금 감면 혜택을 받을 수 있다. 취득세 산출세액이 200만 원 이하라면 전액 면제되며, 200만 원을 초과할 경우에는 초과분만 납부하면 된다. 다자녀, 신혼부부, 청년 등에게도 일정 조건 하에 감면 혜택이 제공된다. 2025년 1월 1일부터 다자녀 가구 지원 정책이 대폭 확대되어, 자녀 기준이 기존 '18세 미만 3명 이상'에서 '2명 이상'으로 완화된다. 이에 따라 2자녀 이상 가구는 자동차 구입 시 50% 감면을, 3자녀 이상 가구는 100% 면제 혜택을 받을 수 있게 된다.

전용 60㎡ 이하 주택을 임대용으로 등록하면 수도권은 6억 원, 비수도권은 3억 원 이하일 경우 취득세가 전액 면제되며, 세액이 200만 원을 초과하면 85% 감면된다. 60㎡ 초과 85㎡ 이하 장기 임대주택(10년 이상)을 20호 이상 보유하거나 취득하면 50% 감면을 받을 수 있다. 단, 임대사업자 등록은 취득일로부터 60일 이내에 완료해야 하고 의무 임대 기간을 준수하지 않으면 추징된다. 청약 당첨 또는 미분양아파트 매수 시 추가 혜택도 있다. 2025년 12월 31일까지 비수도권 소재 전용면적 85㎡ 이하, 6억 원 이하 미분양주택을 건설사로부터 매수하면 원시취득세의 50% 감면이 적용된다. 여기에 지방자치단체별 조례에 따라 추가 감면도 가능하다.

주택 수 산정 기준도 취득세율 결정에 중요한 요소다. 취득세율은 주택뿐만 아니라 1억 원 초과 주거용 오피스텔, 조합원 입주권, 분양권 등을 포함한 세대별 보유 수에 따라 정해진다. 특히 2020년 8월 12일 이후 취득한 분양권과 입주권도 주택 수에 포함된다. 입주권은 관리처분

인가일 또는 멸실일, 분양권은 분양 계약일 기준으로 계산된다. 기존 주택을 모두 처분한 후 새 주택을 취득하면 1주택자로 간주되어 일반세율이 적용된다. 정확한 취득세율과 감면 적용 여부는 반드시 사전에 확인해야 한다. 실제 적용되는 세율과 감면은 취득일, 주택 수, 주택가격, 보유 이력에 따라 달라진다. 특히 일시적 2주택자는 신규 주택 취득일로부터 3년 이내 기존 주택을 처분해야 비과세 요건을 충족할 수 있다. 취득 당시 정확한 판단을 위해 국세청, 지방자치단체 세무과 또는 세무 전문가와 상담하는 것이 중요하다. 취득세는 반드시 기한 내에 신고하고 납부해야 한다.

절세를 위한 명의 분할은 신중하게 접근해야 한다. 가족 간 명의 이전을 통한 취득세 절감은 조세 회피로 판단될 수 있으므로 세무 전문가의 조언 없이 무분별하게 진행하는 것은 위험하다. 특히 명의변경이 반복되거나 실질적인 소유와 불일치할 경우, 불이익이 클 수 있다. 결국 현명한 취득세 전략이 성공적인 투자로 이어진다. 투자자의 상황에 따라 감면 혜택을 최대한 활용하고, 불필요한 중과를 피할 수 있는 계획을 수립하는 것이 중요하다. 주택 수, 주택가격, 임대사업자 등록 여부, 법인 설립 여부 등을 종합적으로 검토해 자신에게 맞는 절세 전략을 실천해야 한다.

부동산 보유 시 알아야 할 보유세(재산세, 종합부동산세) 절세 방법

부동산을 소유하게 되면 매년 납부해야 할 대표적인 세금이 바로 보유세다. 보유세는 크게 재산세와 종합부동산세(종부세)로 나뉘며, 이 세금을 제대로 이해하고 절세 방법을 알아두면 세금 부담을 크게 줄일 수 있다. 재산세를 절감하기 위한 전략으로는 매년 4월 말 발표되는 공시가격을 꼼꼼히 확인하는 것이다. 공시가격은 국토교통부 실거래가 공개시스템이나 부동산 공시가격알리미에서 확인할 수 있다. 인근 아파트에 비해 공시가격이 높게 책정되었다고 판단되면 공시일로부터 30일 이내 이의신청을 할 수 있으며, 이는 온라인이나 서면으로 간단히 제출이 가능하고 비용도 들지 않는다.

예를 들어, 공시가격이 7억 원에서 6억 원으로 조정되면, 공정시장가액비율이 45%에서 44%로 낮아지고 과세표준과 적용 세율 구간이 함께 낮아져 세금이 수십만 원 이상 줄어들 수 있다. 또한 만 60세 이상 고령자가 주택을 5년 이상 보유하고 있는 경우, 과세표준 감면 혜택을 받을 수 있다.

2025년 기준으로 1세대 1주택자가 공시가격 9억 원 이하 주택을 보유하면 주택분 재산세 과세표준 산정 시 공정시장가액비율이 43~45%로 인하하여 적용된다. 이에 따라 표준세율(0.1~0.4%)보다 0.05%포인트 낮은 특례세율을 적용받을 수 있다. 이로 인해 재산세뿐만 아니라 지방교육세 및 도시지역분까지 세 부담이 완화된다.

예를 들어, 공시가격이 7억 원인 1세대 1주택자가 재산세 특례를 적용하지 않으면, 공정시장가액비율 60%가 적용되어 과세표준은 4억 2,000만 원이 되고 누진세율 구조에 따라 재산세 본세는 약 105만 원이 된다.

반면, 재산세 특례를 적용하면 공정시장가액비율이 45%로 낮아져 과세표준은 3억 1,500만 원으로 줄어들고, 세율도 누진적으로 인하되어 재산세 본세는 약 47만 2,500원으로 감소한다. 결과적으로 본세 기준만으로도 약 57만 7,500원의 절세효과 (약55%)가 발생하며, 여기에 연동되는 지방교육세 및 도시지역분 세액까지 감면되는 점을 고려하면 전체 세 부담은 더욱 낮아진다.

다주택자도 조건을 충족하면 감면을 받을 수 있다. 수도권 기준으로 공시가격 6억 원 이하, 전용면적 85㎡ 이하의 주택을 10년 이상 임대하는 장기 일반민간임대주택으로 등록하면 재산세의 50%가 감면된다. 다만 2020년 8월 18일 이후에 등록한 단기 임대주택은 감면 대상에서 제외되므로 반드시 장기 임대로 등록해야 한다. 예를 들어, 공시가격 4억 원, 전용 84㎡의 아파트를 해당 조건으로 등록하면 재산세가 약 21만 원에서 10.5만 원으로 줄어든다.

재산세가 급격히 늘어나는 것을 보호하는 장치로 세 부담 상한제도도 있다. 이는 전년도보다 재산세가 일정 비율 이상 오르지 않도록 제한하는 제도로, 1세대 1주택자는 전년 대비 최대 105%, 일반주택은 최대 150%까지만 증가할 수 있다. 예를 들어, 1세대 1주택자는 지난해 재산세가 40만 원이었다면 올해는 최대 42만 원까지만 부과되는 방식이다.

마지막으로, 일정 금액 이상의 재산세가 부과되는 경우 분할 납부가 가능하다. 세액이 250만 원을 초과하면 분납 신청이 가능하며 500만 원 이하일 때는 초과 금액만, 500만 원을 초과하면 세액의 절반 이내 범위에서 2개월 내 분할해서 납부할 수 있다. 이를 통해 세금 납부로 인한 자금 부담을 어느 정도 줄일 수 있다.

재산세는 집을 소유하는 한 매년 발생하는 고정비용이지만, 그 구조를 이해하고 제도를 적극적으로 활용하면 큰 절세 효과를 얻을 수 있다. 정확한 기준과 전략을 미리 파악하고 준비해두면 보유세는 단순한 부담이 아니라 자산 관리를 위한 유연한 도구가 될 수 있다.

종합부동산세는 고가주택 소유자나 다주택 보유자에게 부과되는 국세로, 주택 보유 관련 세금 중 가장 부담이 클 수 있다. 재산세와 달리 종부세는 일정 기준을 초과할 경우에만 과세된다. 과세특례 신청 시 세법상 단독명의로 간주되어 고령자 공제나 장기보유 공제 등 세액공제를 적용할 수 있다.

이 과세특례는 매년 9월 16일부터 9월 30일 사이에 국세청 홈택스나 서면으로 신청할 수 있으며, 공시가격 18억 원 이하 주택의 공동명의 보유 시 종부세를 피할 수 있는 유용한 방법이다. 반면 신청하지 않으면 세액공제를 받을 수 없으므로 단순 공제금액을 넘어 전체 세금 감면 효과를 고려해야 한다. 종부세는 개인 단위로 과세되기 때문에 명의 구조에 따라 세 부담이 달라질 수 있다. 예를 들어, 단독명의는 기본공제 12억 원이지만 공동명의 과세특례 신청 시 총 18억 원까지 공제받을 수 있어 상황에 따라 유불리가 달라진다.

종합부동산세 절세 전략은 크게 3가지로 나눌 수 있다.

첫째, 1세대 1주택자의 공제와 세액공제를 적극적으로 활용하는 것이다. 공시가격이 12억 원을 초과해도 5년 이상 보유 시 최대 50%의 장기보유 세액공제를 받을 수 있고, 만 70세 이상이면 최대 40%의 고령자 세액공제를 추가로 받을 수 있다. 두 공제를 합하면 공제 상한선인 최대 80%까지 세액을 줄일 수 있다. 예를 들어, 공시가격 15억 원 아파트를 15년 이상 보유한 만 70세 1세대 1주택자는 최대 80%의 세액공제로 실제 납부세액을 크게 낮출 수 있다.

둘째, 종부세 합산배제 주택을 활용하는 방법이다. 공공지원 민간임대주택, 노인복지주택, 지방 소재 공시가격 4억 원 이하 저가주택 등은 종부세 과세 대상에서 제외된다. 특히 LH나 지방도시공사가 공급한 공공임대주택은 면적이나 가격 제한 없이 합산배제대상에 포함된다. 예를 들어, 공시가격 6억 원 이하 주택을 공공지원 민간임대주택으로 등록하면 종부세 과세표준에서 제외되어 세 부담을 줄일 수 있다.

셋째, 가족 간 증여를 통해 명의를 분산하는 전략이다. 종부세는 개인별로 과세되므로 지분을 나누면 각자의 기본공제를 활용할 수 있다. 단독명의로 공시가격 18억 원 주택 보유 시 12억 원까지만 공제받지만, 부부가 공동명의로 보유하고 과세특례를 신청하면 18억 원 전액이 공제되어 종부세를 내지 않을 수 있다. 단, 증여에 따른 증여세와 취득세 부담을 반드시 고려해야 한다. 예를 들어, 9억 원 상당 지분을 배우자에게 증여할 경우 약 5,000만 원의 증여세와 약 2,700만 원의 취득세가 발생하므로 절세 효과와 이전 비용을 자세히 비교해야 한다.

공시가격에 대한 이의신청은 종부세 절세 전략 중 하나다. 국토교통부는 매년 4~5월 사이 공시가격을 발표하는데, 이 가격이 시세보다 지나치게 높을 경우, 지자체에 이의를 제기할 수 있다. 이의 신청은 공시일로부터 30일 이내에 가능하며, 실제 사례처럼 공시가격이 13억 원에서 12억 원 이하로 조정된다면 종부세 부과 대상에서 제외될 수 있다. 따라서 단순한 이의신청 하나로 수백만 원을 절감할 수 있으므로 매년 공시가격을 꼼꼼히 확인하는 습관이 필요하다.

다주택자는 보유한 모든 주택의 공시가격을 합산해서 종부세를 산정한다. 예를 들어, 2채의 주택 합계가 10억 원이라면 기본공제 9억 원을 제외한 1억 원에 공정시장가액비율(60%)을 곱해 과세표준을 계산하고, 여기에 해당 세율(0.5~2.7%)을 적용해 세액을 산출한다. 이때 농어촌특별세도 종부세의 20%를 추가로 부과하므로 총 세금 부담을 종합적으로 고려해야 한다.

2023년 세법 개정으로 종부세 일반세율은 0.5~2.7%로 인하되었고, 중과세율은 1.0~5.0%로 조정되었다. 조정대상지역 2주택자에 대한 중과세율 적용도 폐지되어 이제는 일반세율이 적용된다. 고령자 공제는 60세 이상에게 20~40%까지, 장기보유 공제는 보유 기간 5년 이상일 경우 20~50%까지 적용되며, 이 두 공제를 합산해 최대 80%까지 세액공제가 가능하다. 다만, 이 공제들은 과세표준이 아닌 산출세액에서 차감되는 세액공제라는 점과 1세대 1주택자에게만 적용된다는 점에 주의해야 한다.

종합부동산세는 단순히 주택 수만으로 결정되는 것이 아니라 공시가격, 보유 기간, 연령, 명의 구조 등 다양한 요인을 종합적으로 고려해야 한다. 따라서 공시가격 확인과 이의신청, 과세특례 신청, 장기보유 및 고령자 공제 활용 등 다양한 절세 전략을 종합적으로 검토해 자신에게 가장 유리한 방식을 선택하는 것이 중요하다.

특히 공동명의 여부에 따른 장단점, 증여 시 발생하는 세금까지 꼼꼼히 계산한 후 세무 전문가의 조언을 받아 신중하게 절세 전략을 수립해야 한다.

부동산 매매 시 알아야 할 양도소득세 절세 방법

부동산을 매각할 때 가장 먼저 고려해야 할 세금은 양도소득세다. 이 세금은 부동산 매도로 발생한 이익 즉 양도차익에 부과되며, 경우에 따라 수천만 원에서 억 단위까지 부담이 커질 수 있다. 특히 부동산 세금에 익숙하지 않은 초보자라면 세금 구조를 명확히 이해하고 사전에 절세 전략을 세우는 것이 중요하다.

2025년 기준으로 양도소득세는 주택, 토지, 상가뿐만 아니라 지상권,

전세권, 등기된 임차권, 분양권 등 다양한 부동산 관련 권리 양도 시 적용된다. 여기에 일정 요건을 충족하는 주식이나 가상자산도 과세 대상에 포함된다. 예를 들어, 5억 원에 취득한 아파트를 8억 원에 매도하면 3억 원의 양도차익이 발생하며, 이에 대한 세금을 납부해야 한다. 납부는 양도일이 속한 달의 말일부터 2개월 이내에 완료해야 하고, 기한을 넘기면 가산세가 추가로 부과된다.

양도소득세 계산은 단순히 양도차익에 세율을 곱하는 방식이 아니다. 취득가액과 필요경비, 기본공제 250만 원을 차감한 금액에 대해 과세표준 구간별 누진세율을 적용해 산정한다. 이때 중개수수료, 취득세, 리모델링 비용, 법무사 수수료 등은 필요경비로 공제할 수 있으며 관련 영수증과 계약서, 세금계산서, 계좌이체 내역 등 증빙자료 보관이 매우 중요하다. 1세대 1주택자는 양도소득세 비과세 혜택을 받을 수 있다.

2025년 기준으로 공시가격 기준 실거래가 12억 원 이하의 주택을 2년 이상 보유하면 양도소득세가 전혀 부과되지 않는다. 단, 조정대상지역 주택을 2017년 8월 3일 이후에 취득한 경우에는 2년 이상 실거주 요건도 충족해야 한다. 실제 거주 여부는 주민등록뿐만 아니라 전기, 수도, 가스, 통신비 납부내역 등 생활 흔적으로 입증해야 하므로 사전에 관련 서류를 체계적으로 준비해야 한다.

공시가격이 12억 원을 초과하는 고가주택의 경우에는 장기보유특별공제를 통한 절세가 가능하다. 1세대 1주택자가 주택을 10년 이상 보유하고 10년 이상 실거주한 경우, 보유 기간과 거주 기간 각각 연 4%씩 최대 80%까지 양도차익에서 공제받을 수 있다.

예를 들어, 3억 원의 차익 중 2억 4,000만 원이 공제되고 나머지

6,000만 원에 대해서만 세금이 부과된다. 이 장기보유특별공제는 1세대 1주택자만 적용 대상이며 다주택자는 조정대상지역 내 주택 매도 시 적용되지 않는다. 다만 비조정지역 주택을 양도할 경우, 보유 기간에 따라 최대 30%까지 공제가 가능하다.

2025년 현재 다주택자에 대한 양도소득세 중과세는 한시적으로 유예되고 있다. 원래는 조정대상지역 내 주택을 양도할 때 2주택자는 20%, 3주택 이상자는 30%의 중과세율이 기본세율에 추가되었으나, 2026년 5월 9일까지는 중과세율이 폐지되고 6~45%의 기본세율만 적용된다. 이로 인해 다주택자도 장기보유특별공제를 최대 30%까지 적용받을 수 있으며, 절세 기회가 크게 확대되었다.

절세 전략으로 가족 간 증여를 통한 명의변경도 고려할 수 있다. 예를 들어, 단독명의 고가주택을 배우자와 공동명의로 전환하면 부부 공동명의 1주택자 과세특례를 통해 총 18억 원까지 공제를 받을 수 있다. 다만, 증여 시 증여세와 취득세가 발생하고 종합부동산세 합산배제 대상에서 제외되는 등 불이익이 생길 수 있어 사전 시뮬레이션이 필요하다. 또한 증여받은 배우자가 향후 양도할 경우, 장기보유특별공제를 받으려면 증여 후 다시 보유와 거주 요건을 충족해야 한다. 양도소득세 절감을 위해서는 필요경비 공제를 철저히 준비하는 것도 중요하다. 취득세, 중개수수료, 리모델링 비용 등은 양도차익에서 공제가 가능하므로 모든 비용 지출에 대한 증빙을 체계적으로 정리해야 한다.

예를 들어, 5억 원에 취득한 아파트를 8억 원에 매도하고, 필요경비로 4,800만 원을 인정받는다면 과세표준이 줄어들어 실질 납부세액이 수천만 원까지 줄어들 수 있다. 이처럼 양도소득세는 단순한 세금이 아니라 전략의 결과다. 보유 기간, 거주 요건, 지역, 주택 수, 명의 구조, 필요경비, 증여 여부까지 모든 요소를 종합적으로 고려해서 판단해야 한다. 특히 2026년 5월 9일까지의 중과 유예 기간은 다주택자에게 절호의 기회이며, 1세대 1주택자의 경우 비과세 및 장기보유특별공제를 적극적으로 활용하면 상당한 절세 효과를 기대할 수 있다.

궁극적으로 양도소득세를 줄이기 위한 최선의 방법은 사전 준비와 전략적인 계획이며, 필요하다면 반드시 세무 전문가와 상담해 철저히 확인하고 매도 시점을 조율하는 것이 바람직하다.

성공을 위한 직장인의 부동산 투자 5가지 원칙

직장인에게 부동산 투자는 때로 엄두를 내기 어려운 도전일 수 있다. 하루하루 반복되는 일상에서 정보를 수집하고 제한된 자금 내에서 위험을 최소화하면서 수익을 창출하는 것은 분명 부담스러운 과제다. 그럼에도 부동산은 여전히 안정적인 자산 증식 방법으로 인정받고 있으며 직장인도 체계적인 전략과 끈기 있는 실천을 통해 충분히 성공적인 투자를 이룰 수 있다. 결국, 성공적인 투자의 핵심은 첫 발걸음의 방향과 나아가는 길에 달려 있다.

이번 파트에서는 직장인이 현실에서 마주치는 다양한 제약을 이해하고 이를 극복하기 위한 구체적인 투자 전략을 알아보겠다.

부동산 투자금의 명확한 한도를 설정하라

부동산 투자를 처음 시작하는 직장인 초보자들이 흔히 저지르는 실수는 명확한 투자 전략 없이 주변 분위기나 단기수익에 대한 유혹에 빠져 무모하게 과도한 금액을 투자하는 것이다. 특히 무분별한 대출 활용은 금리 인상, 부동산 시장 조정, 경기 침체와 같은 외부 변수에 취약해 예기치 못한 재정적 위기를 초래할 수 있다. 실제로 최근 몇 년간 급등한 금리가 상환 부담을 가중시킨 사례가 빈번히 발생하고 있으며, 이는 초보 투자자들에게 경고의 메시지를 전달하고 있다.

따라서 초보 투자자에게 가장 중요한 첫걸음은 자신의 현재 재정 상황을 객관적으로 분석하고 그에 맞는 투자 한도를 명확히 설정하는 것이다. 이 한도는 투자 과정에서 반드시 엄격히 준수해야 한다. 특히 대출은 단순히 낮은 금리만으로 접근하기보다 향후 상환 능력을 철저히 고려한 보수적인 관점에서 계획되어야 한다.

예를 들어, 월 소득 400만 원인 직장인의 경우, 대출 상환액은 가급적 월 120만 원(소득의 30%) 이내로 제한하는 것이 재무적으로 안정적이다. 대출 상환이 소득의 30%를 초과하면 생활비, 자녀 교육비, 의료비, 노후자금 등 필수 지출 항목에 큰 부담을 주어 전체 가계 재정의 불안정으로 이어질 수 있다. 투자금 한도 설정 시에는 현재 자산뿐만 아니라 다음과 같은 요소들을 종합적으로 고려해야 한다. 소득의 안정성, 고정 지출 규모, 비상자금 준비 여부, 금리 상승 가능성, 대출 원리금 상환 능력, 투자 기간과 기대수익률 등을 자세히 검토해야 한다. 또한 자동차 할부금, 보험료, 자녀 학원비, 부모님 용돈 등 평소 간과하기 쉬운 지출 항목까지 꼼꼼히 파악해야 실질적인 투자 여력을 정확히 산정할 수 있다.

투자 경험이 전무한 상태라면 처음부터 대규모 부동산에 도전하기보다는 소형아파트나 오피스텔과 같이 규모가 작고 관리 부담이 적은 물건부터 투자하는 것이 현명하다. 이를 통해 실제 운영 경험을 쌓고 시장 흐름을 이해하면서 점진적으로 투자 규모를 확대해나가는 전략이 안정적이다. 특례보금자리론이나 디딤돌대출 같은 정책성 대출 상품을 활용하면 유리한데, 이러한 상품은 상대적으로 낮은 금리에 장기 고정형 조건으로 자금을 조달할 수 있어 금리 상승 위험과 월별 상환 부담을 효과적으로 관리할 수 있다.

대출 상환 조건은 될 수 있으면 20년 이상 장기 고정금리로 설정하는 것이 좋다. 이렇게 하면 예상치 못한 금리 인상 시기에도 월 상환액이 급격히 증가하는 부담을 막을 수 있으며, 중도상환수수료가 낮은 상품을 선택하면 상황 변화에 유연하게 대응할 수 있다.

현재와 같이 금리 불확실성이 큰 시기일수록 보수적 접근이 중요하며, 고정금리 기반의 장기계획은 초보 투자자에게 안정성을 제공하는 효과적인 방법이다.

결국, 부동산 투자는 단순히 좋은 물건을 저렴하게 구매하는 것이 아니라 개인의 소득과 지출 구조, 금융 위험, 목표 시점 등을 종합적으로 고려해 감당이 가능한 범위 내에서 신중하게 판단하고 실행하는 행위다. 아무리 매력적인 투자처라도 개인의 재정 여건을 초과하면 그것은 기회가 아닌 위험이 된다. 부동산은 장기 자산이므로 단기수익에 집착하기보다는 개인에게 맞는 안정적인 포트폴리오 구성에 집중해야 한다. 초보자라면 투자에 앞서 수익률보다 지속 가능성을 우선해서 고려하는 습관을 반드시 길러야 한다.

투자 전 입지 분석은 앱과 발품으로 이중 확인하라

부동산 투자에서 가장 중요하고 결정적인 요소는 입지 분석과 현장 실사다. 입지는 단순한 위치를 넘어 주변 인프라, 생활환경, 향후 개발 가능성을 포함하는 개념으로, 시간이 지날수록 부동산의 가치는 입지에 따라 더욱 뚜렷하게 달라진다.

최근 시장에서는 입지에 따른 수익률 차이가 극명하게 나타나며, 양극화 현상이 뚜렷해지고 있다. 예를 들어, 수도권에서는 GTX와 같은 대규모 교통망 개발 예정 지역의 가치가 빠르게 상승하고 있지만, 인구가 줄고 상권이 쇠퇴하는 지역은 가격 하락세가 계속되고 있다. 이러한 시장 흐름을 정확히 파악하지 못하면 초보 투자자는 수익은커녕 손실을 볼 위험이 크다. 따라서 입지 분석은 단순히 지도나 광고 자료를 보는 수준에 머물러서는 안 되며, 데이터 기반 분석과 실제 현장 방문을 결합한 입체적인 접근이 필요하다.

최근에는 AI와 빅데이터 기술이 결합된 부동산 앱들이 초보자도 쉽게 사용할 수 있는 직관적인 형태로 발전하고 있다. 예컨대 호갱노노는 지역별 아파트 실거래가, 학군, 교통, 편의시설, 인구 이동, 상권 정보 등을 종합적으로 확인할 수 있으며, 단지별 가격 변동 추이도 제공한다. 직방은 아파트뿐만 아니라 오피스텔, 상가, 빌라 등 다양한 유형의 매물을 조건에 따라 필터링해 찾을 수 있고, VR 가상 투어나 실시간 시세 알림 기능이 특징적이다. 국토교통부 실거래가 공개시스템은 국가 공식 데이터를 기반으로 정확한 거래 이력을 확인할 수 있으며, 네이버페이 부동산은 지도 기반으로 개발 정보, 뉴스, 생활 편의시설을 시각적으로 파악할 수 있어 호재 분석에 유리하다. 또한 부동산지인은 미분양 현황, 매매 전세 갭, 연령대별 인구 전출입 통계 등 심화 데이터를 제공해 고급 분석에 유용하다.

하지만 앱은 어디까지나 보조 수단일 뿐이다. 실제 상권의 분위기, 주민의 생활패턴, 소음이나 악취, 방범 상태 등은 현장을 직접 방문해야만 알 수 있다. 예컨대 앱에서는 역세권처럼 보이더라도 실제로는 언덕길이나 외진 골목이 있어 접근성이 떨어질 수 있으며, 밤에는 유흥 소음이 심한 곳일 수도 있다. 따라서 현장 실사는 앱이 제공하지 못하는 정보의 빈틈을 메워주는 필수 과정이다.

현장을 방문할 때는 교통 접근성을 먼저 확인해야 한다. 지하철역이나 버스 정류장까지 직접 걸어가면서 거리와 도로 상태, 오르막길 유무 등을 꼼꼼히 점검해야 한다. 출퇴근 시간대에 현장을 방문해 혼잡도와 소음 수준도 체크하면 좋다.

주변 상권도 철저히 살펴봐야 한다. 편의점, 마트, 카페, 음식점, 병원, 공원 등 생활에 필요한 편의시설이 가까이 있는지 확인하고 상권의 활성도는 빈 점포 비율과 유동 인구를 통해 가늠할 수 있다.

아파트라면 단지 관리 상태, 청결도, 커뮤니티 시설, 주차 공간 등을 세밀하게 확인해야 한다. 오피스텔이나 상가의 경우, 채광, 환기, 층간소음 등을 주의 깊게 살펴봐야 한다. 관리사무소나 경비원과 대화를 통해 단지 내 민원 사항이나 재건축 가능성, 층간소음 문제 등 숨겨진 위험을 미리 파악할 수 있다.

주변 공터에 계획된 개발 내용도 확인해야 한다. 대형마트나 병원이 들어설 경우, 부동산 가치 상승을 기대할 수 있지만, 고층 건물이나 도로 확장계획이 있다면 일조권이나 조망권 침해 가능성도 고려해야 한다.

현장 조사는 반드시 다양한 시간대에 진행해야 한다. 낮에는 조용하던 동네가 밤에는 유흥가나 차량 소음으로 시끄러울 수 있으며, 주말에는 외지 차량으로 주차 문제가 발생할 수 있다. 방문 당시의 분위기, 공사 소리, 주변 사람들의 행동 등은 사진과 메모 앱으로 기록해두면 나중에 비교·분석하는 데 유용하다.

처음에는 부담스러울 수 있지만, 관심 지역을 1~2곳으로 좁혀 반나절 정도만 투자해도 충분한 감각을 익힐 수 있다. 앱과 현장 실사는 서로 보완적이다. 예를 들어, 앱에서 실거래가가 꾸준히 상승하고 개발계획이 확인된 지역이라면 현장에서는 실제 공사 진행 상황과 상권 활성도 등을 확인해야 한다. 반대로 현장에서 마음에 든 동네라도 앱 데이터에서 거래량이 적고 가격이 정체된 경우라면, 투자를 재고해봐야 한다. 입주민 대화방을 통해 층간소음, 관리 상태, 공실 현황 등 현장에서는 알기 어려운 정보도 얻을 수 있다.

결국, 입지 분석은 부동산 투자의 시작이자 핵심이다. 앱을 통해 큰 그림을 그리고, 현장 답사로 세부적인 요소를 확인하며 퍼즐을 맞춰가는 과정이 중요하다. 경험이 쌓이면 직관적으로 좋은 입지를 판단할 수 있는 감각이 생기지만, 초보자는 전세가율이 높고 수요가 안정적인 소형 아파트나 오피스텔부터 시작하는 것이 좋다. 무엇보다 서두르지 않고 꼼꼼히 검토하는 습관이 필요하다. 결국 좋은 입지는 투자한 시간만큼 성실히 준비한 사람에게 확실한 보상을 안겨준다.

실거주가 가능한 투자처를 우선 고려하라

부동산 투자를 막 시작하는 직장인에게는 실거주가 가능한 부동산을 우선으로 고려하는 것이 가장 안전하고 효과적인 전략이다. 2025년 현재 금리 변동 여파로 갭투자나 단기차익 위주의 투기성 투자보다는 실거주와 안정적 임대수익을 겸한 투자가 주목받고 있다. 실거주와 투자를 동시에 할 수 있는 부동산은 시장 침체기에 주거 안정성을 제공하며 위험을 최소화할 수 있다.

수도권의 중소형 아파트, 오피스텔, 신축 빌라가 대표적이지만, 신축 빌라의 경우 관리비나 환금성 측면에서 위험성이 높을 수 있으므로 신중한 검토가 필요하다. 실거주 가능 부동산은 주거 안정성과 투자 수익을 한 번에 제공한다. 예를 들어, 본인이나 가족이 거주하면서 임대나 매각을 통해 수익을 낼 수 있는 수도권 중소형 아파트(2~5억 원대)는 초보 투자자에게 매우 적합하다.

특히 수도권 역세권(GTX-A 동탄, 용인 등)이나 우수 학군 지역의 중소형 아파트는 안정적인 수요와 높은 환금성으로 주목받고 있다. 강남, 여의도 등 도심 접근성이 뛰어난 지역의 오피스텔은 1~2인 가구의 임대 수요가 높아 2~3억 원대 소형 오피스텔이 인기를 끌고 있다. 신축 빌라나 연립주택은 상대적으로 저렴하지만, 반드시 호갱노노나 국토교통부 실거래가 공개시스템을 통해 관리 상태와 환금성을 꼼꼼히 확인해야 한다. 주거용 상가주택은 1층 상가와 상층 주거를 동시에 활용할 수 있어 소규모 자영업을 계획하는 직장인에게 최적의 선택지다.

수도권의 소규모 상권(화성, 고양 등)에서는 소상공인365 또는 소상공인24를 활용해 상권 활성화 여부를 분석하면 투자 성공 가능성을 높일 수 있다. 초보 투자자는 출퇴근 거리, 가족 구성원, 예산(2~5억 원), 단기·장기 투자 목표 등을 종합적으로 고려해 부동산 유형을 선택해야 한다. 2025년 기준으로 GTX-A(수서~동탄, 2024년 3월 개통) 주변의 동탄, 용인, 고양 등 중소형 아파트는 실거주와 미래가치 상승을 동시에 노릴 수 있는 인기 투자처로 정부의 대출 규제 완화와 재건축 규제 완화 정책으로 수요가 지속해서 증가하고 있다.

이러한 금리 변동과 시장 변동성이 높은 시기에는 무리한 갭투자보다 실제로 거주할 수 있는 부동산에 투자하는 것이 더 안전한 선택이다. 실거주 부동산은 직접 거주함으로써 대출 상환 부담을 줄이고 전세·월세 비용 같은 주거비를 크게 절감할 수 있다는 장점이 있다.

또한 1~2인 가구 증가로 소형 주거 수요는 꾸준히 늘고 있지만, 지역별 공실률 차이로 인해 단순 임대수익은 예측하기 어려울 수 있다. 반면 실거주는 공실 위험 자체를 원천적으로 차단할 수 있어 초보 투자자에게 더욱 적합하다.

직장인들은 출퇴근 거리, 학군, 생활 인프라 등 실제 생활과 밀접한 요소를 매우 중요하게 여기는 경향이 있다. 실거주용 부동산은 이러한 조건을 대부분 충족해 임대 수요가 높고, 자연스럽게 투자 가치도 함께 상승할 수 있다. 실거주가 가능한 부동산을 선택할 때는 단순히 살 수 있는 곳이 아니라 가치가 상승할 수 있는 곳인지 투자적 관점까지 함께 고려해야 한다.

초보 투자자라면 다음과 같은 기준을 반드시 점검해야 한다.

먼저, 출퇴근 및 생활 편의성을 살펴봐야 한다. 출퇴근 시간은 직장인의 삶의 질에 결정적인 영향을 미치는 요소다. 따라서 지하철역, 버스 정류장까지의 거리뿐만 아니라 마트, 병원, 공원, 카페 등 생활 인프라의 인접성을 우선해서 확인해야 한다. 네이버페이 부동산, 직방 등 앱에서 위치 정보를 먼저 확인한 후, 직접 현장을 방문해 출퇴근 동선을 직접 걸어보며 상권의 활성화 정도까지 점검해보는 것이 가장 효과적이다.

다음으로, 자금계획과 대출 상환 가능성을 철저히 검토해야 한다. 실거주용 부동산은 반드시 본인의 월소득 대비 감당할 수 있는 대출 범위 내에서 선택해야 한다. 호갱노노, 국토교통부 실거래가 공개시스템을 활용하면 최근 3~5년간 가격 추이와 거래량을 쉽게 확인할 수 있다. 단기간 급등 후 정체된 지역은 매수 시기를 다시 신중히 검토해보는 것이 좋다. 특히 금리 상승기에는 대출 상환 부담이 빠르게 누적되므로 안정적인 자산가치를 유지하는 지역을 우선적으로 고려해야 한다.

마지막으로, 임대 가능성과 환금성을 꼼꼼히 살펴봐야 한다. 실거주

후 이사를 하거나 자금이 필요할 때, 임대나 매각이 쉬운 부동산은 매우 유리하다. 임대 수요가 높은 지역은 공실 위험이 낮고, 환금성이 높은 지역은 급매 시 손실을 최소화할 수 있다. 직방, 다방 등 앱을 통해 해당 지역의 월세·전세 비율과 공실 기간을 확인하고, 부동산 중개소에 문의해 최근 임대료 수준, 거래 사례, 주요 수요층(직장인, 신혼부부, 대학생 등)을 꼼꼼히 조사하면, 더욱 정확한 판단이 가능하다. 실거주가 가능한 부동산은 단순한 거주 공간을 넘어 위험을 최소화한 투자 자산이라고 할 수 있다.

초보 투자자는 생활 편의성과 수요 흐름, 자금계획을 세심하게 분석하고 자신만의 명확한 기준을 세우는 것이 무엇보다 중요하다. 실거주와 투자를 동시에 고려한 부동산 선택은 시간이 지날수록 그 진정한 가치를 입증하게 될 것이다.

실거주 겸용 부동산을 선택할 때는 반드시 미래가치를 함께 고려해야 한다. 거주하는 동안 자산가치가 상승한다면 향후 매각이나 임대 시 상당한 수익을 기대할 수 있다. 특히 교통망 확충, 상업시설 입점, 공공기관 유치와 같은 개발 호재는 해당 지역의 전반적인 가치를 크게 높이는 핵심 요인이다.

네이버페이 부동산, 국토교통부 홈페이지, 각 지자체 도시계획과 공공 포털 등을 활용하면 철도, 도로, 재개발 등 다양한 지역별 개발계획을 쉽게 확인할 수 있다. 여유가 된다면 직접 현장을 방문해 공사 진행 상황과 주변 분위기를 직접 점검한다면, 더욱 정확한 판단을 할 수 있을 것이다.

주거환경의 쾌적성은 실거주 만족도와 직접적으로 연결되는 중요한 요소다. 실거주는 단순한 수익을 넘어 삶의 질과 직결되므로, 소음, 채광, 조망, 통풍, 관리 상태 등을 꼼꼼히 확인해야 한다. 낮과 밤에 걸쳐 주변 도로와 공사장의 소음 수준, 일조량, 바람길 등을 자세히 확인해보자. 단지 내부도 직접 돌아보며 청결 상태, 엘리베이터 유지보수, 주차장 이용 편의성을 살펴보고, 헬스장, 놀이터, 독서실, 골프연습장 등 커뮤니티 시설의 실제 운영 여부를 확인하는 것이 좋다.

실거주가 가능한 투자처는 직장인 초보자에게 가장 안전하고 현실적인 투자 방식이다. 단순히 싸게 사서 오르면 판다는 투기적 접근이 아니라 내 삶의 기반을 마련하면서 동시에 미래가치를 준비하는 접근법이 필요하다. 앱을 통해 데이터를 분석하고 현장에서 직접 확인하며, 필요할 경우 전문가의 조언을 구한다면 투자 실패 위험은 줄어들 것이다. 무엇보다 가장 중요한 것은 내가 살고 싶은 집이자 다른 사람도 살고 싶어 할 집을 찾는 것이다. 서두르지 않고 충분히 고민하며 여러 차례 현장을 확인한다면 좋은 집은 반드시 기다린 만큼의 가치를 돌려줄 것이다.

세금과 비용까지 계산한 순수익률을 기준으로 투자하라

부동산 투자에서 가장 핵심적인 점은 겉으로 보이는 수익이 아니라 실제로 손에 쥐게 되는 진짜 수익, 즉 순수익률을 제대로 분석하는 능력이다. 초보 투자자들이 흔히 저지르는 실수는 단순히 매수와 매도가격의 차이만 보고 수익을 냈다고 오해하는 것이다. 예를 들어, 아파트를 6억 원에 구매해 7억 원에 판매했다고 해서 1억 원을 벌었다고 생각하면 큰 착각이다. 겉으로는 1억 원의 차익이 발생한 것처럼 보이지만, 실제 수익은 전혀 다를 수 있다.

부동산 투자는 매수, 보유, 매도 각 단계에서 다양한 비용이 발생한다. 취득세, 중개수수료, 보유 기간 중 재산세와 종합부동산세, 대출이자, 관리비, 양도소득세 등 모든 요소를 꼼꼼히 고려해야 실제 수익을 정확히 판단할 수 있다. 특히 최근 몇 년간 부동산 세법은 매년 변경되며 세금 부담이 커졌고, 이에 따라 세금이 전체 수익률에 미치는 영향력도 크게 증가했다. 단순히 시세차익만 보고 투자를 결정하면 투자 성과를 과대평가하게 되고, 결과적으로 잘못된 투자 판단을 내리게 될 수 있다. 직장인 투자자라면 이러한 실질수익률 개념을 반드시 이해해야 한다. 단순히 '얼마를 벌었다'가 아니라, '얼마가 실제로 남았는가'를 기준으로 투자 판단을 내려야 한다.

예를 들어 1억 원의 매매차익이 발생했더라도 취득세 1,200만 원, 중개수수료 600만 원, 양도소득세 3,000만 원, 재산세 등 보유세와 대출이자를 합쳐 약 1,200만 원이 소요된다면 총비용은 약 6,000만 원에 달한다. 이 경우, 실제로 손에 쥐는 수익은 4,000만 원에 불과하며 명목상 수익률과 실질수익률 사이에 큰 차이가 발생하게 된다.

이런 이유로 감정에 흔들리지 않고 숫자로 투자 성과를 판단하는 자세가 매우 중요하다. 광고나 주변 소문에 휩쓸리지 않고 본인의 수익 구조를 직접 계산할 수 있어야 실패 확률을 낮출 수 있다. 이를 위해 순수익률 계산은 반드시 습관화해야 하며 공식은 다음과 같다.

$$\text{순수익률} = [(\text{매도금액} - \text{매수금액} - \text{세금} - \text{기타 비용}) \div \text{투자 원금}] \times 100\,(\%)$$

이 공식을 통해 투자 결과를 감정이 아닌, 숫자로 검토할 수 있게 되면 과장된 기대나 불필요한 위험을 피하고 냉정하고 현실적인 투자 판단을 내릴 수 있다. 초보 투자자일수록 '얼마를 벌었는가'가 아니라 '얼마가 남았는가'를 기준으로 판단하는 습관을 반드시 길러야 한다. 그래야만 실제 수익을 기준으로 전략을 세우고 장기적으로 성공적인 부동산 투자를 이어갈 수 있다.

초보 투자자가 부동산 투자에서 순수익률을 높이기 위해 반드시 알아두어야 할 핵심 전략들이 있다.

먼저, 정부의 정책금융상품을 적극적으로 활용하는 것이 중요하다. 특례보금자리론, 디딤돌대출, 보금자리론과 같은 장기·저금리 고정금리 대출 상품은 대출이자 부담을 크게 낮춰주어 초기 투자자의 순수익률 향상에 매우 효과적이다. 특히 금리가 상승하는 시기에는 이러한 고정금리 대출이 장기적으로 더욱 유리하다.

두 번째 전략은 실거주 요건을 충족해 양도소득세를 절감하는 방법이다. 2025년 기준으로 1세대 1주택자가 2년 이상 실거주 조건을 충족하면 공시가격 12억 원 이하 주택에 대해 양도세 비과세 혜택을 받을 수 있다. 이는 수천만 원에서 많게는 수억 원까지 세금을 줄일 수 있는 방법으로, 순수익률 향상에 결정적인 영향을 미친다.

세 번째로, 초기 투자 비용을 줄이는 전략이 필요하다. 생애 최초 주택 구입자를 위한 취득세 감면, 수도권 외곽의 저평가 지역 선점, 청약 특별공급제도 등을 적극적으로 활용하면 투자 진입장벽을 크게 낮출 수 있다. 이를 통해 같은 투자금으로 더 나은 입지를 확보하거나 향후 성장 가능성이 큰 지역에 미리 진입할 수 있다.

장기적인 수익률을 위해서는 유지비용 관리도 필수다. 특히 오래되거나 관리비가 과도하게 높은 오피스텔이나 단지는 시간이 지날수록 수익률을 잠식한다. 신축 건물이나 관리 체계가 잘 갖춰진 단지를 선택하면 월별 지출을 줄이고 순수익을 높일 수 있다. 부동산 투자는 단순히 가격 차익만을 노리는 게임이 아니다. 투자 전에는 반드시 계산기를 들고 취득세부터 양도세, 대출이자, 관리비까지 모든 항목을 꼼꼼히 계산해야 한다. 숫자를 정확히 들여다보는 태도가 미래를 지키는 첫걸음이 된다.

2025년 부동산 시장은 이전과 완전히 다른 모습이다. GTX는 수도권 생활권을 근본적으로 변화시키고, 재건축은 도시 구조를 새롭게 설계하며 소형 주거는 세대 간 공간 수요를 재정의하고 있다. 이러한 변화는 단순히 뉴스로만 확인할 수 없다. 앱을 켜고 지도 위 지역을 직접 따라가 보자. 바쁜 일상에서 하루 10분, 주말 반나절만 투자해도 직접 걸으며 체감하는 부동산은 전혀 다른 모습으로 다가온다. 당신의 첫 번째 부동산 투자, 그리고 그로부터 시작될 첫 수익률은 단순한 숫자가 아니다. 이는 새로운 삶과 미래를 여는 중요한 출발점이 될 수 있다. 망설이지 말고 계산기와 지도 앱, 그리고 직접 발로 뛰는 실천으로 부동산 투자의 첫걸음을 내딛자. 숫자에 강한 사람만이 진정한 수익을 지켜낼 수 있다.

투자의 성공은 부부간 의사결정 공유와 대화가 중요하다

부동산 투자는 단순한 재정적 판단을 넘어 함께 살아가는 두 사람이 장기적인 삶의 방향을 공동으로 설계해나가는 여정이다. 특히 부부의 경우, 투자의 전 과정에서 서로를 팀으로 인식하고 지속적이고 계획적인 대화를 나누는 것이 가장 중요하다. 단편적인 의견 교환으로는 충분하지 않으며, 정기적으로 시간을 내어 각자의 생각과 계획을 점검하고 서로의 상황을 깊이 이해하려는 노력이 필요하다. 이러한 소통이 쌓이면 예상치 못한 상황에서도 유연하게 대처할 수 있는 협력 체계가 자연스럽게 형성된다. 나누는 대화는 단순한 정보 교환을 넘어 서로의 가치관과 투자 성향을 이해하는 과정이다. 때로는 의견 차이가 발생할 수 있다. 한 사람은 안정적인 임대수익을, 다른 한 사람은 자본 차익 중심의 투자를 선호할 수 있다. 이러한 차이는 잘못된 것이 아니라 각자의 경험과 삶의 방식에서 비롯된 자연스러운 것일 뿐이다.

이때 가장 중요한 것은 상대의 관점을 비난하거나 강요하지 않고, 진심으로 경청하고 그 배경을 이해하려는 태도다. 서로 다른 생각을 나누며 공통점을 찾아가는 과정에서 진정한 협력의 힘이 싹튼다. 투자에서의 신뢰는 단순한 감정적 유대가 아니라 상대방의 판단을 존중하고 결정의 결과를 함께 책임지는 태도에서 비롯된다. 예를 들어, 한 사람이 특정 지역의 부동산에 관심을 보였을 때 무조건 반대하기보다는 그 이유를 경청하고 함께 정보를 찾아 논의하는 과정이 필요하다. 이처럼 신뢰를 바탕으로 서로의 판단을 존중할 때, 두 사람은 자연스럽게 역할을 분담하고 실수를 줄여나갈 수 있다.

결국, 부부가 함께하는 부동산 투자는 누가 더 잘했느냐를 따지는 것이 아니라 '어떻게 함께 배우고 성장하느냐'에 중점을 둔다. 설령 결과가 기대에 미치지 못하더라도 서로를 탓하기보다는 무엇을 배웠는가를 나누며 앞으로 나아가는 태도가 중요하다. 이러한 태도가 쌓여야 장기적으로 안정적인 투자 성과와 관계의 신뢰를 함께 지켜낼 수 있다.

투자는 숫자 싸움이기도 하지만 신뢰와 존중이 깊이 뿌리내린 관계 속에서만 진정한 성과를 얻을 수 있다. 부부가 같은 방향을 향해 걸어가며, 서로를 믿고 존중할 때, 부동산이라는 큰 재정적 결정조차 하나의 의미 있는 경험으로 승화될 것이다.

부동산 투자 과정에서 신뢰와 존중은 단순한 덕목을 넘어 위기 상황을 원만하게 해결하는 핵심 요소다. 투자는 항상 예측 불가능한 변수와 마주치게 마련이다. 시장의 흐름이 급변하거나 부동산 가치가 기대와 달리 하락하는 등 예상치 못한 상황에서 두 사람의 의견이 엇갈릴 수 있다. 예를 들어, 한쪽에서는 이 시점에 매도해야 한다고 주장하고, 다른 쪽에서는 좀 더 기다려보자고 제안하는 경우가 그렇다. 이러한 갈림길에서 가장 중요한 것은 서로에 대한 신뢰다. 상대방의 판단을 의심하거나 감정적으로 대응하기보다는 열린 마음으로 대화를 나누고, 함께 최선의 해결책을 모색하는 자세가 필요하다.

신뢰가 부족하면 위기 상황에서 갈등이 심화되고 불필요한 감정 소모로 이어질 수 있다. 반면 존중을 바탕으로 한 대화는 갈등을 협력으로 전환시키고 위기 속에서도 더 나은 해법을 함께 찾아낼 수 있는 힘이 된다. 결국 두 사람이 동등한 파트너로서 투자 전략을 함께 설계하고 조정하는 과정 자체가 하나의 성장 기회가 된다.

장기적인 투자 성과 측면에서도 신뢰와 존중은 부부가 투자를 할 때, 절대적으로 중요한 자산이다. 부동산 투자는 일회성 결정이 아니라 오랜 시간에 걸쳐 시장 상황에 맞게 유연하게 전략을 조정해야 하는 과정이다. 시간이 흐르면서 외부 환경도 변하고 두 사람의 삶의 단계도 달라진다. 이러한 변화 속에서 두 사람 모두 끊임없이 소통하며 서로를 지지할 수 있어야 한다. 신뢰와 존중은 바로 그 과정에서 방향성을 잃지 않도록 해주는 중심축이다.

부동산 투자는 결국 함께 살아가는 일상의 연장선상에 있다. 신뢰와 존중을 바탕으로 한 투자 결정은 부부의 관계를 더욱 굳건하게 만들고 함께 일궈낸 경제적 성과를 공유하는 데 더욱 깊은 의미를 부여한다. 서로를 믿고 의견을 나누며 결정하는 과정 자체가 투자의 질을 높이는 것이다.

또한 투자 외적인 부분, 특히 소비 스타일에서도 서로를 이해하고 조율하려는 노력이 필요하다. 누구나 소비에 대한 가치관이 다르고, 이는 충돌의 소지가 될 수 있다. 한 사람이 저축을 중시하고 다른 사람이 현재의 소비를 중요하게 여긴다면 처음에는 사소해 보여도 시간이 지날수록 불만이 쌓일 수 있다.

이러한 갈등을 예방하려면 두 사람이 함께 재무 목표를 설정하고, 생활비·지출 항목·저축계획 등을 투명하게 공유해야 한다. 동시에 각자 일정 금액은 서로의 라이프 스타일을 존중하며 자유롭게 사용할 수 있도록 합의하는 것이 가장 현명하다. 결국 부동산 투자에서 진정으로 중요한 것은 눈앞의 숫자가 아니라 함께 같은 방향을 바라보며 걷는 관계의 질이다. 신뢰와 존중이 바탕이 될 때 금전적 수익을 넘어서는 더 큰 가치를 얻게 될 것이다.

부동산 투자를 시작하기 위한 첫 번째 과제는 초기 투자 자금을 마련하는 것이다. 이는 단순한 돈 모으기를 넘어 부부가 함께 재정적 미래를 설계하는 중요한 첫 단계다. 하지만 이 과정에서 서로의 생각이 제대로 공유되지 않거나 투자에 대한 기본적인 합의가 없다면, 이후의 투자 계획 전체가 흔들릴 수 있다.

따라서 투자에 앞서 서로의 투자 성향을 충분히 논의하고, 장기적인 재테크계획을 함께 수립하는 것이 무엇보다 중요하다. 대개 결혼 후에는 생활비와 자산 관리를 나누는 과정에서 자연스럽게 역할이 분담된다. 한쪽은 생활비와 지출을 꼼꼼히 관리하고 다른 한쪽은 자산 운용과 투자 전략을 구상하는 식이다.

그러나 이러한 역할 분담이 잘 이루어졌다고 해도 부동산 투자라는 중대한 결정을 앞두고는 반드시 두 사람의 성향이 함께 반영되어야 한다. 한 사람은 부동산이나 예·적금 같은 안정적인 자산을 다른 한 사람은 주식이나 가상자산 같은 고위험 고수익 투자를 선호할 수 있다. 이런 차이를 단순한 의견 차이가 아니라 함께 조율할 수 있는 기회로 바라보는 태도가 필요하다.

예를 들어 자산 포트폴리오를 조정하거나 시기별 전략을 구분하는 방식으로 두 사람의 성향을 동시에 반영한 장기적 재무 전략을 수립할 수 있다. 이러한 접근은 감정적 마찰을 줄이고 우리의 돈이라는 공동 자원을 같은 방향으로 효과적으로 운용할 수 있도록 돕는다. 특히 부동산처럼 큰 자금이 필요한 투자에서는 매매 결정, 대출 여부, 상환계획 등 중요한 사안마다 서로의 확실한 합의가 반드시 필요하다. 부부 중 한 사람이 대출에 대해 강한 거부감을 느낀다면, 투자 초기 단계부터 신뢰에 금이 갈 수 있기 때문이다.

물론 처음부터 두 사람의 재테크 스타일이 완벽히 일치할 수는 없다. 결혼 초기에 소비 방식이나 재무계획의 차이로 갈등이 생기거나 부동산 투자 자체에 대해 회의적일 수도 있다. 그러나 충분한 대화와 상호 이해의 노력을 기울이면 이러한 차이는 충분히 조화로 이어질 수 있다.

결국 두 사람은 가족의 안정과 미래 행복이라는 공통된 목표를 향해 나아가고 있다는 점에서 출발점이 같다. 중요한 것은 서로의 차이를 존중하고, 공동의 목표 아래에서 최선의 선택을 함께 모색하는 것이다.

만약 지금까지 부동산 투자에 대한 합의가 전혀 이루어지지 않았다면 우선 신중하게 공부하고 시장 조사를 통해 확신을 먼저 만드는 것도 좋은 방법이다. 막연한 기대보다는 실질적인 정보를 바탕으로 신뢰를 쌓는 과정이 파트너를 설득하는 데 큰 도움이 된다.

부동산은 주식이나 암호화폐처럼 단기 급등락이 반복되는 자산이 아니기 때문에, 장기적 관점에서 안정적인 투자 실행이 가능하다. 그래서 한 번의 실전 경험이 열 번의 이론 공부보다 훨씬 더 깊은 통찰을 제공할 수 있다. 두 사람이 서로의 성향과 가치관을 존중하며 조화로운 방향을 찾아갈 수 있을 때, 비로소 진정한 의미 있는 여정이 시작된다. 투자 성과뿐만 아니라 관계의 신뢰와 함께 성장하는 경험이야말로 이 여정의 가장 큰 결실이 될 것이다.

주택 보유 수에 따라 투자 전략이 달라진다

부동산 투자 전략을 수립할 때 가장 먼저 점검해야 할 핵심 요소는 현재 보유하고 있는 주택의 수다. 부동산 투자에서 주택 수는 투자 전략의 기본 기준이 되며 1주택자, 2주택자, 3주택 이상을 보유한 다주택자는 각자 다른 접근 전략이 필요하다.

이 장에서는 초보 투자자들이 개인 상황에 맞는 구체적인 전략을 설계할 수 있도록 1주택자·2주택자가 단계별로 고려해야 할 세금, 매수·매도 타이밍, 보유 전략 등을 상세히 다룰 예정이다.

1주택자, 비과세 혜택을 중심으로 안정적 투자하기

1주택자라면 추가 부동산 매수에 급급하기보다는 현재 보유 자산을 더욱 효율적으로 활용하는 전략에 집중하는 것이 현명할 수 있다. 특히 현재 소유한 주택이 양도소득세 비과세 요건을 충족한다면 이를 매도하고 향후 가치 상승이 예상되는 지역으로 이주하는 방식은 세금 부담을 줄이면서 자산가치를 높일 수 있는 좋은 방법이 된다. 이른바 똘똘한 한 채로 갈아타기 전략이다.

이러한 전략을 실행할 때는 부동산 시장 동향과 금리 상황을 종합적으로 분석해야 한다. 매도 시기는 매수 수요가 높은 시점을 노려야 하며, 금리 인상기에는 기존 변동금리 대출을 고정금리로 전환하거나 조기 상환하는 것도 좋은 대안이다. 특히 최근과 같은 금리 변동 기조에서는 이자 부담이 전체 재무계획에 미치는 영향이 크므로 대출 구조를 전략적으로 조정하는 것이 중요하다.

1주택자에게 유용한 대출제도 중 하나인 보금자리론은 2025년 기준 시가 6억 원 이하 주택을 대상으로 하며 무주택자뿐만 아니라 3년 이내 기존 주택을 처분하는 1주택자도 이용이 가능하다. 일반 가구는 최대 3.6억 원까지 다자녀·전세사기 피해자 또는 생애 최초 주택 구매자는 최대 4.2억 원까지 대출받을 수 있다. 연소득 요건은 가구 형태에 따라 다르게 적용되며 신혼부부, 장애인, 한부모가구 등은 최대 1.0%까지 금리 인하 혜택을 받을 수 있다. 2025년 5월 기준 보금자리론 금리는 최저 2.65%에서 최고 4.05% 수준으로 민간 대출 상품보다 상대적으로 안정적인 금리를 제공한다.

또한 보금자리론은 중도상환수수료가 면제되고 총부채원리금상환비율(DSR) 규제도 적용되지 않아 재정적 부담이 적다. 다만 서울 강남구, 서초구 등 조정대상지역에서는 실수요자가 아닐 경우, LTV와 DTI가 각각 10%씩 줄어들므로 사전에 한국주택금융공사나 금융기관을 통해 정확한 자격 요건을 확인해야 한다.

1주택자에게 청약도 또 다른 전략적 선택지가 될 수 있다. 많은 사람들이 청약은 무주택자만의 영역이라 오해하지만 실제로 1주택자도 민간분양 일반공급에 청약할 수 있다. 특히 2023년 1·3 부동산 대책 이후 서울 대부분 지역이 비규제지역으로 전환되면서 1주택자의 청약 당첨 가능성이 크게 확대되었다. 전용면적 85㎡ 이하 민영주택은 가점제 40%와 추첨제 60%가 병행되고 전용면적 85㎡ 초과 주택은 100% 추첨제로 운영된다. 다만 추첨제는 여전히 무주택자에게 우선 배정되므로 1주택자는 남은 물량에 한해 당첨 기회를 얻게 된다.

추첨제 구조와 규제지역 여부에 따라 청약 당첨 확률이 크게 달라질 수 있으므로 지역별 제도 차이를 자세히 파악하는 것이 중요하다. 특히 투기과열지구의 경우 1주택자의 당첨 가능성이 낮기 때문에 상대적으로 규제가 완화된 지역을 중심으로 전략을 수립해야 한다.

한편 주택 갈아타기나 청약 외에도 현재 보유 중인 주택의 가치를 높이는 전략 또한 효과적이다. 대표적인 방법이 바로 리모델링이다. 실내 공간이나 외관을 개선하면 거주 만족도를 높이는 동시에 향후 매도 시 주택의 시장 경쟁력도 자연스럽게 향상된다. 특히 교통망 확충이나 도시재생 사업 등 개발 호재가 있는 지역이라면 리모델링은 투자 대비 효과가 매우 큰 선택이 될 수 있다.

부동산 세제 혜택을 고려한 일시적 2주택 전략 역시 충분히 활용할 만하다. 2025년 기준으로 새 주택을 구입한 후 주택 위치와 상관없이, 3년 이내에 기존 주택을 팔면 양도소득세 비과세 혜택을 받을 수 있다. 단, 기존 주택을 1년 이상 보유한 후에 신규 주택을 구매해야 하며, 기존 주택이 조정대상지역에 있다면 추가로 2년 이상 보유 및 거주 조건을 충족해야 한다. 이 제도를 통해 주거지를 한 단계 높이면서도 세금 부담을 줄일 수 있는 기회가 열리는 셈이다.

더불어 수익형 부동산이나 소형 아파트에 대한 투자도 검토해볼 만하다. 다만 이러한 부동산은 입지, 임대 수요, 공실률, 유지비용 등 다양한 요소를 사전에 철저히 분석해야 하며, 금리 부담과 세금까지 종합적으로 계산한 뒤에 투자 여부를 결정해야 한다.

결국 1주택자의 부동산 전략은 '한 채를 얼마나 현명하게 활용하느냐'에 따라 달라진다. 단순히 집을 보유한 채 관망하는 것보다 더 나은 입지로 이동하거나 청약·리모델링·수익형 부동산을 활용해 자산을 유연하게 운용하는 것이 장기적인 자산 증식에 도움이 된다. 중요한 것은 정책과 시장 흐름을 꾸준히 모니터링하며 자신에게 맞는 전략을 수립하고, 철저한 사전 준비를 통해 손실 없이 기회를 포착하는 것이다.

2주택자, 중과세를 피하는 전략적 포트폴리오 관리법

현재 2주택자들은 부동산 세제의 복잡한 경계에 위치해 있다. 정부는 다주택자에 대해 양도소득세, 종합부동산세, 취득세뿐만 아니라 대출 규제까지 다각도로 차등 적용하고 있다. 특히 과거에는 조정대상지역 내 주택 매도 시 2주택자에게 20%, 3주택자에게 30%의 중과세율이 적용되었으나 현재는 2026년 5월 9일까지 한시적으로 이 중과세가 유예되어 기본세율(6~45%)만 적용되고 있다. 이는 다주택자들에게 전략적 매도 기회를 제공하면서 동시에 자산 관리 방향을 재설정해야 할 필요성을 시사한다.

종합부동산세 역시 세심한 접근이 필요하다. 1세대 1주택자는 공시가격 합계가 12억 원을 초과하면 과세 대상이 되지만 다주택자(2주택 이상 보유자)는 9억 원을 넘으면 과세가 시작된다. 다행히 조정대상지역 다주택자에 대한 중과세는 폐지되어 현재는 일반세율(0.5~2.7%)이 적용되고 있다. 비조정대상지역의 공시가격 4억 원 이하 주택은 주택 수 계산에서 제외될 수 있어 전략적 분산 보유를 통해 종부세 부담을 줄이는 방법도 가능하다.

취득세 역시 변화의 흐름에 있다. 조정대상지역 2주택자에게 부과되던 8%의 중과세는 2024년 폐지되었고, 3주택 이상 보유자에 대한 세율도 12%에서 6%로 인하되었다. 이처럼 세법의 변화는 빠르게 진행되고 있으며, 투자자는 이러한 흐름을 정확히 이해하고 실수요와 투자용 자산을 명확히 구분한 뒤 체계적으로 대응해야 한다.

현시점에서 가장 효과적인 절세 전략 중 하나는 일시적 2주택 특례의 활용이다. 이 제도를 통해 새 주택을 먼저 매수하고 일정 기간 내 기존 주택을 처분하면 1세대 1주택자로 간주되어 양도세 비과세 혜택을 받을 수 있다. 모든 지역에서 3년 이내, 조정대상지역에서는 2년 이내 기존 주택을 매도해야 하며 종전 주택은 2년 이상 보유(조정지역은 실거주 포함)해야 한다는 조건이 필요하다.

예를 들어, 서울(비조정지역)에 8억 원짜리 주택을 보유한 A씨가 부산에 5억 원짜리 주택을 새로 매입했다면, 3년 이내에 기존 주택을 매도하면 중과세를 면제받고 2년 이상 보유 요건을 충족한 경우, 양도차익 12억 원까지 비과세 혜택을 받을 수 있다. 단, 기존 주택 취득 후 1년이 경과한 이후에 신규 주택을 매입해야 하며, 처분 순서도 중요하다. 기존 주택을 먼저 매도해야만 비과세 및 중과세 면제 혜택을 유지할 수 있기 때문이다. 이러한 일시적 2주택 특례는 양도세뿐만 아니라 취득세와도 밀접하게 연결되어 있다. 신규 주택취득 시 특례 요건을 충족하면 기본 세율이 적용되지만, 처분 기한을 넘기면 추징 대상이 될 수 있어 신중한 계획이 필요하다.

절세와 자산가치 유지를 위한 또 다른 전략은 비규제지역 투자다. 2025년 기준 대구, 광주, 지방 중소도시와 읍·면 지역은 대부분 조정대상지역에서 해제된 상태다. 이 지역에 주택을 추가 매입할 경우, 중과세 없이 취득세는 1~3%로 유지되며 종부세 역시 피할 수 있다. 예를 들어 서울에 주택을 보유한 B씨가 광주에 2억 원대 주택을 추가로 매입한다면 세 부담 없이 투자 포트폴리오를 확대할 수 있다. 다만 수요가 낮은 지역일수록 자산가치 상승이 제한될 수 있으므로 신중한 시장 분석이 필요하다.

보유 기간 전략 역시 반드시 고려해야 할 요소다. 단기 보유(1년 미만) 시 양도세율은 70%, 1~2년은 60%에 달하므로 최소 2년 이상 보유해 기본세율을 적용받는 것이 바람직하다. 장기보유특별공제(최대 80%) 혜택을 고려한다면 3년 이상 실거주 및 보유를 목표로 삼는 것이 좋다. 예를 들어, C씨가 2025년에 매입한 주택을 2년 후 매도하면 기본세율을 적용받아 약 20%의 세금 부담을 줄일 수 있다.

다만 조정대상지역이라면 2년 거주 요건이 충족되어야 하므로 미리 거주계획을 세우는 것이 중요하다. 부동산 세법은 복잡하고 자주 바뀌기 때문에 반드시 전문가의 조언을 구해야 한다. 세무사나 부동산 전문가와 상담해 매입, 보유, 매도 각 단계의 예상 세금과 절세 전략을 수립하고 국세청 홈택스 계산기로 세 부담을 시뮬레이션해보는 것도 현명한 접근 방법이다. 상담 비용을 아끼다가 더 큰 손실을 볼 수 있으므로, 전문성 있는 조언을 적극적으로 활용하는 자세가 중요하다.

결국 2주택자는 단순한 매수와 매도를 반복하는 투자자가 아니라 세금까지 고려하는 전략적 운용자가 되어야 한다. 일시적 2주택 특례의 기한을 정확히 파악하고 비규제지역 분산 투자와 장기보유 전략을 함께 추진하며, 전문가 자문을 바탕으로 전체 포트폴리오를 관리해야 한다. 이것이 중과세를 피하고 안정적인 자산을 지키는 가장 현실적이고 효과적인 방법이다.

CHAPTER 04

부린이에서 수익 창출하는 부동산 투자자로 살아가기

자신만의 원칙을 만든 투자자만이 부동산 시장에서 성공할 수 있다

부동산에 첫발을 내딛는 초보자들은 종종 숙련된 투자자들이 안정적으로 수익을 창출하는 모습을 보며 자신도 경제적 자유를 이룰 수 있을지 고민하게 된다. 부동산 투자는 누구에게나 매력적으로 보이지만 사전 준비 없이 무작정 시작하면 예상치 못한 위험에 쉽게 빠질 수 있다.

성공적인 부동산 투자는 우연히 이루어지지 않는다. 철저한 준비와 시장에 대한 깊은 이해, 그리고 자신의 상황에 맞는 명확한 투자 원칙을 세우고 이를 꾸준히 실천할 때 비로소 성과가 나타난다. 특히 부동산에 처음 입문하는 투자자는 시장 분위기나 일시적 유행에 휩쓸리기보다 스스로 판단 기준을 세우고, 장기적인 관점에서 투자 방향을 설정하는 것이 무엇보다 중요하다.

이번에는 이러한 투자 철학을 어떻게 정립하고 부동산 초보자가 단계적으로 투자 경험을 쌓으며 성공적인 수익 구조를 만들어갈 수 있는지, 그 구체적인 전략과 실천 방안을 함께 살펴보고자 한다. 초보자도 충분히 자신만의 투자 기준을 세워 꾸준한 수익을 실현할 수 있으며, 그 시작은 바로 올바른 원칙과 계획에서 비롯된다는 점을 명심해야 한다.

진정한 최고의 투자는 가장 저렴한 가격에 최상의 가치를 얻는 것이다

부동산 투자에서 성공의 핵심은 실제 가치에 비해 저렴하게 매입하는 것에 있다. 이는 단순히 값싼 부동산을 선택하는 것이 아니라 미래에 가치가 크게 상승할 잠재력이 있는 자산을 현재 시장가격보다 낮게 구매하는 전략을 의미한다. 부동산 투자의 궁극적인 목표는 당연히 수익 창출이다.

투자로 이익을 얻기 위해서는 무엇보다 저렴하게 부동산을 매수하는 것이 첫 단계다. 부동산 투자에 입문하는 초보자라면 꼭 기억해야 할 원칙은 최고의 투자는 가장 저렴하게 매수하는 것이다. 이는 단순히 낮은 가격에만 집중하라는 의미가 아니라, 합리적인 가격으로 가치 있는 부동산을 확보하는 데 있다. 이를 위해서는 우선 시장을 꿰뚫는 통찰력과 철저한 준비가 필수다.

부동산을 가장 저렴하게 매수하는 방법은 급매물, 미분양 할인아파트, 경매·공매 물건 등을 발굴하는 것이다. 부동산을 싸게 매수해야 하는 이유는 부동산 시장이 하락해 매수가격보다 시세가 떨어지더라도 금리 상승으로 이자 부담이 커질 때 다른 투자자들보다 더 안정적으로 버틸 수 있기 때문이다. 이러한 여유를 확보한다면 부동산 시장의 흐름을 지켜보며 매도 시기를 기다릴 수 있다. 부동산 투자는 시세보다 저렴하게 매입할 수 있다면 이미 초기 단계에서부터 다른 이들보다 높은 매매차익을 얻을 수 있다.

우선 가장 저렴하게 매수하려면 먼저 시장을 철저히 이해해야 한다. 부동산은 지역, 계절, 경제 상황에 따라 가치가 변동하기 때문에 같은 지역이라도 도로 개통, 학교 신설, 대형 쇼핑몰 건립 등으로 인해 특정 지역의 가격이 급격히 상승할 수 있다. 따라서 투자를 계획하는 지역의 시장 동향을 꾸준히 파악하고 가격 변동의 원인을 분석하는 습관을 기르는 것이 중요하다. 이는 인터넷 부동산 플랫폼, 공인중개사 상담, 부동산 시장 리포트 등 다양한 채널을 통해 가능하다.

다음으로 중요한 것은 매수 시기다. 일반적으로 시장이 과열되었을 때는 매수를 자제하고 시장이 안정되거나 하락기에 접어들었을 때 매수하는 것이 유리하다. 이는 심리적으로 쉽지 않은 결정일 수 있다. 많은 사람들은 가격이 오를 때 안정감을 느끼고 하락기에는 불안감을 느끼기 때문이다. 현명한 투자자는 대중의 심리와 반대로 행동한다. 가격이 하락해 시장이 침체되었을 때야말로 저평가된 부동산을 매수할 절호의 기회라는 점을 명심해야 한다. 저렴하게 매수한다는 것은 단순히 가격이 낮은 매물을 찾는 것이 아니라 매물의 잠재적 가치를 발견하고 현재 시장가격보다 미래가치를 고려한 매수를 의미한다. 낡고 오래된 집이더라도 주변 개발계획이 있거나 입지가 뛰어나다면 시간이 지나면서 높은 가치를 창출할 수 있다.

반대로 아무리 가격이 싸도 범죄율이 높거나 인프라가 부족한 지역의 부동산은 가치 상승 가능성이 작다. 따라서 단순히 싼 가격이 아니라 합리적인 가격에 가치 있는 자산을 매수하는 것이 중요하다.

또한 부동산을 저렴하게 매입할 때 또 다른 핵심은 협상 능력이다. 부동산은 고정된 가격이 없는 상품이기 때문에 매도자는 높은 가격을, 매수자는 낮은 가격을 원한다. 이 과정에서 협상력이 핵심적인 역할을 하며 효과적인 협상을 위해서는 부동산 정보, 지역 시세, 매도자의 상황 등을 철저히 분석해야 한다. 매도자가 신속한 매각을 원하는 경우 합리적이고 신속한 제안을 통해 유리한 조건을 이끌어낼 수 있으므로, 차분하고 논리적인 대화 태도를 유지하는 것이 중요하다.

부동산을 저렴하게 매입하려면 감정에 휘둘리지 않는 냉철한 판단력이 핵심이다. '집이 예쁘다', '지역이 트렌디하다', '주변에 새 아파트가 들어선다'와 같은 감성적 요인에 휩싸여 쉽게 투자 결정을 내리곤 한다.

그러나 이런 감정적 접근은 가격 협상 실패나 잘못된 투자로 이어질 수 있다. 따라서 지역별 시세, 수익률, 개발계획 등 데이터와 논리에 기반한 분석을 토대로 결정을 내리고 사전에 설정한 예산과 투자 기준을 엄격히 준수해야 한다.

부동산 매수 시에는 매수가격 외에 발생하는 숨겨진 비용을 반드시 고려해야 한다. 리모델링 비용, 취득세, 재산세, 종합부동산세, 중개수수료, 관리비 등 예상치 못한 지출 항목들이 많다. 따라서 단순히 매수가격만 보고 판단하기보다는 총비용을 사전에 꼼꼼히 계산해서 부동산의 진정한 투자 가치를 정확히 판단해야 한다.

부동산 투자의 전문성은 단기간에 습득하기 쉽지 않다. 초보자라면 단독주택, 소형 아파트, 경매 부동산 같은 소규모 투자부터 시작해 경험을 쌓는 것이 현명하다. 부동산 관련 서적, 온라인 강의, 세미나, 부동산 데이터 플랫폼과 전문가 커뮤니티 등을 통해 지속해서 학습하며 시장 이해도를 높여야 한다. 이러한 노력을 통해 투자 경험이 쌓일수록 협상력, 분석 능력, 시장 판단력은 자연스럽게 향상될 것이다.

정부 정책을 잘 파악하면 수익 창출하는 기회를 찾을 수 있다

부동산 투자에서 정부의 정책은 성공을 좌우하는 중요한 요소다. 정부의 부동산 정책을 꼼꼼히 분석하고 그 영향을 깊이 이해해야만 높은 투자 수익을 얻을 수 있다. 우리나라 정부는 부동산 시장의 안정과 균형을 위해 세금, 대출, 공급 정책 등을 지속해서 조정하고 있으므로 투자자는 정책 발표를 세심하게 확인하고 이를 투자 전략에 즉각 반영해야 한다. 부동산 투자자는 정부 정책 변화를 자세히 주목해야 한다.

정책에 따라 취득세, 양도소득세, 재산세 등의 세금 부담이 크게 달라질 수 있다. 예를 들어, 규제 강화로 세율이 인상되거나 면제 조건이 축소되면 투자 수익은 급격히 줄어들 수 있다. 다주택자에 대한 양도소득세 중과세를 간과하고 매수하면 예상치 못한 막대한 세금 부담으로 재정적 손실을 입을 수 있다.

우리나라 부동산 정책은 대통령 선거에 따른 정권 교체기마다 과거부터 규제와 완화를 끊임없이 반복해왔으며, 이는 경기 여건와 정권의 부동산 정책 기조에 따라 유동적으로 변화한다. 경기가 과열되면 대출 규제나 세금 강화를 통해 시장을 진정시키고 침체되면 세제 혜택이나 대출 완화로 시장을 활성화한다.

정부의 부동산 정책은 투자 방향을 결정하는 결정적 요소이므로 정책 발표를 치밀하게 검토하고 분석하면 새로운 투자 기회를 발견할 수 있다. 정부 정책은 주로 주거 안정, 시장 균형, 경제 성장 지원을 목표로 하며 매수자, 매도자, 임대인, 임차인 모두에게 직접적인 영향을 미친다.

규제 강화 시 매수 수요가 감소해 가격 하락 기회가 생길 수 있고, 규제 완화 시 투자 기회가 확대될 수 있다. 따라서 정책의 핵심 내용과 심층적 배경을 이해하면 자신의 투자 전략을 더욱 효과적으로 조정할 수 있다.

부동산 정책은 크게 세금, 대출 규제, 주택 공급, 임대차보호로 구분되며, 각 정책은 투자자에게 상이한 영향을 미친다. 정부는 취득세, 양도소득세, 재산세, 종합부동산세 등 세금 정책을 통해 부동산 거래를 정교하게 조정한다. 세율 변동이나 면제 조건을 전략적으로 활용하면 세금 부담을 최소화하고 투자 수익률을 높일 수 있다.

1세대 1주택자는 2025년 기준으로 양도가액 12억 원 이하인 주택을 2년 이상 보유하고 거주(조정대상지역)하면 양도소득세를 전액 면제받을 수 있다. 대출 정책 역시 투자에 결정적 영향을 미치는데, LTV와 DTI 같은 규제는 자금 조달 능력을 좌우하는 핵심 요소다.

정부는 주택 공급 확대를 위해 재개발, 재건축, 공공임대주택 공급 등을 적극적으로 추진하며, 이는 특정 지역의 부동산 가치에 직접적인 영향을 미친다. 전월세상한제와 계약갱신청구권 같은 임차인 보호 정책은 임대수익을 제한할 수 있다. 부동산 시장은 정부 정책에 매우 민감하므로 초보 투자자는 정책 변화를 예의주시하고 그 영향을 사전에 분석해 투자 전략을 수립해야 한다.

부동산 관련 뉴스, 국토교통부 발표 자료, 아실·네이버페이 부동산·호갱노노 등 부동산 플랫폼을 정기적으로 확인하고 전문가의 부동산 세미나, 유튜브 채널, 부동산 고수의 카페 등 시장 분석을 참고해 정책 변화의 미세한 신호를 읽는 능력을 키우면, 시장에서 유리한 위치를 선점할 수 있다. 또한 정부는 주택청약, 디딤돌대출 같은 저금리대출, 1주택자 세제 혜택 등 다양한 지원 프로그램을 운영하므로 초보 투자자는 이를 적극적으로 활용해 초기 자금 부담을 크게 줄일 수 있다.

부동산 투자에서 지역별 정책 차이를 철저히 분석하는 것은 매우 중요하다. 정부 정책은 전국적으로 일괄 적용되지만, 대부분 해당 지역의 특성에 맞춰 조정대상지역, 투기과열지구, 비규제지역 등으로 세분화되어 각기 다른 규제가 적용된다. 가령 투기과열지구에서는 LTV(담보인정비율)가 낮아 대출이 까다롭지만, 비규제지역에서는 대출 한도가 더 여유롭다. 초보 투자자들은 이러한 미묘한 차이를 정확히 파악하고 자신의 투자 목표에 부합하는 지역을 전략적으로 선택해야 한다.

정부의 부동산 정책은 단기적으로 시장 변동성을 초래할 수 있지만,

장기적으로는 시장 안정과 주거 복지 개선을 목표로 설계된다. 정부 정책의 단기적 변동에 흔들리지 않고 장기적이고 체계적인 투자 계획을 수립하는 것이 핵심이다. 예를 들어, 규제가 엄격한 시기에는 매수 수요 감소로 가격이 하락할 수 있으므로 매수 기회를 노리고, 규제가 완화된 시기에는 가격 상승을 활용해 매도 시점을 신중히 결정하는 유연한 전략이 필요하다.

초보 투자자들은 국토교통부 발표나 부동산 플랫폼을 통해 정책 동향을 자세히 추적하고 시장 흐름을 분석해야 한다. 특히, 정부의 주택 공급 확대정책과 1주택자 양도소득세 비과세 등 세제 혜택을 전략적으로 활용하면 초기 투자 비용을 절감하고 안정적인 수익을 창출할 수 있다.

부동산 시장은 경기와 정책 변화에 민감하게 반응하지만, 정부 정책을 정확히 이해하고 이를 투자 전략에 능동적으로 반영하는 능력이 성공의 관건이다. 초보 투자자들은 정책 발표를 꼼꼼히 모니터링하고 세제 혜택이나 대출 조건 변화를 활용해 매수·매도 타이밍을 유연하게 조정하며 시장 기회를 포착해야 한다.

분산 투자는 투자 위험을 최소화하는 가장 효과적인 전략이다

'계란을 한 바구니에 담지 마라'는 격언은 투자 세계의 오랜 철학으로, 집중 투자의 위험성을 경고한다. 이 원칙은 1981년 노벨경제학상 수상자 제임스 토빈(James Tobin) 교수의 포트폴리오 선택이론과 맥을 같이하며, 주식뿐만 아니라 부동산 투자에서도 반드시 적용되어야 할 핵심 전략이다. 부동산 시장은 지역, 유형, 글로벌 경제 흐름에 따라 민감하게 반응한다. 특히 2024~2025년 글로벌 금리 인상과 경제 불확실성이 맞물리면서 해외 부동산 펀드들이 대규모 손실을 기록했고, 국내에서도 수도권과 지방, 주거용과 상업용 자산 간 수익률 격차가 뚜렷하게 나타났다.

이는 특정 자산에 집중했을 때 발생할 수 있는 투자 위험을 여실히 보여준 사례다. 이런 상황에서 분산 투자는 선택이 아닌 필수 전략으로 부상했다. 수도권 아파트 가격이 하락할 때 지방 소형 상가나 오피스텔이 안정적인 수익을 제공하는 것처럼 자산 간 상관관계가 낮을수록 포트폴리오의 전체 수익률은 더욱 안정적으로 유지될 수 있다.

다양한 유형의 자산에 분산 투자하면 한쪽 시장의 하락이 전체 자산에 미치는 영향을 최소화할 수 있다. 분산의 범위는 단순히 지역 구분에 그치지 않는다. 주거용·상업용·산업용 부동산은 각각 고유의 수익 구조와 위험 특성을 가지고 있어 서로 다른 자산 간 수익 보완 효과가 발생할 수 있다. 또한 토지, 리츠, 부동산 펀드 등 간접투자 수단을 활용하면 투자 접근성과 유동성을 높이면서도 위험을 분산할 수 있다.

최근 지역별 부동산 시장의 양극화가 심화되고 상업용 부동산의 수익 구조 불확실성도 커지고 있다. 따라서 대규모 자금을 한 번에 투입하기보다는 소액으로 시작해 투자 지역과 자산 유형에 대한 이해를 점진적으로 넓혀가는 것이 훨씬 안전하고 현명한 접근법이다. 무엇보다 중요한 것은 개인의 투자 성향에 맞는 기준을 설정하고 감정에 휘둘리지 않고 정기적으로 포트폴리오를 점검하는 습관을 기르는 것이다.

이처럼 분산 투자는 단순히 위험을 줄이는 수단을 넘어 장기적으로 수익성과 안정성을 동시에 추구할 수 있는 핵심 전략이다. 장기적 관점에서 분산 투자는 부동산 투자자라면 누구나 실천해야 할 기본 원칙이다. 초보 투자자든 숙련된 자산가든 시장의 불확실성에 흔들리지 않고 꾸준한 수익을 추구하려면 포트폴리오 다각화는 필수적이다. 다양한 자산을 적절히 배분하고 정기적으로 시장을 점검하며 개인만의 투자 원칙을 확립해나간다면 어떤 시장 변화 속에서도 흔들리지 않는 강건한 투자 역량을 갖출 수 있을 것이다.

현재가 아니라 미래의 잠재력에 초점을 맞춰 투자하라

2025년 부동산 시장은 금리 변동과 정책 변화로 인해 변동성과 불확실성이 높아지면서 투자 수익과 위험이 동시에 증대되고 있다. 따라서 이러한 상황에서는 철저한 시장 분석과 분산 투자와 같은 신중한 전략이 그 어느 때보다 중요해지고 있다.

부동산 투자로 수익을 얻는 방법은 크게 2가지로 나눌 수 있다.
첫째, 월세와 같은 임대수익으로 상가, 오피스텔, 지식산업센터 등의 수익형 부동산이 대표적이다.
둘째, 부동산 매각 시 발생하는 차익인 매각수익으로 미래가치가 높은 자산에 투자해 장기적으로 수익을 극대화하는 방식이다.
많은 초보 투자자는 임대수익이나 단기 매각수익과 같은 즉각적인 이익에 집중하는 경향이 있다. 이것으로 인해 현재의 수익은 적더라도 미래가치가 높은 부동산, 예를 들어 재개발 예정 지역의 아파트나 신도시 내 토지에 투자할 기회를 놓치기 쉽다. 반면, 성공적인 대형 투자자들은 현재의 임대수익보다 미래가치가 높은 부동산에 초점을 맞춘다.
여기서 말하는 미래가치란, 단기 변동성에 흔들리지 않고 장기적으로 상승할 잠재력을 가진 부동산 즉 신도시개발지역이나 재건축이 가능한 아파트 등을 의미한다. 이러한 미래가치를 분석하기 위해서는 지역개발계획, 인프라 확충, 인구 유입 등을 조사해야 하며, 이러한 심층

분석을 바탕으로 투자하는 것이 성공적인 부동산 투자의 핵심이다.

  최근 부동산 시장의 트렌드를 분석할 때 미래가치가 높은 부동산을 선별하기 위해서는 몇 가지 중요한 요소를 자세히 검토해야 한다.

  첫째, 정부 정책과 개발계획에 주목해야 한다. 정부는 주택 공급 확대, 재건축·재개발 활성화, 교통망 개선 등을 통해 특정 지역의 발전 잠재력을 제시한다. 실제로 서울 강남권의 재건축 및 재개발, 수도권 광역급행철도(GTX) 사업, 3기 신도시 조성은 해당 지역 부동산 가치를 크게 끌어올린 대표적인 사례다. 이러한 대규모 개발계획은 정부의 공공자료, 보도자료, 지자체 도시계획을 통해 미리 파악할 수 있다.

  둘째, 교통망과 도심 접근성에 세심한 주의를 기울여야 한다. 서울 같은 대도시에서 교통 인프라 확장은 부동산 가치를 결정짓는 핵심 요소다. 특히 GTX, 도시철도 연장·신설 등은 외곽지역의 주거 매력도를 높이고 부동산 가격 상승을 직접적으로 견인하고 있다.

  셋째, 친환경 및 스마트시티 트렌드 역시 미래가치를 판단하는 중요한 지표다. 에너지 효율이 높은 건축물, 재생에너지 활용 시스템, IT 기술과 융합된 스마트 인프라는 향후 수요와 가치 상승 잠재력이 높다. 서울시의 탄소중립 도시 조성계획, 리모델링 지원 사업, 스마트시티 실증단지 조성 등이 대표적인 예다. 친환경과 기술 융합 요소가 반영된 부동산은 미래 수요층의 요구와 맞물려 장기적 성장 가능성이 크다.

  넷째, 금리와 경기 흐름 등 경제 지표를 세심하게 분석해야 한다. 금리는 부동산 수요와 직접적으로 연결되는 요소로 금리 인상 시 대출 부담이 커져 시장 수요가 위축되고 반대로 금리 인하 시 대출이 쉬워져 시장이 활성화되는 경향이 있다. 특히 최근과 같이 불확실성이 높은 시기에는 한국은행의 기준금리 동향, 물가, 고용지표 등을 종합적으로 고려해 투자 시점을 결정하는 것이 중요하다.

 종합하면 정책 방향, 교통 접근성, 스마트·친환경 요소, 경제 흐름이라는 4가지 핵심축을 바탕으로 부동산 투자자 본인이 다양한 분석 도구를 통해 부동산의 미래가치를 여러 가지로 분석해야 한다. 이러한 기준을 체계적이고 꼼꼼하게 적용한다면 단기 변동성에 흔들리지 않고 장기적으로 안정적인 수익을 기대할 수 있다.
 부동산 투자에서 주거 트렌드의 변화는 매우 중요한 고려 요소다. 최근 몇 년간 1인 가구 증가, 소형 아파트 선호, 전원주택 수요 확대 등의 특징적인 변화가 두드러졌다. 특히 1인 가구의 급증은 소형 아파트와 원룸형 오피스텔 같은 소형 주거 공간에 대한 수요를 크게 늘렸고, 코로나19 이후 재택근무가 일상화되면서 도심 외곽의 전원주택이나 넓은 평형대에 관한 관심도 동시에 높아졌다. 이러한 흐름은 일시적인 현상이 아니라 앞으로도 지속될 중장기적인 주거 트렌드로 자리 잡고 있어 부동산 투자자들은 이러한 변화에 맞는 전략을 수립해야 한다.

 미래가치가 높은 부동산은 대개 인구와 소득이 꾸준히 증가하고 교통, 교육, 편의시설, 공원 등의 인프라가 지속해서 확충되며 국토계획과 도시 개발이 활발한 지역에 위치한다. 이런 지역에서는 대지지분이 넓고 지가가 꾸준히 상승해 자본수익과 임대수익을 동시에 얻을 수 있는 복합 수익형 부동산이 선호된다.
 아파트는 실제 주거 목적의 실수요를 기반으로 하면서 동시에 투자 수단으로써의 역할도 한다. 주거환경의 쾌적함과 편의성은 소비자에게 제공되는 사용가치 또는 주거 만족도로 작용하며, 이는 곧바로 매매가와 임대료에 반영된다. 예를 들어 교육여건, 교통 접근성, 생활편의시설, 녹지공간 등이 우수한 지역일수록 주거 선호도가 높고 집값도 상대적으로 높게 형성된다. 강남, 용산, 여의도, 판교, 과천 등이 대표적인 사례. 하지만 아파트의 투자 가치를 정확히 평가하기 위해서는 단순히 주거환경만 살펴보는 것으로는 충분하지 않다.

  건물은 시간이 경과함에 따라 가치가 감소하므로 장기적으로 집값을 결정하는 핵심은 토지가치, 즉 대지지분과 그 상승 가능성이다. 등기부 등본상 대지지분, 공시지가 변동률, 인근 단지와의 비교, 지역 내 대표 아파트의 시세 흐름 등을 종합적으로 분석해야 진정한 내재가치를 판단할 수 있다.

  결국 투자자는 살기 좋은 집과 사기 좋은 집을 명확히 구분할 수 있어야 한다. 성장 잠재력이 높고 도시 구조가 상향적으로 변화할 가능성이 많은 지역에 위치한 아파트는 장기적으로 자산가치가 상승할 가능성이 크다. 자본수익과 임대수익을 동시에 기대할 수 있는 아파트만이 진정한 미래가치를 지닌 복합 수익형 부동산이 된다.

수익 창출의 필수조건인 부동산 입지 4가지 분석하기

부동산은 이동이 불가능한 고정 자산이기에 입지(Location)가 투자의 성공과 실패를 결정짓는 가장 핵심적인 요소로 꼽힌다. 건물의 구조와 내부 시설이 아무리 우수하더라도 입지가 좋지 않으면 실수요자와 임차인 모두에게 외면받기 쉽다.

최근 몇 년간 정부의 연이은 규제와 금리 변동, 공급 조정 등으로 부동산 시장이 전반적으로 조정기 또는 침체기에 접어들었지만, 여전히 일부 지역은 견고한 수요와 개발 호재를 바탕으로 상승세를 이어가고 있다. 이는 입지의 중요성을 다시 한번 명확히 보여주는 사례라고 할 수 있다.

이번 장에서는 초보자도 쉽게 이해할 수 있도록 실제 아파트 입지 분석에서 반드시 점검해야 할 핵심 요소들을 하나씩 상세히 다루며, 이상적인 투자 입지를 어떻게 선별해야 하는지 구체적인 기준과 실전 사례를 통해 알아보고자 한다. 이를 통해 누구나 막연한 직감이 아닌, 체계적이고 합리적인 기준에 따라 아파트 입지를 평가하고 더욱 신중하고 성공적인 부동산 투자를 실현할 수 있을 것이다.

교통과 일자리는 서로 긴밀하게 연계되어야 한다

먼저 교통은 일자리와 주요 생활 중심지에 쉽게 접근할 수 있어야 한다. 한국에서는 일자리가 가장 많은 강남까지 얼마나 빨리 도달할 수 있는지가 수도권 교통망의 핵심적인 평가 기준이 되고 있다.

사람들이 원하는 것은 단순히 역이나 버스 정류장과 가까운 것이 아니라 실제로 주요 업무지구와 생활 편의시설까지 이동 시간이 짧은 지역이다. 서울에서는 수서, 동탄 등 GTX 노선과 같은 대규모 교통망 확장이 부동산 가치를 재편하고 있다. 수도권 일부 지역(동탄, 운정, 성남 등)에서는 GTX 노선 개통 이후 역세권 아파트 가격이 10~20% 이상 상승한 사례가 있다.

주택의 여러 조건 중 실제 거주 측면에서 사람들이 가장 중요하게 여기는 것이 바로 교통의 편리성이다. 강남은 대부분 지역에서 지하철역과 버스 정류장 접근성이 매우 우수하며 도로망도 잘 구축되어 있다. 단순히 강남이라서 혹은 부자가 많고 교통이 편리해졌다고 단정 지어서는 안 된다.

강남은 기업체가 많고 거주인구가 많기에 교통의 필요성이 점점 더 커졌다. 강남이 발달해서 교통이 좋아진 것이 아니라 교통 발전이 불가피한 환경이었다. 교통의 편리성 역시 부동산 가치를 높이는 중요한 요소가 되었다.

강남으로 사람들이 몰리는 이유는 학군이나 상권이 좋은 것뿐만 아니라 대규모 기업과 다양한 일자리가 집중되어 있기 때문이다. 강남 3구에는 하루에 수백만 명의 유동 인구와 수십만 명의 정규직 근로자가 집중되어 있다.

따라서 외곽지역이더라도 일자리가 있는 곳은 대체로 주택가격이 높다. 최근 부동산 시장에서 가장 두드러진 트렌드는 바로 교통 인프라와 일자리의 긴밀한 연관성이다. 서울을 포함한 주요 대도시에서 교통망 확장과 함께 일자리 밀집지역이 개발되면서 해당 지역의 부동산 시장은 활기를 띠고 있다.

그렇다면, 교통과 일자리 연결성의 중요성과 분석 방법에 대해 좀 더 자세히 알아보자.

교통망은 단순히 사람들의 이동을 편리하게 하는 인프라를 넘어 지역 경제 활동의 핵심 토대로 작용한다. 신속하고 쉬운 출퇴근 환경은 기업의 생산성과 고용 안정성을 높이며 궁극적으로 지역 경제 활성화로 이어진다. 대표적인 예로 서울 강남역 일대는 지하철, 버스, 도로망이 집중된 교통 허브이자 수많은 대기업 본사와 벤처기업이 밀집한 일자리 중심지다. 이는 교통 인프라와 고용 인프라가 유기적으로 결합된 이상적인 모델로 볼 수 있다.

편리한 교통 중심지는 주거와 직장 간 물리적 분리를 가능하게 한다. 다시 말해, 많은 직장인이 일과 삶의 균형을 위해 교통이 편리한 지역으로 이주하려 하고, 이는 해당 지역의 주택 수요 증가로 이어진다.

최근 몇 년간 서울, 경기, 부산, 대구 등 주요 도시에서는 대규모 교통 인프라가 획기적으로 확장되었다. 예를 들어, 서울 지하철 4호선 연장과 GTX(수도권 광역급행철도) 노선 개통은 이동 편의성을 크게 개선했으며, 이러한 변화는 해당 지역의 고용 기회 확대와 산업시설 유치로도 연결되고 있다.

교통망 확장으로 주변 지역은 단순한 통과 지점을 넘어 새로운 상업시설, 기업 사무소, 산업단지 등이 형성되는 복합경제지구로 발전할 가능성이 커진다. 결과적으로 교통과 일자리는 상호작용을 통해 부동산 가치에 직접적인 영향을 미치는 핵심 요소가 된다.

최근 부동산 시장에서 눈에 띄는 트렌드는 교통 중심의 비즈니스 허브로 성장하는 지역의 부상이다. 교통 인프라가 잘 갖춰진 지역은 직장인들의 출퇴근이 편리하다는 장점 때문에, 대기업뿐만 아니라 스타트업과 첨단산업 기업들도 적극적으로 입지를 고려하고 있다. 기업의 입지는 곧 일자리 증가로 이어지고, 이는 다시 거주 수요 증가와 부동산 가치 상승으로 이어지는 구조적 흐름을 만들어낸다.

교통망과 일자리의 연결성이 중요한 이유는 이 2가지 요소가 부동산 수요와 공급의 균형에 직접적인 영향을 미치는 핵심 요인이기 때문이다. 경제 원칙에 따라 일자리가 많은 곳에 사람이 모이고 사람이 몰리는 곳에 주거 수요가 증가하는 현상은 부동산 시장에서도 동일하게 나타난다.

특히 교통망 확장에서 시작해 기업 입지 확대, 일자리 증가, 인구 유입, 주택 수요 증가, 부동산 가치 상승으로 이어지는 선순환 구조가 확립되면 해당 지역은 지속 가능한 성장 가능성을 지닌 투자 유망지로 평가받는다.

실제로 최근 몇 년간 서울의 강남, 용산, 마곡지구는 이러한 구조의 대표적인 사례로 주목받고 있다. 이들 지역은 GTX, 고속철도, 지하철 환승역 등 주요 교통망이 집중된 입지를 바탕으로 다양한 산업군과 풍부한 일자리 밀집도를 갖춘 복합 비즈니스 중심지로 발전하고 있다. 이러한 지역들은 직주근접 환경, 뛰어난 고용 창출력, 훌륭한 생활 인프라를 두루 갖춘 곳으로 거주와 투자 수요가 동시에 집중되며 부동산 가격이 가파르게 상승하는 경향을 보인다.

서울 마곡지구는 이러한 특징을 잘 보여주는 대표적인 사례다. 지하철 9호선과 김포공항에 인접해 있어 교통이 매우 편리하며, 삼성, LG, 카카오와 같은 대기업 연구소가 주변에 위치해 있다. 이처럼 교통 인프라가 잘 구축된 지역에 기업들이 몰려들면 일자리 수가 자연스럽게 증가하고 거주지로서의 수요도 커진다.

결과적으로 마곡지구의 부동산 가치는 빠르게 상승했다. 이러한 트렌드는 앞으로도 계속될 것으로 보이며, 특히 교통망 확장이 이루어지는 서울 외곽지역에서는 이러한 흐름이 더욱 두드러질 것이다. 이 지역들은 앞으로 더 많은 일자리와 상업적 기회를 창출할 잠재력이 크다. 교통과 일자리가 연결된 지역을 파악하는 가장 중요한 방법은 교통망 확장 계획과 일자리 밀집지역에 대한 정보를 종합적으로 분석하는 것이다.

철저한 조사와 치밀한 계획을 바탕으로 미래가치가 유망한 지역을 선제적으로 확보한다면 초보자도 안정적이고 지속적인 수익을 기대할 수 있을 것이다.

좋은 교육환경은 집값을 부른다

교육환경은 부동산 입지를 결정짓는 교통과 일자리만큼이나 핵심적인 요소다. 특히 자녀가 있는 가구들은 학교와의 근접성, 통학 안전성, 학군 수준 등을 매우 중요하게 고려한다. 예를 들어, '초품아(초등학교를 품은 아파트)'라 불리는 초등학교 인근 아파트는 횡단보도 없이 안전하게 등하교할 수 있는 조건을 갖추고 있어 부모들 사이에서 높은 선호도를 얻고 있다.

부동산 시장에서는 교육 인프라가 풍부한 지역의 수요가 꾸준히 유지되며, 실거주 목적과 투자 수요 모두 강한 흥미를 보인다. 이는 지역 내 명문 초·중·고등학교뿐만 아니라 학원가, 도서관, 문화센터 등 종합적인 교육 인프라를 갖춘 지역이 우수한 학군지로 인정받기 때문이다.

서울의 강남구, 서초구, 송파구와 같은 지역은 대표적인 명문 학군지로 꼽히며, 학군으로 인한 지속적인 수요가 부동산 가격의 하락을 방어해왔다. 실제로 2025년 3월 국토교통부 실거래가 공개시스템에 따르면, 대치동 래미안대치팰리스 1단지 전용 114㎡가 60억 원에 거래되었으며 이는 2021년 최고가보다 16억 원이 상승한 금액이다.

이러한 현상은 수도권에 국한되지 않는다. 경기도의 판교, 수지, 평촌 등은 학군과 교통, 생활 편의시설이 완벽하게 융합된 대표적인 교육 중심 지역으로 부상하며, 부동산 수요를 꾸준히 유지하고 있다. 특히 판교는 IT 기업이 밀집한 지역이면서도 우수한 교육환경을 갖추어 거주 선호도가 높고, 실수요층의 집중으로 시세 안정성도 높다.

교육환경을 분석할 때는 단순히 학교 성적만 볼 것이 아니라 학군 조정계획, 입학 경쟁률, 지역 내 교육시설 밀집도, 통학 안전성 등을 종합적으로 고려해야 한다. 서울시 및 경기도 교육청의 학교 신설 및 재배치 계획은 해당 지역의 미래 학군 형성 가능성을 예측하는 중요한 참고 자료가 된다.

학군은 주거지 선택뿐만 아니라 장기적 부동산 가치 유지의 핵심 지표다. 좋은 학군을 중심으로 형성된 지역은 인구 유입을 촉진하고, 이는 지역 상권과 교통망 확장으로 이어져 부동산 가치 상승의 선순환 구조를 만든다. 반면 학군의 질이 하락하는 지역은 수요 감소로 인해 가격 하락을 경험할 수 있다. 최근에는 용산구, 송도 등 국제학교나 외국인학교 같은 특수교육기관 인근 지역도 외국인 수요로 인해 부동산 가치를 유지하는 사례가 증가하고 있다. 이처럼 교육환경은 실거주와 투자 모두에 중요한 기준이 되며, 장기적 관점에서 안정적인 자산가치를 확보할 수 있는 기반이 된다.

결론적으로, 부동산 초보자일수록 단기적 호재보다 검증된 교육환경을 갖춘 지역을 중심으로 투자 전략을 수립해야 한다. 이는 자녀를 위한 삶의 질 향상은 물론 자산가치 유지라는 2가지 목표를 동시에 달성할 수 있는 가장 안전한 방법이다.

사람이 몰리는 상권이 부동산의 미래를 밝혀준다

부동산 투자에서 가장 핵심적인 상권 요소는 무엇일까? 아파트, 상가, 오피스텔에 투자하려는 이들이 가장 궁금해하는 부분이다. 대부분 전문가는 유동 인구가 많고 동선이 원활한 지역을 추천한다. 특히 저녁 시간대 유동 인구가 많고 단순히 지나가는 것이 아니라 특정 공간에 집중되는 인구가 더욱 중요하다.

상권은 특정 지역에서 소비활동이 집중되는 공간을 의미하며 일반적으로 유동 인구, 소비 패턴, 상업시설의 다양성, 접근성 등의 요소로 정의된다. 유동 인구는 단순히 상업시설 매출 증대에 그치지 않고, 해당 지역 부동산 가치를 상승시키는 핵심 요인이다. 상권이 발달한 지역은 사람들의 선호도가 높아져 자연스럽게 주거지로 주목을 받게 된다. 이것으로 인해 임대료와 매매가가 점진적으로 상승하는 경향을 보인다. 주변의 다양한 상업시설과 편의시설은 해당 지역의 주거 매력도를 크게 높인다.

최근 부동산 트렌드는 소비패턴과 도시 재개발에 따라 상권의 성격이 변화하고 있다. 과거의 대형 쇼핑몰 중심 상권에서 최근에는 지역 주민 중심의 소규모 골목상권이 부상하고 있다. 이는 코로나19 팬데믹 이후 근거리 소비를 선호하게 된 트렌드 때문이다. 서울의 연남동, 망원동, 성수동과 같은 지역에서 이러한 변화가 두드러지게 나타났다.

더불어 최근에는 쇼핑, 외식, 문화생활을 복합적으로 즐길 수 있는 복합 상권이 강세를 보인다. 이는 단순한 상업시설을 넘어 주거·문화·일자리가 결합된 복합적인 생활 공간으로서 높은 선호를 받고 있으며, 판교 테크노밸리, 송도 커널워크 등은 이러한 복합 상권의 대표 사례로, 안정적인 상권 형성과 부동산 가치 상승을 이끌고 있다.

전자상거래의 급격한 성장으로 상권의 형태가 변화하고 있다. 흥미로운 점은 온라인 소비가 증가하는 추세 속에서도 사람들이 독특한 경험을 제공하는 체험형 오프라인 상권을 더욱 선호한다는 것이다. 이러한 상권은 단순한 상품 판매 공간을 넘어 소비자들에게 오프라인에서만 느낄 수 있는 특별한 경험과 가치를 제공하는 공간으로 진화하고 있다.

항아리 상권이라고 불리는 곳들은 주로 먹자골목, 패션골목과 같이 사람들이 머물며 소비하는 형태의 상권을 의미한다. 유동 인구의 규모도 중요하지만, 단순히 출퇴근을 위해 잠깐 지나가는 일시적인 인구라면 상권의 가치는 크게 떨어질 수 있다. 이런 경우, 유동 인구 착시효과로 인해 상권의 가치가 과대평가되는 현상이 발생할 수 있다.

상권은 주로 아파트 주변에 백화점, 대형 할인점, 대규모 쇼핑몰 등 대형 상업시설이 밀집한 지역을 말한다. 대부분의 백화점과 대형 쇼핑몰은 철저한 시장 조사와 투자 분석을 통해 입점하기 때문에 이들이 위치한 곳은 장기적으로 다른 지역보다 발전 가능성이 크다. 편의시설 측면에서 주목할 만한 요소로는 마트, 병원, 대형 몰, 백화점 등이 있으며, 여기에 영화관과 스타벅스까지 갖춰져 있다면, '영세권', '스세권'으로 불리며 삶의 질을 크게 향상시키는 훌륭한 입지 조건이 된다.

상권이 활성화된 지역의 아파트는 특히 근무 시간이 길고 시간에 쫓기는 청년층, 신혼부부, 중년층에게 매우 인기가 높다. 이러한 아파트는 매매와 전세 수요가 높고, 부동산 가격이 꾸준히 상승하는 특징을 보인다.

최근에는 온라인 쇼핑, 새벽배송, 배달 서비스의 확대로 인해 대형 오프라인 할인점을 직접 찾는 소비자는 점차 줄어들고 있다. 하지만 생활 인프라와 소비 편의성이 뛰어난 아파트 단지는 여전히 경쟁력 있는 입지로 평가받고 있다.

부동산 투자자는 현재 상권의 모습에만 주목해서는 안 되며, 미래 상권의 변화 가능성까지 고려한 분석 능력이 필요하다. 상권은 도시계획, 교통망, 인구 변화에 따라 확장되거나 재편되므로, 성장 가능성이 있는 지역에 선제적으로 투자하는 전략이 장기적인 수익을 창출할 수 있다.

자연환경의 질이 오르면 자산의 질도 오른다

최근 부동산 시장에서는 자연환경이 주거지 선택의 핵심 기준으로 떠오르고 있다. 특히 코로나19 팬데믹 이후 쾌적한 주거환경에 대한 수요가 급증하면서 공원, 하천, 숲, 호수 등 자연과 인접한 입지를 선호하는 경향이 더욱 뚜렷해졌다.

자연환경은 이제 단순한 휴식 공간을 넘어 심리적 안정, 신체적 건강, 삶의 만족도를 결정짓는 중요한 요소로 자리 잡았다. 울창한 숲이 창밖에 펼쳐지고 도보권 내에 산책로와 공원이 있다면 거주자의 만족도는 자연스럽게 높아진다. 실제 연구에 따르면, 녹지공간 근처에 사는 사람들은 스트레스 수치가 낮고 전반적인 건강 상태도 우수한 것으로 나타났다. 자연환경은 개인의 삶의 질을 높일 뿐만 아니라 지역 이미지와 부동산 가치에도 직접적인 영향을 미친다.

서울 한강 변 아파트나 북한산, 우면산 인근 단지들이 대표적인 사례다. 이들 지역은 쾌적한 자연환경과 교통, 상권, 교육 인프라가 조화롭게 어우러져 꾸준한 수요와 높은 시세를 유지하고 있다. 서울시의 숲세권 개념이나 부산시의 하야리아 부지 개발처럼 도시계획 단계에서부터 자연환경을 중심으로 한 개발이 점점 강조되는 추세다.

자연환경의 프리미엄은 조망권을 통해서도 확인할 수 있다. 한강 조망권을 갖춘 아파트는 동일 조건의 아파트보다 실거래가가 10~30% 이상 높게 형성되는 경우가 많다. 이는 한강이나 남산, 수영강, 해운대 해변 등 특정 자연경관이 부동산 가격 형성에 결정적인 차별 요소가 될 수 있음을 보여준다.

자연환경이 단순히 보기 좋은 요소에 그치지 않고 실거주 수요와 임대수익을 지속해서 유입시킨다는 점에서 투자자 입장에서도 간과할 수 없는 중요한 기준이다. 성수동의 서울숲, 송파구 석촌호수, 판교 중앙공원, 부산 센텀시티와 같은 사례에서 보듯 우수한 자연환경은 프리미엄 이미지를 형성하며 장기적으로도 자산가치를 유지하거나 상승시키는 경향을 보인다.

과거에는 배산임수와 같은 자연환경을 고려해 수도를 정할 만큼 입지 선정에 중요한 요소였으며, 지금도 강남의 고가 아파트는 한강 인접 여부와 조망 정도에 따라 가격이 크게 달라진다. 다만, 자연환경만으로는 프리미엄이 보장되지 않으며, 교통, 상권, 교육 등 기반시설이 함께 갖추어진 입지여야 자연환경이 진정한 프리미엄으로 작용할 수 있다.

난지도와 같은 지역을 공원화하거나 수변 도시로 개발한 사례는 뛰어난 자연환경 조성만으로도 부동산 프리미엄이 가능함을 보여준다. 하지만 이러한 사례들도 결국 교통 접근성과 생활 인프라를 동시에 고려했기 때문에 성공할 수 있었다.

결국 부동산 입지를 평가할 때 자연환경은 배경이 아닌 중심이 되어야 한다. 홍수나 자연재해 위험 등 안전성 검토도 필요하지만, 자연환경이 주는 쾌적성과 안정성, 미래가치를 종합적으로 고려한다면 부동산 초보자에게도 자연환경을 기준으로 하는 투자는 매우 효과적인 전략이 될 수 있다. 자연환경이 좋은 지역은 단순한 시세차익을 넘어서 임대수익과 실거주 수요를 안정적으로 확보할 수 있는 안전한 투자처가 된다. 결국 사람이 머무르고 싶은 곳, 즉 사람이 모이는 곳에 자산가치가 형성되기 때문이다.

부동산은 언제 사고팔아야 할까?

 부동산 투자에서 부동산 매매의 성공적인 타이밍은 자금 규모, 투자 목표, 부동산 특성을 자세히 파악하고 시장 흐름을 철저히 분석한 후 결정해야 한다. 시장의 급격한 변동에 흔들리지 않고 명확한 목표와 철저한 준비로 자신만의 독보적인 투자 타이밍을 만들어나가야 한다. 욕심은 투자 타이밍을 놓치는 가장 위험한 원인이다. 가격 상승 시 더 높은 수익을 기대하며 매도를 미루면 시장 변동성으로 인한 손실 위험이 급격히 커진다.

 한국부동산원(2023년) 자료에 따르면, 서울 강남구 분양권 시장에서 고점(프리미엄 50% 이상)을 놓친 투자자들이 15~20% 낮은 가격에 매도한 사례가 다수 존재한다. 따라서 명확한 목표 수익률을 사전에 설정하고 과유불급 원칙을 엄격히 준수하는 것이 매우 중요하다. 매수 타이밍은 시장이 하락장에서 상승장으로 전환되는 결정적인 시점을 노리는 것이 가장 이상적이다. 공실률, 임대 수요, 세금 부담을 종합적이고 입체적으로 분석해 전략적인 투자 타이밍을 정교하게 잡아야 한다.

부동산 매도 타이밍

1) 금리와 경기 변동 여부를 확인해야 한다

 부동산 투자가 다른 자산 투자보다 매력적인 이유는 상승기에 높은 수익률을 제공하고 하락기에도 비교적 안정적인 가치를 유지하기 때문이다. 특히 금리와 경기 변동 주기를 면밀히 분석하면 부동산 시장의 흐름을 정확하게 예측할 수 있어 전략적 투자가 가능하다. 한국은행의 금리 정책과 국내외 경제 지표는 부동산 시장에 직접적인 영향을 미치며, 이를 통해 매수와 매도 시점을 더욱 효과적으로 판단할 수 있다.

부동산 투자에서 매도 시점은 수익 극대화의 핵심 요소다. 이는 단기적 시장 요인뿐만 아니라 금리, 경기 변동과 같은 거시적 요소에 크게 좌우된다. 금리는 부동산 시장의 핵심 변수로 대출 금리 상승은 주택 수요를 감소시켜 가격 하락을 초래할 수 있다. 반대로 금리가 낮아지면 대출 접근성이 좋아져 수요가 증가하고 가격도 상승한다. 실제로 2022~2023년 한국은행의 기준금리 인상(2.5%→3.5%)으로 서울 아파트 거래량이 약 30% 이상 감소하며 가격 상승세가 둔화되었다.

매도 시점을 결정할 때는 금리와 경기 상황을 종합적으로 검토해야 한다. 금리가 급등하면 대출 부담 증가로 수요가 위축되며, 이는 가격 조정의 명확한 신호일 수 있다. 예를 들어, 2023년 서울 강남구 아파트 시장은 금리 인상 후 평균 5~10% 가격 조정을 경험했다. 이때는 시장이 정점에 도달하기 전에 매도를 고려하는 것이 유리하다. 반대로 금리가 낮아지는 시기에는 구매력이 향상하며 가격 상승이 기대되므로 이 시점에 매도하면 최대 수익을 실현할 수 있다. 한국부동산원에 따르면, 2020년 저금리 기조(기준금리 0.5%) 당시 수도권 아파트 가격은 평균 20~30% 상승했다.

매도 전략으로는 한국은행의 금리 발표와 국토교통부의 부동산 정책을 주기적으로 확인하는 것이 중요하다. 금리가 낮은 시기에 매도해 높은 수익을 확보한 후 자금을 지식산업센터, 상업용 부동산 등 다른 투자처로 전환하는 전략이 효과적이다.

또한 지역별 개발 호재나 인프라 완공 시점을 고려해 매도 시기를 조정하면 추가 수익을 기대할 수 있다. 예를 들어, 2024년 한국부동산원에 의하면, 고양 창릉 신도시개발 호재로 인해 주변 아파트 시세가 약 15% 상승세를 보였다.

그러나 금리 상승이 임박하거나 경기가 침체되는 시점에 매도를 미루면, 시장 심리 위축으로 더 낮은 가격에 매도할 위험이 있다. 따라서 청약홈, 네이버페이 부동산, 호갱노노 등 플랫폼을 활용해 실시간 시장 데이터를 분석하고 금리 및 정책 변화를 세밀하게 모니터링해서 매도 시점을 신중히 결정해야 한다. 2025년 기준금리 전망과 부동산 규제 완화로 인해 시장 변동성이 커질 가능성이 있으므로 최신 정보를 반드시 확인해야 한다.

다음은 부동산 시장은 금리뿐만 아니라 전반적인 경제 상황에 민감하게 반응한다. 경기가 호황일 때는 소비자 신뢰도가 높아지고 소득과 대출 상환 능력이 개선되면서 주택 수요가 증가하고 부동산 가격도 상승한다. 특히 도심지나 인프라 확장이 예정된 지역은 기업 투자와 상업 지구 발전으로 가치가 크게 상승할 가능성이 크다.

예를 들어, 2020년 저금리와 경기 회복기에는 수도권 아파트 가격이 평균 20~30% 상승했다. 이 시기는 매도에 최적의 타이밍으로, 시장 흐름을 면밀히 모니터링해서 고점에서 매도하면 수익을 극대화할 수 있다.

반면, 경기 침체기에는 소비심리가 위축되고 주택 수요가 감소하면서 가격 하락 위험이 커진다. 이때는 저점 매도가 심각한 손실로 이어질 수 있으므로 침체의 조짐이 보이면 신속하게 매도해서 손실을 최소화해야 한다. 다만, 낮은 대출 이자율이 침체기에도 일부 수요를 유지할 수 있으므로, 금리와 경기 상황을 종합적으로 분석하는 것이 중요하다.

매도 타이밍을 결정하려면 한국은행의 금리 발표와 경제전망 보고서를 지속적으로 확인해야 한다. 또한 국토교통부의 개발 호재 공고와 한국부동산원의 실거래가 데이터를 통해 지역별 수요와 가격 동향을 자세히 분석해야 한다. 예를 들어, 2024년 고양 창릉 신도시개발로 주변 아파트 시세가 상승한 사례는 개발 호재가 매도 타이밍에 미치는 영향을 잘 보여준다.

안정적인 매도 전략으로는 경기 호황기나 인프라 완공 직후를 노리고 침체기에는 장기보유 또는 임대 전환을 고려하는 것이 좋다. 청약홈, 호갱노노 등 부동산 앱을 활용해 실시간 데이터를 확인하고 세무사와 상담해 양도소득세(1년 미만 70%, 2년 미만 60%)와 같은 세금 부담을 철저히 관리해야 한다. 2025년 부동산 규제 변화로 시장 변동성이 커질 수 있으므로, 최신 정책 동향을 반드시 주시해야 한다.

다음으로 부동산 매도 타이밍을 결정하기 위해서는 경기 동향과 경제 지표를 지속적으로 모니터링하는 것이 핵심이다. GDP 성장률, 실업률, 소비자물가지수(CPI) 같은 지표들은 경기 흐름을 예측하는 데 매우 유용한 정보를 제공한다. 경기가 호황일 때는 GDP 성장률이 높아지고 소비자 신뢰도가 상승하면서 주택 수요가 증가하고 부동산 가격도 따라서 오른다. 실제로 2020년에는 저금리(기준금리 0.5%)와 경기 회복으로 수도권 아파트 가격이 평균 20~30% 상승한 바 있다.

반면, 경기가 침체되면 GDP 성장률은 낮아지고 실업률은 높아져 주택 수요가 위축되면서 가격 하락 위험이 커진다.

매도 전략으로는 금리 상승이나 경기 둔화 조짐이 보이기 전에 부동산을 매각하는 것이 유리하다. 금리 인상은 대출 부담을 높여 주택 수요를 감소시키고, 이는 결국 가격 하락으로 이어질 수 있다. 반대로 저금리와 경기 호황기에는 수요가 증가하면서 가격이 상승하므로 이러한 시기에 매도하면 최대 수익을 얻을 수 있다.

경제 지표 외에도 한국은행의 금리 발표, 국토교통부의 정책 공고, 한국부동산원의 실거래가 데이터를 정기적으로 확인해야 한다. 특히 2025년 전매 제한 1~3년, 실거주 의무 완화 등 부동산 규제 완화는 시장 변동성을 높일 수 있으므로 국토교통부의 정책 변화를 자세히 분석해야 한다.

또한 청약홈, 호갱노노 같은 플랫폼을 통해 지역별 수요와 개발 호재를 지속적으로 모니터링하면 더욱 정확한 매도 타이밍을 판단할 수 있다. 부동산 전문가의 유튜브, 블로그, 네이버 카페 등은 시장 분석과 트렌드를 이해하는 데 도움을 줄 수 있지만, 정보의 신뢰성을 반드시 검증해야 한다.

공신력 있는 기관의 데이터를 기반으로 한 분석을 우선적으로 참고하고, 전문가 의견은 보조적으로 활용하는 것이 바람직하다. 또한, 양도소득세와 같은 세금 부담을 고려해 세무사와 상담하는 것도 중요하다.

성공적인 매도 타이밍은 금리, 경제 지표, 정부 정책을 종합적으로 분석해서 결정된다. 특히 한국 부동산 시장은 대출 규제, 세제 변화 등 정부 정책에 매우 민감하므로 경제 뉴스뿐만 아니라 부동산 관련 법안 등 정치 뉴스에도 세심한 주의를 기울여야 한다. 경기 침체 조짐이 감지되면 신속하게 매도해서 손실을 최소화하고 호황기에는 고점 매도를 목표로 시장 데이터를 철저히 분석해야 한다.

2) 매도자 우위의 시장에서 팔아야 한다

부동산을 매도할 때 가장 핵심적인 전략 중 하나는 매도자 우위에 있는 시장에서 매도하는 것이다. 쉽게 말해, 주택을 사려는 사람이 팔려는 사람보다 많은 시장, 즉 수요가 공급을 초과하는 상황에서 매도하는 것이 유리하다는 의미다. 많은 사람들이 '지금 팔아야 할까, 아니면 가격이 더 오를 때까지 기다려야 할까'에 대해 고민한다. 하지만 매도 시점을 결정할 때는 단순히 가격의 높고 낮음만 보는 것이 아니라 시장 상황이 누구에게 유리한지를 정확히 파악해야 한다.

매도자 우위 시장(Seller's Market)이란, 부동산을 매수하려는 수요자가 많고 시장에 나온 주택 수가 상대적으로 적은 상황을 의미한다. 이런 환경에서는 자연스럽게 매수 경쟁이 치열해지고 가격이 상승하는 경향이 나타난다. 이러한 시장 환경에서 매도자는 협상에서 유리한 위치에 놓이며 원하는 가격에 거래가 성사될 확률도 높아진다.

예를 들어, 같은 아파트 단지 내에서 매물은 적은 반면 매수 희망자는 많은 상황이라면 매도자는 가격을 낮출 필요 없이 매수자들의 경쟁으로 인해 더 높은 가격에 부동산을 매도할 수 있다. 반대로, 매수자 우위 시장(Buyer's Market)은 주택 매물은 풍부하지만, 이를 매수하려는 수요는 부족한 상황을 의미한다. 이때는 매수자가 협상에서 우위를 점하며, 매도자는 가격을 낮추거나 조건을 완화해야 거래가 성사되는 경우가 많다.

따라서 부동산 매도를 계획하고 있다면 시장 상황이 매도자에게 유리한지 매수자에게 유리한지를 먼저 자세히 분석해보는 것이 중요하다. 부동산 가격뿐만 아니라 매물수, 거래량, 청약 경쟁률, 금리 수준, 경기 흐름 등 다양한 지표를 종합적으로 고려해 최적의 매도 타이밍을 판단해야 한다.

부동산 시장에서 매도자 우위는 매수 수요가 공급을 초과해 가격이 상승하고 거래가 신속하게 이루어지는 시장 상황을 의미한다. 이 시기에는 매물이 부족해 매도자의 협상력이 강화되고, 보다 유리한 조건으로 거래할 수 있는 기회가 풍부하다. 대표적인 예로 2020년 수도권 아파트 시장은 저금리와 유동성 확대의 영향으로 매도자 우위 시장으로 전환되며, 20~30% 수준의 가격 상승을 기록했다. 서울 주요 지역에서는 호가를 웃도는 가격에 실거래가 성사되는 사례가 많았고, 평균 거래 기간도 30~45일 이내로 크게 단축되었다.

반면 매수자 우위 시장에서는 금리 상승 등으로 거래 심리가 위축되면서 매물이 쌓이고 가격 하락 위험이 증가한다. 2022~2023년에는 서울 아파트 매물이 늘어나고 거래량이 감소하면서 평균 5~10% 수준의 가격 조정이 발생했고, 매도자는 더 많은 양보를 해야 했다. 결론적으로, 매도자 우위 시장은 수익 실현의 최적기가 될 수 있다. 시장의 흐름을 자세히 분석하고 유리한 협상 시점을 놓치지 않는 것이 안정적인 매각 전략의 핵심이다.

매도자 우위 시장 여부를 판단하려면 객관적인 지표를 분석해야 한다.
첫째, 매물량 대비 거래량을 확인한다. 매도자 우위 시장에서는 매물이 줄고 거래량이 증가하며, 예를 들어 한국부동산원 자료를 인용한 고양시 발표에 따르면, 2024년 하반기 고양시 전체 부동산 거래량은 상반기 대비 약 13% 내외로 증가했다.
둘째, 시장에 나온 매물이 계약까지 걸리는 시간인 평균 거래 기간을 점검한다. 매도자 우위 시장에서는 기간이 30~60일로 짧아지는 경향이 있다.

셋째, 매매가격 지수를 통해 가격 상승 여부를 확인한다. 한국부동산원 또는 KB부동산의 주택가격 동향을 참고하면 된다. 매도 전략으로는 시장 과열 시 지나친 욕심을 피하고 가격이 꾸준히 상승하는 시점에서 매도 타이밍을 잡는 것이 중요하다.

또한 부동산의 경쟁력을 높이기 위해 간단한 인테리어 정비, 수리, 청소를 통해 매력을 강화하면 더 높은 가격에 빠르게 거래될 가능성이 커진다. 예를 들어, 2023년 국토교통부 실거래가에 의하면, 서울 마포구 아파트는 스테이징(청소 및 간단한 리모델링) 후 평균 10% 높은 가격에 거래되었다. 그러나 가격 상승 정도는 해당 부동산의 유형과 스테이징의 정도에 따라 상당한 차이가 있을 수 있다. 2022~2023년 금리 인상으로 매물이 늘어나고 거래량은 약 30% 이상 감소하며 서울 아파트 실거래가격은 2022년에만 약 22% 하락했다. 이는 시장이 매수자 우위로 바뀌면서 매도자가 더 낮은 가격에 거래할 가능성이 커졌음을 보여준다.

어떤 자산도 영원히 우상향하지 않는다. 산이 아무리 높아도 정상을 지나면 내려가듯 부동산도 언젠가는 조정기를 맞는다. 따라서 가격 상승이 가파르고 시장에 과열 징후가 보이기 시작할 때 이를 단순한 단기 상승 기대감으로만 보기보다는 매도 전략을 진지하게 검토해야 할 시점으로 인식하는 것이 현명하다.

부동산 시장의 과열 여부를 판단하는 데 몇 가지 중요한 신호들이 있다. 예를 들어, 평소 부동산에 무관심했던 일반인과 주부들이 갑자기 부동산 매수에 나서기 시작하면 이는 시장 심리가 지나치게 확장되고 있다는 심리적 과열 징후로 볼 수 있다.

또한 정부가 부동산 가격 상승을 억제하기 위한 대책을 연이어 내놓거나 대출 규제를 강화하는 경우 향후 시장 조정 가능성이 커진다. 물론 이러한 정책 발표 직후에도 단기간 가격 상승이 계속될 수 있지만, 부동산 가격의 정확한 최고점을 예측하기는 매우 어렵다. 따라서 시장이 과열되었다고 판단되는 시점에서는 일부 상승 잠재력을 포기하더라도 보수적 관점에서 미리 매도 전략을 수립하는 것이 위험 관리 측면에서 더 현명할 수 있다.

한번 부동산 시장이 침체기에 접어들면 매도 자체가 매우 어려워진다. 수요자 수가 급격히 줄어들어 급매로 내놓아도 거래가 거의 이루어지지 않기 때문이다. 이와 대조적으로 일부 숙련된 투자자들은 이러한 침체기를 오히려 기회로 삼아 매수에 나서기도 한다. 좋은 입지와 우수한 구조를 가진 부동산을 상대적으로 낮은 가격에 매수할 수 있기 때문이다. 반면 투자 경험이 부족한 사람들은 자금 부족이나 하락에 대한 두려움으로 인해 기회를 놓치는 경우가 많다.

결국 부동산을 매도할 때 가장 중요한 것은 '시장 흐름을 얼마나 정확하고 치밀하게 분석하고 판단할 수 있는지'이다. 특히 매도자 우위 시장에서는 매도자가 협상에서 유리한 위치에 서게 되며 신속한 거래와 높은 가격 형성이 가능하다는 장점이 있다.

단순히 가격이 조금 상승했다고 해서 성급하게 매도 결정을 내리는 것이 아니라 현재 시장이 구조적으로 매도자에게 유리한 상황인지를 종합적으로 평가해 전략을 세워야 한다. 시장 흐름을 정확히 읽고, 과열 여부와 정책 기조, 수요 동향 등을 자세히 분석해 적절한 매도 시점을 포착할 수 있다면 누구나 부동산 투자에서 안정적인 수익을 실현할 수 있을 것이다.

3) 정부의 부동산 정책 방향을 파악하고 활용해야 한다

정부의 부동산 정책 방향을 정확히 파악하고 지혜롭게 활용하는 것은 성공적인 부동산 매도를 위한 핵심 전략 중 하나다. 현재 부동산 시장은 매수 수요가 낮고 매도 물량도 제한적인 정체 상태에 놓여 있다. 이는 경기 침체로 인해 매도가 쉽지 않고 설령 매도하더라도 기대할 수 있는 수익이 제한적이기 때문이다.

부동산 시장은 단순히 개인의 수요와 공급만으로 결정되지 않는다. 정부 정책은 시장 심리에 막대한 영향을 미치며 정책 방향에 따라 가격이 민감하게 반응한다. 따라서 부동산을 매도하기 전에 정부의 정책 방향을 꼼꼼히 분석하고 정책 변화의 시기를 전략적으로 활용하는 것이 매우 중요하다.

최근에는 규제 완화를 기대하며 매도 시점을 조정하는 투자자들이 늘어났다. 규제 완화는 부동산 매물이 시장에 유입되는 계기가 되며 동시에 매수자들의 관심을 끌 수 있기 때문이다. 예상되는 정책 변화 중 하나는 세금 완화다. 예를 들어, 취득세가 1%포인트 인하되면 매수자 입장에서 실질적인 매입 비용이 줄어들어 시장 진입에 대한 부담이 낮아지고, 이는 매도자 입장에서는 거래 성사 가능성이 커지는 긍정적인 환경으로 작용할 수 있다.

부동산 관련 세금을 정확히 이해하고 절세 시점을 놓치지 않도록 대비한다면 투자 수익을 극대화하는 데 큰 도움이 된다. 매도 시점 역시 이러한 규제 완화 시기와 맞물리는 것이 이상적일 수 있다. 규제가 완화되면 매수 수요층이 확대되고, 매도가 쉬워질 뿐만 아니라 상황에 따라 가격 상승까지 기대할 수 있다. 이를 위해서는 정부의 정책 발표와 방향을 지속적으로 모니터링하는 능력이 필요하다. 그리고 정부가 대출 규제를 강화하거나 세금을 인상하는 등의 부동산 억제 정책을 발표하면, 이는 시장 위축과 조정으로 이어질 수 있으므로 더욱 신중한 접근이 요구된다.

  이러한 시기에는 단기적인 가격 변동보다는 정책이 시장 심리에 미치는 영향을 자세히 분석해야 한다. 반면, 정부가 신규 주택 공급 확대를 예고하거나 교통 개선 및 개발계획이 포함된 지역은 향후 성장 잠재력이 높은 것으로 예상되므로 부동산 투자를 위한 지역 분석에 선제적으로 관심을 가질 필요가 있다.

  또한 특정 요건을 충족하면 다양한 세금 혜택이나 금융 지원 정책을 활용할 수 있는 경우가 많다. 예를 들어, 1가구 1주택자의 장기보유특별공제나 신혼부부·청년층 대상 대출 지원 등은 투자 비용을 실질적으로 줄이는 데 효과적이다.

  재개발·재건축 관련 규제가 완화되거나 용적률이 상향되면, 이는 개발 기대감을 높여 매수세 유입으로 이어질 수 있는 상황으로 주목할 만하다. 보유 부동산을 매도하려는 입장이라면 이러한 정책 변화와 시장 반응을 전략적으로 활용해야 한다. 다만, 규제 완화나 시장 분위기에 지나치게 안심해서는 안 된다.

  정책 발표 직후 단기간에 매물이 쏟아지면 오히려 가격이 하락할 가능성도 배제할 수 없다. 매물이 늘어나면 매수자의 선택폭이 넓어지고 경쟁력이 떨어지는 물건은 빠르게 가격을 조정해야 거래가 성사될 수 있다. 특히 인기 지역이나 수요가 탄탄한 상품과 달리 비인기 지역이나 구조적 약점이 있는 물건은 시장 침체기에 더욱 큰 타격을 받을 수 있다. 이런 경우라면 막연한 기대감보다는 신속한 판단과 대응이 관건이며, 시장 내 경쟁력이 낮거나 추가 상승 여지가 적다고 판단되는 매물은 부동산 매물 분석과 전문가의 의견을 참고해 우선적으로 매도 전략을 검토해볼 필요가 있다.

단순한 가격 상승 기대나 직감에 의존하기보다는 정책의 방향과 의도를 정확히 분석하고 투자자 각자가 심층 연구해 체계적으로 대응하는 접근이 필요하다.

정책은 단기적인 심리뿐만 아니라 장기적인 시장 흐름을 결정짓는 중요한 변수이므로 항상 민첩하게 대응하고 전략적으로 활용하는 자세가 요구된다. 정부 정책을 정확히 이해하고 적극적으로 활용한다면, 불확실성이 큰 부동산 시장에서도 안정적이고 성공적인 투자 성과를 거둘 수 있을 것이다.

부동산 매수 타이밍

1) 미분양 감소 추세를 확인해야 한다

미분양주택의 감소 추세를 살펴보는 것은 부동산 시장의 흐름을 이해하는 데 중요한 열쇠가 된다. 미분양주택 현황은 부동산 시장의 건강 상태를 진단할 수 있는 대표적인 선행지표 중 하나로, 특히 준공 후 미분양 물량은 시장의 침체 정도를 가늠할 수 있는 핵심적인 신호로 받아들여진다.

해당 지역의 미분양 물량이 점진적으로 줄어들고 있다면, 이는 실수요자와 투자자들의 심리가 회복되고 있으며 시장에 대한 신뢰가 다시 형성되고 있음을 의미할 수 있다. 반대로 미분양 물량이 장기간 쌓이게 된다면 해당 지역의 수요 기반이 취약하거나 금리, 공급 과잉, 규제 등 시장 외적 요인이 작용하고 있을 가능성이 크므로 신중한 접근이 요구된다. 그렇다면 미분양의 개념과 왜 미분양 감소 추세를 주목해야 하는지, 그리고 이를 실제 투자에 어떻게 활용할 수 있는지 상세히 살펴보겠다.

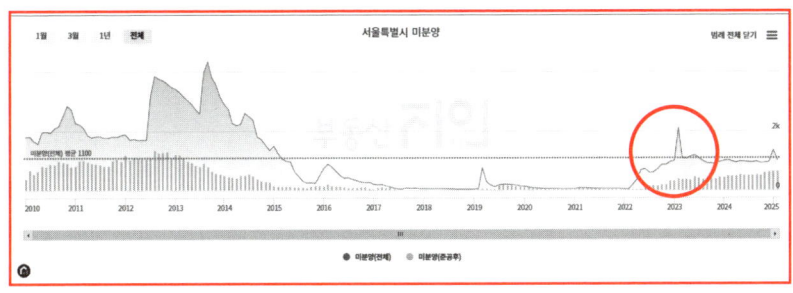

(출처 : 서울시 미분양 현황 / 부동산 지인 / 통계누리, 2025. 2월 기준)

    서울시의 미분양수 현황을 통해 부동산 투자의 최적 시기를 살펴보겠다. 2019년 7월부터 2022년 1월까지 미분양수는 서울 전체 평균보다 훨씬 적은 안정적인 수준을 유지했다. 하지만 2022년 1월 이후 미분양수가 점진적으로 증가하기 시작해 2023년 1월에는 평균 미분양수를 크게 상회하는 모습을 보였다.

    2019년 하반기부터 전국적으로 부동산 경기가 활황을 보이며, 대부분의 부동산 가격은 2021년 말까지 상승세를 이어갔다. 부동산 시장이 회복되면서 미분양수가 빠르게 소진되었고 투자 심리는 절정에 달했다.

    미분양 감소는 주택구매 수요가 점진적으로 회복되고 있음을 나타내는 지표로, 부동산 시장이 새로운 활력을 되찾고 있다는 긍정적인 신호로 해석될 수 있다. 이러한 시장 흐름이 일정 기간 지속된다면 가격 상승 압력이 점차 증대될 수 있으며, 부동산 상승 초기에 투자할 경우 상대적으로 낮은 가격에 부동산을 확보하는 기회를 얻을 수 있다.

    미분양 물량이 줄어들면 일부 지역에서는 수요가 공급을 앞서는 현상이 발생할 수 있고, 이는 투자자들의 매수 심리를 자극해 향후 가격 상승으로 이어질 가능성이 크다. 따라서 미분양이 감소하기 시작하는 시점을 정확히 포착한다면 상대적으로 저평가된 시기에 투자해 향후 시세차익을 기대할 수 있다.

일반적으로 미분양이 많은 시기에는 건설사들도 시장 상황을 꼼꼼히 관찰하며, 신규 분양계획에 신중한 태도를 보이는 경향이 있다. 반면, 미분양이 일정 수준 이하로 감소하면 시장 수요 회복을 긍정적으로 판단하고 분양 확대에 나설 가능성이 커진다. 다만, 신규 주택이 시장에 실제 공급되기까지는 대체로 수년의 건설 기간이 필요하기에 미분양이 줄어들기 시작한 시점에서 먼저 움직인 투자자들은 공급 부족에 따른 가격 상승의 혜택을 선점할 수 있다.

이러한 흐름을 민감하게 감지하고 선제적으로 투자 전략을 수립한다면, 변동성 높은 부동산 시장에서도 다른 부동산 투자자보다 선매수로 인한 수익 가능성과 전략적 우위를 확보하는 기회를 만들 수 있을 것이다.

미분양 감소 시점을 파악하는 것은 투자 타이밍을 잡는 데 가장 효과적인 전략 중 하나다. 이를 위해 가장 먼저 확인하는 방법은 정부와 공공기관이 제공하는 공식 데이터 및 민간 플랫폼 자료다. 특히 미분양 단지의 소진 속도를 현장에서 직접 확인하거나 국토교통부 실거래가 공개시스템을 통해 최근 거래 동향을 점검하는 것도 의미 있는 방법이다.

미분양 감소 초기에는 시장 회복의 조짐이 보이지만, 가격 상승 폭이 크지 않아 이 시기에 매수에 나서면 비교적 저렴한 가격에 우수한 입지를 선점하는 기회를 얻을 수 있다. 다만 모든 지역이 동일한 패턴을 보이지 않으므로 단순히 미분양 수치만 보기보다는 지역별 개발 호재, 교통망 확충, 인프라 확장 등 미래 성장 잠재력이 있는지를 함께 고려하는 것이 중요하다.

예를 들어 신도시개발계획, 광역교통 개선사업, 지하철·GTX 등 교통 인프라 구축계획이 있는 지역은 수요 증가에 비해 공급이 제한될 가능성이 크고, 이는 중장기적인 가격 상승으로 이어질 가능성이 크다.

건설사의 신규 분양은 보통 착공부터 입주까지 수년이 소요되므로, 미분양이 줄어들기 시작하는 시점에서 선제적으로 매수하면 향후 공급 부족에 따른 가격 우위 효과를 선점할 수 있다. 부동산 시장은 심리와 수급에 따라 변동하며, 미분양 수는 시장 흐름을 예측하는 선행지표 역할을 한다.

따라서 정부 자료, 전문가 분석, 실거래 동향, 민간 앱 등을 종합적으로 활용해 미분양 감소 시점을 객관적으로 판단하고, 지역별 공급 상황과 수요 변화까지 함께 고려한 매수 전략을 수립하는 것이 중요하다. 결국 부동산 투자에서 가장 핵심적인 요소는 가격이 아닌 타이밍이다.

단순히 저렴할 때 매수하기보다는 시장 흐름을 정확히 읽고 미분양 감소와 같은 주요 변화를 근거로 적절한 시점을 포착하는 전략이 필요하다. 미분양 감소 추세를 철저히 분석하고 이를 전략적으로 활용한다면 향후 시세차익을 실현할 수 있는 안정적인 부동산 매수를 달성할 수 있을 것이다.

2) 거래량 증가 추세를 확인해야 한다

부동산 시장의 전환 시점을 판단할 때 거래량의 증가 추세를 확인하는 것은 매우 중요한 전략이다. 미분양 수와 거래량을 종합적으로 분석하면 단순한 가격 변동보다 더 정확하게 시장의 흐름과 매수 타이밍을 예측할 수 있다.

거래량은 특정 기간 동안 실제로 이루어진 부동산 거래 건수나 면적을 의미하며, 시장의 활력과 수요 회복 정도를 가늠할 수 있는 대표적인 지표다. 시장 하락기에는 가격 하락 폭이 점차 축소되면서 바닥에 근접하는 구간이 나타나지만, 이것이 곧바로 시장 반등을 의미하는 것은 아니다.

실제 반등의 신호는 거래량 증가에서 먼저 포착된다. 가격 하락세가 멈추거나 완화된 이후에도 거래량이 정체되어 있다면, 시장은 여전히 바닥 국면에 머물 가능성이 크다. 반면 거래량이 점진적으로 증가하기 시작하면 이는 수요 회복의 신호로 해석할 수 있으며, 향후 가격 반등의 가능성을 높이는 핵심 요인이 된다. 이러한 흐름이 일정 기간 지속되면 시장은 점진적으로 회복 국면에 진입하게 되며, 이때가 바로 전략적인 매수를 고려할 수 있는 최적의 시점이 된다.

거래량 증가는 잠재 매수자들이 관망에서 실제 구매로 전환되는 것을 의미하므로 이 시기를 선제적으로 포착한다면, 시장 상승 초기에 상대적으로 저렴한 가격에 우량 부동산을 확보하는 기회가 생긴다. 부동산 시장의 바닥 탈출 여부는 가격보다 거래량에서 먼저 나타나는 경향이 있으며, 이를 정확히 읽어내는 것이 투자 타이밍 전략의 핵심이다.

먼저 시장의 정확한 흐름을 파악하려면 미분양 수와 거래량을 종합적으로 분석하는 것이 필수다. 일반적으로 미분양이 감소하고 거래량이 증가하면 시장이 회복세에 접어들 가능성이 크며, 반대로 미분양이 늘어나고 거래량이 줄어드는 추세라면 시장 위축을 의심해볼 수 있다. 특히 거래량은 종종 가격 변동에 앞서 움직이기 때문에 거래량 추세를 세심하게 관찰하는 것이 중요하다.

거래량이 지속적으로 증가하면 수요가 공급을 점차 초과하게 되고, 이는 결과적으로 가격 상승 압력으로 작용하게 된다. 따라서 거래량이 본격적으로 증가하기 시작하는 초기 시점을 포착한다면 아직 가격이 크게 오르기 전 단계에서 유리한 조건으로 매수에 나서는 기회를 잡을 수 있다.

또한 거래량 증가는 시장 참여자들의 심리 변화를 반영하는 핵심 지표로도 활용된다. 시장에 대한 불안감이 클 때는 거래가 줄어들고 관망세가 지속되지만, 거래량이 회복되기 시작하면 시장에 대한 신뢰가 다시 형성되고 있다는 긍정적인 신호로 해석되며 더 많은 수요자가 시장에 유입된다. 결국 거래량 변화는 시장 분위기의 전환점과 가격 변동 가능성을 먼저 보여주는 주요 신호이므로 초보자일수록 거래량 지표를 꾸준히 관찰하는 습관을 기르는 것이 필요하다.

거래량 증가 추세를 파악하는 것은 부동산 매수 시점을 결정하는 데 매우 효과적인 방법 중 하나다. 이를 위해 가장 먼저 활용할 수 있는 도구는 부동산지인 홈페이지다. 해당 홈페이지를 통해 특정 지역의 월별 거래량을 확인하고 최근 3~6개월간의 거래 건수를 비교하면, 거래 증가 추이와 시세 흐름 간의 관계를 분석할 수 있다. 거래량은 지역마다 큰 차이를 보이므로 전국적인 수치보다는 투자자가 관심이 있는 지역의 거래량 변화를 자세히 살펴보는 것이 중요하다.

거래량 증가 초기에 매수에 나서는 전략은 특히 효과적일 수 있다. 이 시점은 대개 가격이 아직 크게 오르지 않은 시기로 본격적인 상승세 전에 저가에 매입할 기회를 얻을 수 있기 때문이다. 다만, 모든 지역에서 동일한 흐름이 나타나는 것은 아니므로 지역별 거래량 차이를 비교 분석하고, 뚜렷한 상승세를 보이는 지역을 선별하는 것이 중요하다.

거래량이 증가하고 있는 지역 중에서도 신도시개발, 교통 인프라 확충, 기업 유치 등 실질적 수요 확대가 예상되는 지역은 중장기적으로 안정적인 가격 상승이 기대되므로 이러한 지역을 중심으로 매수 전략을 수립하는 것이 실전에서 유리한 접근 방식이 될 수 있다.

마지막으로 거래량 증가 후 가격 상승이 본격화되기 전에 신속하게 매수 결정을 내려야 한다. 거래량이 일정 기간 지속적으로 증가하면, 다음 단계로 가격 상승으로 이어질 가능성이 크기에 거래량 증가 추세가 본격적으로 나타나기 시작할 때 빠르게 매수 결정을 내리는 것이 유리하다.

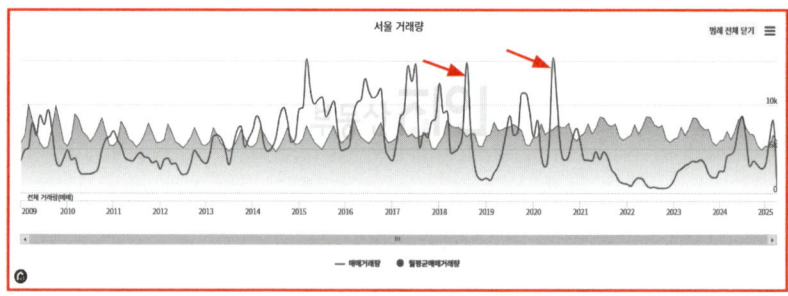

(출처 : 서울시 아파트 거래량 / 부동산지인 / 국토교통부, 2025.04.18. 기준)

일례로 서울의 거래량 변화 추세를 살펴보면 2018년부터 2020년 중순에 거래량이 급격히 증가한 것을 확인할 수 있다. 실제로 2021년까지 부동산 가격이 크게 상승했음을 알 수 있다. 매매 거래량은 실질적인 수요와 투자 수요를, 전세 거래량은 실거주 수요를 의미한다. 이때 중요한 것은 거래량이 활발해지는 시점을 파악하는 것이며, 거래량 증가는 매매가격 상승의 선행지표로 볼 수 있다.

부동산 매수 시점을 결정할 때 거래량 증가 추세를 확인하는 것은 핵심적인 투자 전략이다. 거래량이 증가하기 시작하면 이는 시장에 대한 투자자들의 관심이 다시 높아지고 있다는 긍정적인 신호로 향후 부동산 가격 상승 가능성을 예측하는 중요한 선행지표로 작용한다. 이러한 시장 움직임을 미리 포착하면 가격이 본격적으로 상승하기 전에 유리한 조건으로 부동산을 매수할 수 있는 절호의 기회를 얻을 수 있다.

따라서 단순히 가격이 낮다는 이유만으로 성급하게 매수 결정을 내리기보다는 부동산 실거래가 데이터, 지역별 거래 동향, 시장 뉴스 등을 자세히 분석해 거래량이 실질적으로 회복되고 있는지를 신중하게 판단하는 안목이 필요하다.

거래량 증가는 일시적인 변동이 아니라 시장 회복의 본격적인 시작일 수 있으며, 이를 전략적으로 해석하고 적극적으로 대응한다면 더욱 현명하고 안정적인 부동산 투자를 실현할 수 있을 것이다.

3) 전세가격(전세가율) 상승 추세를 확인해야 한다

일반적으로 전세가격은 아파트 매매가격의 하방 지지선 역할을 하는 경우가 많다. 즉, 전세가격이 하락하면 매매가도 함께 하락할 가능성이 크고 반대로 전세가가 상승하면 매매가에도 상승 압력이 작용하는 상관관계가 자주 관찰된다.

이러한 이유로 전세가격의 추세를 분석하는 것은 부동산 매수 시점을 판단하는 데 매우 중요한 요소로 작용한다.

전세 시장은 매매 시장과 긴밀하게 연결되어 있으며, 특히 전세가가 급등하는 시기에는 무주택 실수요자들이 전세보다는 자가 매수를 선택하는 경향이 강해진다. 이는 전세금 부담 증가로 인해 주택 매입 전환 수요가 늘어나고, 이는 다시 매매 시장 활성화와 가격 상승으로 이어질 수 있는 구조다.

전세가격 상승의 주요 원인은 신규 입주 물량 부족, 낮은 금리, 전세대출 확대 등으로 인해 수요는 늘고 공급은 줄어드는 구조에서 비롯된다. 이것으로 인해 전세가가 상승하면 전세를 유지하는 것보다 자가 주택 매수가 더 경제적이라는 인식이 확산되고, 실수요층이 매매 시장으로 유입되며 매매가격을 자극하게 된다. 반대로 전세가격이 안정되거나 하락하는 시기에는 무리하게 매수하기보다는 전세를 유지하는 것이 더 합리적인 선택이 될 수 있다. 따라서 전세가의 추세를 파악하는 것은 단순한 가격 비교를 넘어 시장 심리와 수요 흐름을 읽는 중요한 지표가 된다.

최근 몇 년간 우리나라 부동산 시장은 다양한 요인의 영향으로 큰 변동성을 겪었다. 정부 정책, 금리 변화, 공급 상황 등이 시장에 복합적인 영향을 미쳤다. 2020~2021년에는 초저금리 기조와 대출 규제 일부 완화로 전세 수요가 급증했고, 이에 따라 전세가격이 빠르게 상승했다. 특히 전세가가 급등하면서 전세의 월세화 현상이 심화되었고, 매매 시장에서도 집값이 가파르게 올랐다. 반면 2022년 이후 한국은행의 기준금리 인상으로 대출이자 부담이 커지고 전세대출 금리도 상승하면서 전세 수요가 위축되었고 전세가격은 안정되거나 일부 지역에서 하락세를 보였다.

2023년 이후에는 정부의 대출 규제 완화와 일부 지역의 신규 입주 물량 부족이 맞물려 수도권 지역을 중심으로 전세가격의 반등 조짐이 관측되었다. 따라서 전세가격이 지속적으로 상승한다면 매매 수요 증가에 따른 가격 반등 가능성을 고려해 적극적인 매수를 검토할 수 있다. 반대로 전세가격이 보합세이거나 하락세를 보인다면 시장 흐름을 좀 더 신중하게 관찰하는 것이 바람직할 수 있다.

최근 전세 시장에 밀접한 영향을 미치는 정책으로는 전월세상한제와 계약갱신청구권제가 있다. 이 정책들은 기존 세입자의 계약갱신 시 전세금 인상을 5% 이내로 제한하고 세입자의 요청 시 2년 추가 거주를 보장함으로써 초기에는 전세 매물 감소와 전세가격 급등의 원인 중 하나로 작용했다.

그러나 제도 도입 2년이 지나 2022~2024년 사이 기존 갱신계약의 재계약 시점이 도래하면서 정책 효과가 점차 약화되고, 전세가격도 지역별로 안정세를 보이는 흐름이 관찰되고 있다. 더불어 전세사기 및 깡통전세 문제가 사회적 이슈로 부각되면서 세입자들이 반전세 또는 월세를 더욱 선호하는 경향이 강화되고 있다. 이것으로 인해 전세 수요가 감소하고 일부 지역에서는 전세가격 하락세가 나타나며, 이는 매매 시장의 심리 위축 요인으로 작용할 수 있다.

현재 부동산 시장은 금리 인하 가능성, 대출 규제 완화 기조, 공급부족 우려 등 다양한 변수로 인해 상승 전환의 잠재력을 엿보고 있다. 특히 관심 지역에서 전세가격이 꾸준히 상승하고 있다면, 해당 지역의 매매가격 역시 점진적으로 반등할 가능성이 커 매수를 고려해볼 만한 시점일 수 있다.

반면, 전세가격이 하락세를 보이는 지역이라면 매매 시장 역시 조정 국면에 접어들 가능성이 커 신중한 접근이 요구된다. 이처럼 적절한 매수타이밍을 판단하기 위해서는 해당 지역의 전세가격 추세를 먼저 자세히 분석하는 것이 중요하다.

과거 사례를 보면, 아파트 매매가격이 고점 대비 30~40% 수준으로 하락하고 전세가가 반등세를 보이며 매매가와의 격차가 좁혀질 경우, 해당 시점이 매수의 적기일 수 있다는 해석이 가능하다. 단, 모든 지역이 동일한 패턴을 따르지는 않으므로 입주 물량, 금리 수준, 정부 정책,

지역 수급 구조를 종합적으로 고려해서 투자 결정을 내려야 한다.

  시장의 하방이 안정되고 전세 수요가 회복되는 흐름이 관찰되는 구간이라면, 적극적인 매수 접근을 위한 시점이 임박했을 가능성이 크다.
  지방 부동산 시장은 상승기에 급격한 가격 상승으로 거품이 형성될 수 있으며, 하락기에는 더 큰 폭의 조정을 겪는 경우가 많다. 하지만 모든 부동산 시장에는 수요, 공급, 거래량, 전세가 등 다양한 지표를 통해 적정 가격 수준이나 하락 가능성을 가늠할 수 있는 단서가 존재한다. 따라서 현재는 현금을 확보하고 철저한 학습과 분석을 통해 부동산 상승장에 대비하는 것이 중요하다. 특히 전세가격 상승이 매매 시장에 미치는 연동 효과를 정확히 이해하고, 시장 데이터를 기반으로 한 철저한 분석과 전략적 접근이 필요하다. 결국 철저히 준비된 투자자만이 시장의 타이밍을 기회로 전환할 수 있다.

부동산 투자의 시작과 끝, 결국은 아파트다

아파트 투자가 부동산 시장을 이끄는 이유

아파트 투자는 안정적인 수익과 장기적인 자산가치 상승 가능성으로 많은 이들에게 매력적인 투자 방법으로 여겨져왔다. 최근의 금융 환경 변화에도 불구하고 아파트 투자는 여전히 투자자들 사이에서 주목받는 수익 창출 방안 중 하나다.

아파트 투자의 매력은 상대적으로 높은 안정성과 예측 가능성에 있다. 주식 시장에 비해 부동산 시장의 변동성은 낮은 편으로 평가받으며, 특히 주택 공급이 부족한 지역에서는 아파트에 대한 수요가 지속해서 증가하는 추세다. 아파트 투자는 다양한 이점을 제공하는데, 대표적으로 시간이 지남에 따라 자산가치가 상승할 가능성이 있다. 특히 수요가 높거나 개발 잠재력이 있는 지역의 아파트는 더 큰 가치 상승을 기대할 수 있다. 지역개발과 성장에 따라 아파트 가치는 꾸준히 증가할 수 있으며 장기 투자를 통해 안정적인 수익을 낼 수 있다.

아파트를 보유하면 월세나 전세를 통해 안정적인 임대수익을 창출할 수 있으며, 여러 개의 아파트를 보유함으로써 임대료 수입을 다각화하고 투자 위험을 분산시킬 수 있다. 다만, 지역별 수요와 임대 시장 상황을 자세히 분석해야 한다.

단기적으로 시장 상황에 따라 시세차익을 통한 매매 수익도 기대할 수 있으나 시장의 변동성에 주의해야 한다. 최근 서울과 일부 대도시에서는 전세가격 상승과 함께 전세 아파트 수요가 증가하고 있어 부동산 투자자들에게 매력적인 현금흐름을 제공하고 있다.

다만, 임대차 관련 규제에 대해 주의 깊게 살펴봐야 한다. 또한, 정부의 주택 임대사업자 제도를 통해 양도소득세 감면 등 다양한 세제 혜택을 받을 수 있어 아파트 임대수익을 효율적으로 관리하고 노후 대비를 위한 수입원으로 활용할 수 있다. 단, 이러한 혜택은 등록 조건 및 정책에 따라 달라질 수 있음을 유념해야 한다.

아파트 투자를 할 때, 가장 중요한 것은 지역과 투자 시점을 신중하게 선택하는 것이다. 부동산 시장은 지역에 따라 큰 편차를 보이므로 투자하려는 지역의 시장 흐름을 정확하게 파악해야 한다. 최근에는 서울 강남권, 서울 외곽 재개발지역, 수도권의 교통 호재가 있는 지역이 투자자들의 주요 관심사로 부상하고 있다.

특히 재개발과 재건축이 활발히 이루어지는 지역의 아파트는 장기적인 가치 상승을 기대할 수 있다. 예를 들어, 강남구의 재건축 단지나 마포구와 같은 지역은 개발을 통해 아파트 가치가 꾸준히 상승하고 있다. 다만, 사업 지연 가능성도 고려해야 한다. 또한, 지하철 노선이 연장되거나 고속철도가 개통되면 해당 지역 아파트는 교통의 편리성으로 인한 수요 증가로 가격 상승이 예상된다.

다양한 포트폴리오 투자 전략을 아파트 매매에 적용할 수 있다. 저렴하게 구입한 아파트를 리모델링해서 가치를 높이고 장기보유하거나 가격 상승이 예상되는 지역의 아파트에 단기 투자할 수 있다.

또한 주식, 채권과 다른 자산 클래스로서 포트폴리오 다각화에 기여할 수 있다. 다만, 리모델링 비용과 시장 상황을 잘 검토해야 한다. 아파트 매매를 통해 투자 포트폴리오의 다양성을 높이고 이를 통해 위험을 분산시키고 투자의 안정성을 향상시킬 수 있다.

아파트 투자는 안정성을 제공하는 투자 방식으로 인정받고 있다. 부동산 시장은 지역과 시기에 따라 가격 변동이 있지만, 특히 수도권 아파트는 장기적으로 안정성을 보장할 가능성이 크다. 아파트는 수도권의 높은 수요로 인해 부동산 시장 진입이 상대적으로 쉬우며 다양한 시장 참여자로 인해 거래가 활발하게 이루어진다.

반면, 비수도권은 공급 과잉과 거래 감소로 인해 상황이 다르다. 토지나 상가와 달리 아파트는 같은 단지 내 유사한 평수와 타입의 비교 대상이 있어 가치 평가가 상대적으로 쉽다. 최근 부동산 정보 사이트의 증가로 초보 투자자도 시세를 쉽게 파악할 수 있지만, 대출 규제와 시장 변동성으로 인해 투자 위험은 여전히 존재한다.

상업용 부동산과 달리 아파트는 직접 거주가 가능하고 임대차계약을 통해 전월세로 운용할 수 있으며, 매도가 어려우면 장기보유 등 다양한 대응 방식이 있다. 다만, 시장 상황에 따라 매도 가능성은 달라질 수 있다. 이러한 특징들은 아파트 투자가 안정성과 수익성을 제공하는 데 도움이 되지만 투자 시에는 시장 조건, 입지, 부동산 상태, 개인 재무 상황 등을 신중히 고려해야 한다.

아파트는 기본적인 주거 공간으로, 도시화와 가족 구조 변화로 인해 수요가 지속적으로 증가하고 있다. 특히 서울과 수도권 지역은 인구 집중으로 아파트 수요가 꾸준히 높아지며, 이는 가격 상승의 주요 동력이 되고 있다. 아파트의 큰 장점은 가치 상승 가능성이다. 주택으로서의 실용성이 높아 수요가 안정적이며, 특히 수도권의 제한된 공급으로 인해 가격 상승이 예상된다. 다만, 경제 상황과 지역에 따라 변동성이 존재한다. 특히 재건축이나 재개발지역의 아파트는 추가적인 가치 상승 잠재력을 지니고 있으나, 사업 지연 가능성을 고려해야 한다.

부동산 시장에서 정부 정책은 핵심적인 영향 요소이며, 아파트는 이러한 정책에 가장 민감한 자산 중 하나다. 2025년 정부는 주택담보대출 규제(스트레스 DSR 3단계), 다주택자 양도소득세 중과 유예, 비수도권 주택 세제 혜택 등 아파트 시장 안정화와 실수요자 지원을 위한 정책들을 시행하고 있으며, 이는 투자 전략 수립 시 반드시 고려해야 할 중요한 요소가 된다.

정부는 주택 공급 확대와 실수요자 보호라는 목표 아래 공공임대주택, 전세대출 지원 등 다양한 정책적 접근을 추진하고 있다. 재개발과 재건축을 통한 신규아파트 공급은 향후 아파트 시장에 대한 긍정적인 전망을 제시하고 있다.

아파트 투자는 안정성과 성장 가능성을 지니고 있지만, 정부 규제 변화에 민감하게 대응해야 한다. 2025년 정부는 대출 규제 강화와 재건축·세제 완화 정책을 동시에 추진하고 있어, 이는 지역별 아파트가격에 차별적인 영향을 미칠 수 있다.

시장의 흐름을 자세히 분석하고, 그에 맞는 시기적 전략을 수립하는 것이 부동산 투자에서 매우 중요하다. 2025년 금리 인하 기조에도 불구하고 스트레스 DSR 강화로 대출 부담이 증가할 수 있으므로 저금리 시점을 활용하거나 장기적인 관점에서 임대수익 중심의 안정적인 투자 전략을 수립하는 것이 바람직하다.

특히 지방 아파트 투자 시에는 해당 지역의 위험도를 철저히 분석해야 한다. 수도권 외 지역은 상대적으로 수요가 적고 경제적 변동성에 취약한 경우가 많아 해당 지역의 경제적·사회적 특성을 심층적으로 분석하는 것이 투자 성공의 핵심이다.

부동산 투자에서 아파트 특히 수도권지역의 아파트는 꾸준한 수익을 제공하는 유력한 투자처로 자리 잡고 있다. 제한된 공급과 지속적인 수요로 장기적 안정성을 기대할 수 있으나 지역별 차이와 시장의 변동성을 면밀히 고려해야 한다.

아파트 투자의 본질은 단기적인 시세차익보다는 장기적 관점에서 안정적인 수익을 추구하는 것이다. 성공적인 아파트 투자를 위해서는 정부 정책의 변화와 시장 동향을 정확히 파악하고 최적의 지역과 시점을 선택할 수 있는 전문적인 안목이 무엇보다 중요하다.

모두가 아파트 투자를 꿈꾸지만, 알아야 할 위험이 있다

아파트는 부동산 투자에서 가장 흔한 선택지로 자리 잡았다. 실거주 수요와 투자 수요가 모두 뒷받침되어 안정적인 수익을 기대할 수 있기 때문이다. 하지만 현재 아파트 투자가 성공을 무조건 보장하는 것은 아니다. 금리 변동, 대출 규제, 지역 간 수급 불균형, 부동산 사기, 고령화 등 시장에 영향을 미치는 요인들이 계속 등장하고 있다.

특히 부동산은 자금 회수가 쉽지 않고 시장 사이클에 따라 급격한 조정이 가능하기 때문에 투자 전 철저한 분석이 필수적이다. 단순히 집값 상승을 기대하며 진입하는 전략은 위험하다. 실제로 많은 초보 투자자가 시장 위험을 간과한 채 아파트에 자금을 투입했다가 손실을 경험하고 있다.

아파트 투자의 가장 큰 변수는 시장의 불안정성이다. 수도권과 비수도권의 흐름은 완전히 다르며 상승과 하락의 시점도 각각 다르게 나타난다. 수도권은 여전히 수요가 집중되지만, 외곽이나 지방은 미분양 증가와 인구 감소로 가격 하락 위험이 상존한다. 특히 고령화가 빠르게 진행되는 지역은 수요 위축과 매물 증가로 가격 방어가 어려워진다.

정부 정책도 중요한 변수로 작용한다. 2025년 현재 수도권은 도심복합사업, 재건축 규제 완화 등을 통해 주택 공급 확대를 추진 중이며 동시에 실거주 의무 유지, 전매 제한 일부 완화 등 투기 억제와 시장 안정이라는 2가지 목표를 병행하고 있다. 양도소득세 중과 유예와 비수도권 세제 혜택 등은 일부 투자자에게 유리할 수 있지만, 언제든 변경이 가능하므로 지속적인 정책 모니터링이 필요하다.

아파트의 가치는 입지와 미래 성장 가능성에서 결정된다. 교통망, 교육 환경, 상업시설과 같은 인프라뿐만 아니라 해당 지역의 인구 흐름과 개발계획까지 면밀히 살펴야 한다. 특히 개발계획이 지연되거나 수요가 기대에 미치지 못하면 투자자 입장에서 자산가치는 오히려 하락할 수 있다.

시공사의 재무 건전성과 시공 품질도 아파트의 실질 가치에 큰 영향을 미친다. 최근 몇 년간 일부 건설사의 자금난으로 인한 부도와 공사 지연 사례가 증가하고 있으며, 부실시공은 안전 문제와 자산가치 하락으로 이어질 수 있다.

임대수익을 기대하는 경우에도 공실 위험, 월세 미납, 시설 훼손 등 다양한 문제가 발생할 수 있다. 이를 방지하려면, 임차인의 신용과 성향을 철저히 확인하고 계약서에 명확한 특약 조항을 설정해야 한다. 또한 유지보수비, 재산세, 보험료 등 운영 비용도 수익률에 직접적인 영향을 준다.

　금리 역시 부동산 시장의 핵심 변수다. 2025년 현재 기준금리는 하락 기조지만 스트레스 DSR제도에 따라 실제 대출 여력은 제한되고 있으며 변동금리 대출을 이용할 경우, 이자 부담이 커질 수 있다. 자산 수익성과 재무 건전성을 함께 고려한 대출 전략이 요구된다. 이처럼 아파트 투자에는 다양한 위험 요소가 존재한다. 부동산 시장은 계속해서 변화하며 절대적인 정답은 없다. 따라서 단기수익만을 바라보는 시야가 아닌 중장기적인 관점에서 정책, 수급, 입지, 금융 등을 종합적으로 고려한 전략이 필요하다.

　부동산 투자와 거래는 많은 사람들에게 재산 형성의 중요한 기회가 될 수 있지만, 부동산 시장에는 초보자를 노리는 수많은 사기가 도사리고 있으며 이러한 사기를 제대로 대비하지 못하면 심각한 경제적 손실을 겪을 수 있다. 특히 최근 부동산 시장의 급격한 변화와 함께 새롭고 교묘한 사기 수법들이 계속해서 등장하고 있어 이를 정확히 이해하고 대비하는 것이 그 어느 때보다 중요하다. 부동산 사기는 단순한 금전적 피해를 넘어 개인의 삶 전체에 돌이킬 수 없는 영향을 미칠 수 있기 때문에 예방과 대처 방법에 대해 철저히 숙지해야 한다.

　2023년 사회적인 큰 문제가 되었던 대표적인 갭투자 전세 계약 사기 유형에 대해 알아보겠다. 갭투자는 매매가와 전세보증금의 차이를 이용해 적은 자본으로 부동산을 취득하는 투자 방식이다. 예를 들어, 3억 원짜리 주택에 2억 8,000만 원의 전세보증금이 설정되어 있다면, 투자자는 2,000만 원만으로 집을 살 수 있다. 이처럼 소액으로 여러 채의 주택을 확보할 수 있다는 점에서 갭투자는 한동안 투자자들 사이에서 큰 인기를 끌었다.

하지만 갭투자에는 시장 변동성, 레버리지 위험, 정보 부족, 불법행위, 불확실성 등 다양한 위험이 도사리고 있다. 특히 집값이 하락하거나 전세가격이 떨어지는 역전세 상황이 발생하면 투자자는 전세보증금을 반환하지 못해 파산할 수 있고, 세입자도 큰 피해를 입을 수 있다.

최근에는 무자본 갭투자 사기, 깡통전세, 이중계약 등 다양한 전세사기 수법이 심각한 사회 문제로 대두되었다. 대표적인 갭투자 전세사기 유형은 다음과 같다.

무자본 갭투자의 경우, 임대인이 자기자본 없이 전세보증금으로 집을 여러 채 매입하고 집값이 하락하거나 새로운 세입자를 구하지 못하면 보증금을 돌려주지 못해 피해가 발생한다. 전세가율 조작 및 깡통전세의 경우, 공인중개사와 임대인이 공모해 전세가를 인위적으로 높여 세입자를 모집하고 집값이 하락하면 보증금 반환이 불가능해진다.

이중·중복계약의 경우, 한 집에 여러 명의 세입자와 전세계약을 체결해 보증금을 편취하는 수법이다. 갭투자 피해는 주로 신축 빌라나 거래가 드문 다세대주택 등 시세 파악이 어려운 곳에서 집중적으로 발생한다. 사회 경험이 적은 20~30대 청년과 신혼부부가 주요 피해자다. 예방을 위해서는 등기부등본 확인, 전세보증보험 가입, 임대인의 재정 상태 점검, 확정일자 및 전입신고 등 기본적인 안전장치를 꼭 갖춰야 한다.

정부는 전세금 에스크로제도, 갭투자 제한 등 제도적 보완을 논의하고 있으나 아직 실질적 규제는 미흡한 상황이다. 결론적으로 갭투자는 적은 자본으로 큰 수익을 기대할 수 있지만, 시장 하락기에는 투자자와 세입자 모두에게 심각한 피해를 초래할 수 있다. 특히 무자본 갭투자와 같은 사기성 투자에는 각별한 주의가 필요하다.

전세사기 피해를 막으려면 계약 전후로 꼭 확인해야 할 핵심 사항들이 있다.

우선, 해당 주택 주변의 매매와 전세 시세를 정확히 파악해야 하며, 이는 공인중개사뿐 아니라 국토교통부 실거래가 공개시스템, 호갱노노 등 부동산 플랫폼 등을 통해 쉽게 조회할 수 있다.

둘째, 전세보증금 반환보증 가입 여부를 사전에 꼭 확인해야 한다. HUG나 SGI에서 운영하는 전세보증금 반환보증 상품은 임차인 피해를 막을 수 있는 확실한 방법이며, 정상적인 임대인이라면 보증가입에 협조하는 것이 일반적이다. 계약 시 보증가입 특약을 계약서에 꼭 기재하고 보증가입 후 보증서 사본을 직접 받는 것이 안전하다.

셋째, 계약서 작성 시 다음 특약 조항을 반드시 추가해야 한다. '계약 기간 내 소유권 변경 금지 및 위반 시 계약 해지·보증금 전액 반환 조항'과 '보증금 반환 순위 확보를 위한 확정일자 우선 진행 의무' 등이다.

넷째, 계약 체결 전 해당 부동산 등기부등본을 반드시 열람해 소유권, 근저당, 가압류, 신탁 여부 등을 상세히 확인해야 한다. 특히 다음과 같은 경우 위험 신호로 볼 수 있다. 근저당권 등 담보금액이 매매가의 70%를 초과할 경우(경매 위험), 소유자와 계약자가 일치하지 않는 경우(명의대여 또는 대리계약 의심), 신탁등기된 경우 신탁회사 동의서 등 필요 서류 확인이 필수다.

다섯째, 계약 후에는 다음 절차를 신속하게 진행해야 한다. 임대차계약 당일 즉시 확정일자 신청과 전입신고는 잔금 지급일 기준으로 하되 확정일자는 최대한 빠르게 진행한다. 잔금 지급 직전 다시 등기부등본을 재확인해 중간에 새로운 담보권, 가압류, 근저당 등의 변동 여부를 반드시 확인한다. 확정일자와 전입신고가 완료되어야만 임차인은 주택임대차보호법상 대항력 및 우선변제권을 확보할 수 있으며 확정일자

없이 전입만 하거나 보증금 순위가 후순위가 되면 보증금을 돌려받기 어려울 수 있다.

마지막으로 근저당권이 과다하거나 권리관계가 복잡한 부동산은 사전에 철저히 분석하고 필요하다면 변호사, 세무사 등 법률 전문가와 상담을 고려해야 한다. 경험적으로 근저당이 매매가의 70% 이상인 경우 위험도가 높지만, 실제 판단은 해당 부동산의 시세 변동, 매도인의 채무 상환 능력, 금융권 평가 등을 종합적으로 고려해야 한다.

전세 계약 체결 시에는 특약사항에 다음 내용을 반드시 명시해야 한다. "잔금 지급일 다음 날까지 새로운 권리변동(소유권 이전, 근저당 설정 등)을 발생시키지 않으며, 이를 위반하면 계약 해지 및 손해배상은 민법 제390조 및 제544조 등에 따른다." 이러한 특약은 잔금 지급 직후 임대인의 소유권 이전이나 대출 실행으로 인한 근저당 설정을 사전에 막는 매우 중요한 장치다.

세입자가 전입신고와 이사를 잔금일에 완료하더라도 대항력은 이사 다음 날 0시에 발생한다. 그러나 임대인이 같은 날 대출 실행과 함께 근저당을 설정할 경우, 근저당권이 먼저 등기되어 세입자의 전세보증금이 후순위로 밀려 우선변제를 받지 못할 수 있다. 이런 위험을 줄이려면 전세보증금 반환보증 보험, 즉 전세보증보험에 가입하는 것이 효과적이다. 이 보증제도는 임대인이 보증금을 반환하지 못하거나 주택이 경매로 넘어가는 경우 보증기관이 세입자에게 보증금을 대신 지급해주는 제도다.

전세보증보험을 제공하는 주요 기관으로는 주택도시보증공사(HUG), 서울보증보험(SGI), 한국주택금융공사(HF)가 있다. 2023년부터는 전세

계약서에 보증보험 가입 동의 조항이 포함되어 있으면, 임대인의 별도 서면 동의 없이도 가입할 수 있다. 단, 일부 보증 상품에서는 여전히 집주인의 명시적 동의나 등기부 확인이 필요할 수 있으므로 계약서에 해당 내용을 특약으로 명확히 기재하는 것이 좋으며, 공인중개사를 통해 전세계약을 체결해야 보증보험을 가입할 수 있다는 점도 임차인들은 유념해야 한다.

HUG의 경우, 수도권에서는 최대 7억 원까지, 비수도권에서는 최대 5억 원까지 보증이 가능하며 보증금은 주택 시세(공시가격 또는 감정평가액)의 1.5~2배 이내 범위에서 보장된다. 보증료율은 연 0.097~0.211% 수준으로 공공기관답게 비교적 저렴하다.

SGI는 아파트는 공식적인 보증 한도는 없지만, 비아파트는 신청인의 보증금과 해당 주택의 시세, 근저당 등 선순위 채권 여부를 종합적으로 심사해 개별 보증 가능 금액을 결정한다. 보증료율은 일반적으로 0.138%에서 0.208% 사이로 HUG보다 다소 높지만, 조건에 따라 유연하게 운용되는 것이 장점이다. HF는 주로 청년, 신혼부부 등 특정 계층을 대상으로 한 전세금보증 상품을 운영하며, 연령과 소득 요건이 보증료율은 기본 0.04%이며, LTV 기준 따라 차등적용하고 청년, 신혼부부 등 특정 계층을 우대한다.

일반적인 전세보증과는 다르게 가입 조건이 더 엄격할 수 있으므로 사전에 세부 기준을 꼼꼼히 확인해야 한다. 보증보험에 가입하기 전에는 반드시 해당 주택의 감정가 또는 공시가격, 전세가율, 등기부등본상 근저당 등 선순위채권 존재 여부를 꼭 검토해야 한다. 보증금이 주택 시세의 80%를 초과하거나 근저당이 많은 경우에는 가입이 제한되거나 보증료가 높아질 수 있다. 보증보험은 단순한 선택사항이 아니라 전세사기를 예방하고 보증금을 안전하게 보호받기 위한 중요한 수단이다.

계약 전에 반드시 HUG, SGI, HF 각 기관의 공식 홈페이지에서 보증 가능 여부, 가입 조건, 보증 한도 및 수수료를 사전에 확인하고 필요한 경우 상담을 통해 본인 상황에 가장 적합한 기관을 선택하는 것이 바람직하다.

갭투자는 적은 자본으로 큰 자산을 확보할 수 있다는 매력 때문에 많은 투자자에게 인기가 높다. 하지만 동시에 상당한 위험도 따른다. 특히 전세사기는 초기에 발견하기 어려워 피해 위험이 크기 때문에 사전 예방이 핵심이다.

갭투자 전세사기 예방의 핵심은 철저한 사전 준비와 신중한 접근이다. 부동산 초보자들이 자주 겪는 유형의 피해지만 제도를 제대로 이해하고 충분히 준비한다면 대부분의 피해를 막을 수 있다. 부동산 거래는 규모가 크고 절차가 복잡한 만큼 항상 세심한 확인과 검증이 필수적이다. 가장 중요한 요소는 당연한 말이지만 계약서다. 전세계약서와 매매계약서를 꼼꼼히 검토하고 세입자 정보, 임대 기간, 보증금 등의 항목이 정확히 기재되었는지 꼭 확인해야 한다. 중복된 계약이나 허위 계약을 방지하기 위해 계약 당사자인 세입자나 매도자에게 직접 연락해 사실관계를 확인하는 절차도 필요하다.

거래 대상 부동산에 이미 세입자가 있다면 해당 세입자의 실제 거주 여부, 전세보증금 반환 상황, 임대차계약서의 유효성을 직접 확인하는 것이 중요하다. 필요하다면 공인중개사나 관리사무소를 통해 객관적인 정보를 얻을 수 있다.

무엇보다 신뢰할 수 있는 공인중개사와 거래하는 것이 기본이다. 중개사가 제공하는 정보의 정확성을 철저히 점검하고 해당 중개사가 공인중개사협회에 정식으로 등록된 합법 중개인인지 확인해야 한다. 계약 전에는 계약서 사본을 요구하고, 의심스러운 점이 있다면 중개사무소의 계약 대상 확인 및 설명 의무를 적극적으로 요구해야 한다.

갭투자에 앞서 해당 지역의 전세가율, 매매가 시세 동향, 임대 수요 등을 충분히 분석해야 한다. 전세금과 매매가 간의 갭이 비정상적으로 작거나 큰 경우, 주의가 필요하며 매도자가 부동산을 서두르는 이유도 반드시 확인해야 한다. 이러한 정보들이 때로는 거래의 잠재적 위험을 보여주는 중요한 신호가 될 수 있다.

또한 계약서의 법적 효력이나 위험을 완전히 이해하지 못하면 반드시 법률 전문가나 부동산 전문가와 상담해야 한다. 전문가의 조언을 통해 계약 내용을 사전에 검토하면 예상치 못한 피해를 미리 방지할 수 있다.

잠자는 돈을 깨우는 방법, 상가에 투자하라

부동산 투자는 크게 2가지로 나눌 수 있다. 하나는 시세차익을 노리는 투자이고, 다른 하나는 임대수익을 목적으로 하는 투자다. 그중에서도 임대수익을 안정적으로 창출할 수 있는 수익형 부동산은 많은 투자자에게 꾸준한 현금흐름과 수익 기회를 제공하는 매력적인 투자 방식으로 자리 잡고 있다. 다만, 지역별 공실률과 수익률의 차이를 반드시 고려해야 한다. 은퇴를 앞둔 50~60대의 상가 투자 관심도 높아지고 있지만, 공실률과 관리비 부담 등 부작용 또한 만만치 않다.

성공적인 상가 투자를 위해서는 경기와 투자 목적, 상가 유형에 따라 투자 방법을 다르게 접근해야 하며, 최소한 상가의 유형과 특성을 정확히 파악해야 한다.

안정적 투자 수익을 원한다면 단지 내 상가에 투자하라

수익형 부동산 투자의 다양한 방식 중에서도 초보 투자자들이 가장 관심을 갖고 쉽게 시작할 수 있는 투자처는 아파트 단지 내 상가다. 이러한 상가는 입주민의 안정적인 수요로 비교적 낮은 공실률을 바탕으로 꾸준한 투자 수익을 창출할 수 있는 매력적인 투자 형태로 평가받고 있다. 다만, 투자 시 지역별 공실률 차이를 자세히 고려해야 한다.

2025년 금리 변동, 정부 규제, 경제적 불확실성으로 부동산 시장이 흔들리고 있지만, 수도권 단지 내 상가는 안정적인 임대 수요와 양호한 수익성을 유지하며 투자자들의 주목을 받고 있다. 그러나 이러한 상가는 단지 지원의 성격을 띠고 있어 입점이 가능한 업종이 제한적이라는 단점이 있다.

주거지역 내 위치한 단지 내 상가는 기본적으로 입주민을 대상으로 한 상업활동이 이루어지고 일정 수준의 배후 수요를 확보하고 있어 매력적인 투자 대상으로 여겨진다. 하지만 모든 아파트 단지 내 상가가 성공적인 투자처인 것은 아니므로 신중한 접근이 필요하다. 단지 내 상가 투자가 안정적인 이유는 고정적인 수요를 확보할 수 있기 때문이다. 해당 상가는 특정 아파트 단지의 입주민을 주요 고객으로 삼아 안정적인 고객층을 확보한다. 거주민들은 편의성을 추구해 멀리 가지 않고 가까운 단지 내 상가를 이용하는 경향이 강해 임대 수요가 지속적으로 유지된다.

일반 길거리 상가와 달리 단지 내 상가는 편의점, 베이커리 카페, 무인가게, 약국 등 필수 생활 업종을 중심으로 구성되어 수도권에서는 공실률이 상대적으로 낮다. 주거단지와 긴밀하게 연계된 생활 밀착형 업종으로 이루어진 단지 내 상가는 경제 불황에도 불구하고 수도권에서 비교적 안정성을 유지한다.

단지 내 상가는 관리사무소의 체계적인 공용 공간 관리로 투자자의 관리 부담을 줄일 수 있지만, 상가별 관리비와 업종 유지비는 별도로 고려해야 한다. 특히 운영과 관리에 대한 부담을 최소화할 수 있어 초보 투자자들에게 매력적인 투자처로 자리 잡았다.

특히 수도권과 신도시 지역의 대규모 아파트 내 상가는 지속적인 인기를 얻으며 안정적인 투자 대안으로 자리 잡았다. 단지 내 상가 투자의 성공을 위해서는 무엇보다 입주민의 소비패턴을 자세히 분석하는 것이 핵심이다.

단지 내 상가의 매출은 입주민의 소비성향과 연령대에 따라 크게 달라지기 때문이다. 젊은 세대가 주로 거주하는 아파트 단지에서는 카페, 편의점, 배달 음식점 등의 업종이 특히 인기를 끌 수 있다. 다만 단지 내 상가의 입지도 매우 중요한데, 출입구에서 멀리 위치한 상가는 유동 인구가 적어 공실 위험이 높아질 수 있다.

반면 단지 중심부나 정문 근처의 상가는 상대적으로 안정적인 임대수익을 기대할 수 있다. 단지 내 상가 운영은 아파트 관리주체에 따라 달라지기 때문에 관리비 부담이 상당할 수 있으며, 이에 대한 철저한 수익성 분석이 필수적이다.

또한 동일한 상권 내 과도한 경쟁이 발생하면 수익성이 크게 악화될 수 있으므로 기존 상가 업종과의 차별화 전략이 매우 중요하다. 실제로 대부분의 단지 내 상가가 공인중개사 사무소, 편의점, 세탁소, 소형학원 등에 국한되는 이유도 여기에 있다. 상가의 생존 전략은 변화하는 트랜드를 적기에 파악해 업종 전환을 통한 수익률과 공실 관리에 신경을 써야 한다. 요즘은 무인 아이스크림, 무인 인형 뽑기 등 무인점포가 인기를 얻고 있다.

2025년 경기 침체로 상가들이 매출의 어려움을 겪고 있는 지역에서는 나름의 마케팅 전략과 시장 상황을 극복할 수 있는 자생력을 키워야 한다.

단지 내 상가는 공실 위험이 상대적으로 낮아 안정적인 임대수익을 창출할 수 있지만, 다른 상가에 비해 특별히 높은 수익률을 보장하지는 않는다는 한계가 있다. 최근 아파트 분양가격 상승과 맞물려 상가 분양

가격도 크게 오르면서 전반적인 수익률이 하락하고 있어 부동산 투자자들에게는 부담스러운 요소로 작용하고 있다.

부동산 투자 경험이 적은 초보자들에게 단지 내 상가는 여전히 가장 안정적인 수익형 부동산 투자처로 인식되고 있다. 특히 대출 규제와 시장 변동성이 커지는 2025년 상황에서 단지 내 상가의 안정적인 매력이 더욱 두드러진다. 단지 내 상가 투자는 입주민에 대한 철저한 분석과 필수 생활 업종 유치에 중점을 둔다면 초보 투자자도 비교적 쉽게 안정적이고 지속적인 투자 수익을 낼 수 있다.

지역 상권의 중심인 근린 상가에서 기회를 잡아라

근린상가는 우리 주변에서 쉽게 접할 수 있는 상업용 부동산으로 주거지나 소규모 상권 내에 위치해 지역 주민들의 일상적인 소비 욕구를 충족시키는 공간을 의미한다. 동네의 카페, 편의점, 약국, 미용실, 식당 등이 자리 잡은 건물이 바로 근린상가의 대표적인 예다. 이러한 근린상가는 부동산 투자 영역에서 고위험·고수익의 특성을 지닌 투자 대상으로 초보 투자자들에게 매력적이면서도 동시에 신중한 접근이 요구되는 분야다.

근린상가는 풍부한 유동 인구로 높은 수익성을 자랑하지만, 업종이 주거지 지원 목적으로 일부 제한되며 치열한 경쟁과 상가 활성도 저하 시 상당한 위험이 도사리고 있다. 주로 특정 지역 내 주민과 방문객을 목표로 하는 상업시설로 투자자들 사이에서는 고위험·고수익 투자처로 인식된다.

접근성이 우수하거나 개발 잠재력이 있는 지역의 근린상가는 높은 임대수익과 시세차익을 기대할 수 있지만, 공실에 따른 위험 역시 만만치 않기 때문에 신중한 투자 접근이 필수다. 아파트나 오피스텔과 달리 근린상가는 임대수익과 시세차익을 동시에 노릴 수 있는 수익형 부동산의 특성을 가진다. 특히 신중하게 선별된 근린상가는 높은 임대료와 안정적인 수익률을 제공할 수 있어 투자 매력도가 높다. 하지만 그만큼 위험도 크기 때문에 초보 투자자들은 근린상가의 고위험 고수익 특성을 정확히 이해하는 것이 중요하다.

근린상가는 상업활동의 핵심 무대로 일반적인 주거용 부동산인 아파트(연 1~3%)나 오피스텔(연 4.5~6%)과 비교했을 때 상대적으로 높은 수도권 연 4~5%, 우수한 입지의 경우 6% 이상의 임대수익률을 창출할 수 있는 매력적인 투자처다. 다만, 임대수익률은 상권별·공실률·유형에 따라 차이가 크므로, 투자 시 지역별 데이터와 실거래 사례를 반드시 확인해야 한다. 특히 역세권이나 상업 중심지에 위치한 근린상가는 안정적인 임대 수요와 탁월한 수익성을 바탕으로 경험이 부족한 초보 투자자들에게도 매우 유망한 투자 기회를 제공한다. 특히 유동 인구가 풍부한 상권에서는 임대료가 높게 형성되는 경향이 있다. 또한 상권 발전, 지하철역 신설, 대규모 주거단지 입주 등 지역 개발이 진행되면 근린상가의 가치가 크게 상승할 수 있다. 카페, 음식점, 학원, 병원 등 다양한 업종에서 근린상가에 대한 수요가 있기에 임차인 확보도 비교적 안정적이다.

근린상가 투자에서 가장 큰 위험 요소는 바로 공실 문제다. 임차인이 없으면 임대수익은 전무하며, 공실이 장기화되면 관리비 부담으로 투자 수익률이 급격히 떨어진다. 2025년 경기 침체와 대출 규제로 비수도권을 중심으로 상가 공실률이 높아지고 있는 추세다. 근린상가의 가치는 위치한 상권의 활성화 정도에 크게 좌우되므로 상권이 쇠퇴하거나 경쟁

상권이 생겨나면 임대료와 자산가치가 하락할 수 있다. 대출 규제와 고물가 경제 환경에서는 소비심리가 위축되어 상가 임차인의 매출이 줄어들고, 이는 곧 공실이나 임대료 하락으로 이어질 가능성이 크다.

근린상가 투자의 성공 열쇠는 철저한 상권분석과 미래가치 전망에 달려 있다. 초보 투자자가 성공하려면 입지 분석이 가장 핵심적인 요소다. 사실상 근린상가 투자에서 입지 분석은 성공 확률의 70~80%를 좌우한다고 볼 수 있다.

투자 지역을 선정할 때는 유동 인구, 교통 접근성, 인근 주거지의 인구 구조와 특성, 경쟁 상가 현황 등 다양한 요인을 세밀하게 조사해야 한다. 업종별 특성을 철저히 분석해 최적의 업종 조합을 구성하는 것도 매우 중요하다. 배후 수요가 풍부하고 지속적인 유동 인구가 예상되는 지역에 중점을 두어야 하며 향후 GTX, 신도시 입주 등 개발계획이 있거나 인구 유입 잠재력이 높은 지역을 우선으로 고려해야 한다.

정부의 정책과 규제 변화에 대해 항상 민감하게 대응하는 것이 중요하다. 상권 활성화 정책과 재개발계획을 지속적으로 모니터링하고 장기적인 투자 관점에서 접근해야 한다. 특히 근린상가의 경우 공실이 발생하면 수익성이 급격히 떨어질 수 있으므로 장기 임차인 유치 가능성과 안정적인 수요층의 존재 여부를 사전에 철저히 분석해야 한다. 단지 내 위치에 따른 선호도 차이를 절대 간과해서는 안 된다. 엘리베이터나 계단 위치에 따라 임대 가능성이 크게 달라질 수 있으며 선택은 즉각적인 공실로 이어져 투자 위험도를 높일 수 있다.

따라서 입지 분석뿐만 아니라 임대 업종 선택도 매우 중요한 투자 포인트다. 업종 선정 시에는 해당 지역의 소비층 특성을 정확히 파악하는 것이 핵심이다. 젊은 층이 많은 지역에는 배달 음식점, 감성 카페, 무인 점포 등이 적합하고 노년층이 주로 거주하는 지역에는 약국, 편의점, 병원 등 생활밀착형 업종이 경쟁력 있다. 또한 특정 브랜드카페, 키즈카페, 프리미엄 식자재 마트 등 차별화된 업종을 선택하면 시장에서 독보적인 위치를 차지할 수 있다.

2025년 금리 변동기에는 위험 관리와 자금 운용에 특히 주의를 기울여야 한다. 과도한 대출을 활용한 투자는 매우 위험할 수 있으므로, 자기자본비율을 높이고 투자 초기부터 안정적인 현금흐름이 확보된 상가 위주로 투자해 위험을 최소화해야 한다.

미래를 여는 고수익 투자는 오피스텔 상가다

오피스텔 상가가 미래 수익형 부동산 투자처로 부상하고 있다. 2025년 경기 침체와 부동산 규제 강화 국면에서도 소자본으로 진입할 수 있고, 실수요 기반의 수익이 기대되어 특히 초보 투자자들에게 대안으로 떠오르고 있다. 오피스텔 상가는 전통적인 근린상가나 아파트 단지 내 상가와는 차별화된 틈새 상품으로 입지에 따라 안정적인 수익률을 제공한다. 특히 고층부 오피스텔 입주민과 외부 유동 인구를 동시에 흡수할 수 있어 장기적인 임대수익 창출이 가능하다. 주로 배달 음식점, 편의점, 세탁소 등 생활밀착형 업종이 자리 잡고 있으며, 최근에는 무인점포와 프랜차이즈 카페 같은 트렌디한 업종도 유망한 선택지로 부상하고 있다.

투자 측면에서 오피스텔 상가는 대출 활용도가 높고 진입 비용이 낮다는 장점이 있다. 금융권에서는 평균 5.51%의 임대수익률을 전망하고 있으며, LTV 70% 수준의 대출도 가능해 자금 부담을 줄일 수 있다. 특히 1~2인 가구 중심의 주거 수요가 꾸준한 지역에서는 투자 가치가 더욱 높아진다.

그러나 모든 오피스텔 상가가 안정적인 수익을 보장하는 것은 아니다. 상가의 입지 조건, 인근 경쟁 상가의 밀집도, 업종 수요 등 다양한 요소를 종합적으로 검토해야 한다. 입지가 아무리 좋아 보여도 부적절한 입점 업종이나 유사 업종의 과밀로 인해 장기 공실이 발생하면 수익성은 급격히 떨어질 수 있다.

2025년 기준 대출 규제는 상가 투자의 중요한 변수다. 무분별한 대출 투자보다는 임대료 수익이 대출이자와 관리비를 안정적으로 감당할 수 있는지 철저히 검토해야 한다. 상가 임대료 대비 원리금 상환 가능성 분석은 반드시 선행되어야 할 핵심 절차다.

정부 정책 변화에도 주의를 기울여야 한다. 상업지역 용도변경, 금융규제, 임대업 관련 세제 등 다양한 요소가 수익성에 영향을 미칠 수 있기 때문이다. 오피스텔 상가가 지식산업센터 등 복합단지 내에 위치할 경우, 해당 건물의 입주업종과 규모, 동선까지 세밀히 분석해야 안정적인 수익 구조를 구축할 수 있다.

결국, 초보 투자자일수록 상가 투자 시 전략적 접근이 필요하다. 상권 및 업종 분석, 공실 위험 관리, 수익과 비용 시뮬레이션 등을 통해 과학적이고 보수적인 투자 판단을 내려야 한다. 장기적 관점에서 우수한 입지와 실수요 기반을 확보한 오피스텔 상가는 안정적인 현금흐름과 자산가치 상승이라는 2가지 목표를 동시에 달성할 수 있는 유망한 수익형 부동산이 될 수 있다. 이제 단순한 투자처를 넘어 변화하는 부동산 시장에서 자신만의 수익모델을 설계할 수 있는 전략적 틈새 시장으로 오피스텔 상가에 주목해볼 시점이다.

성공하는 부동산 갭투자로 수익 내는 방법

수익 내는 갭투자 지역 선정 방법과 분석 포인트

갭투자란, 부동산의 매매가와 전세가 간 차이를 최소한으로 활용해 적은 자본으로 부동산을 매입한 뒤 가격 상승 시 매도하거나 임대수익을 통해 수익을 창출하는 투자 방식이다. 부동산 시장에 익숙하지 않은 초보 투자자들에게 갭투자는 낮은 초기 투자금으로 시장에 진입할 수 있는 매력적인 전략이지만 정부 정책 변화, 전세가 하락, 금리 변동, 부동산 가격 하락 등 상당한 위험도 수반하고 있다.

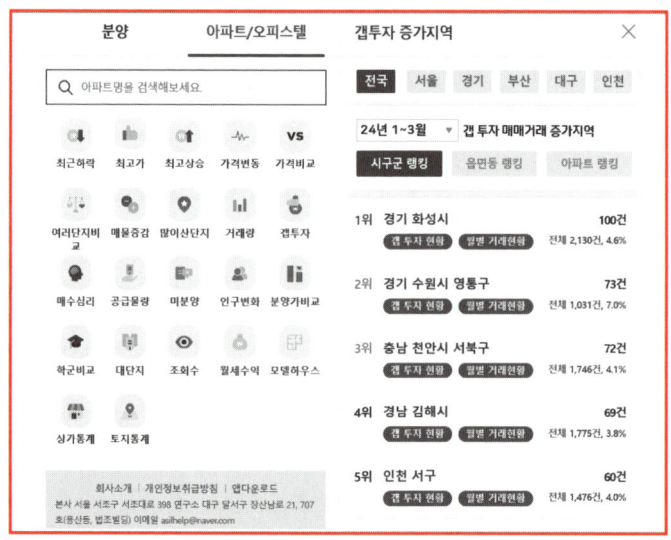

(출처 : 갭투자 증가 지역 / 아파트 실거래가)

2025년 한국 부동산 시장은 기준금리 안정화(2.5%), 정부의 양도소득세 중과 유예, 재건축 규제 완화 등 규제 완화, 그리고 서울·경기 등 특정 지역의 수요 증가로 갭투자 기회가 주목받고 있으나, 대출 규제와 지역별 양극화로 인해 매우 신중한 접근이 요구된다.
　부동산 초보자에게 갭투자는 적은 초기 자본으로 부동산 시장에 진입할 수 있는 매력적인 전략이지만, 전세가 하락, 부동산 가격 하락, 전세사기, 대출이자 부담 등 상당한 위험이 따른다.
　투자 대상은 주로 서울 외곽, 개발 잠재력이 있는 저개발 지역, 서울 인근 수도권이며, 특히 도심 주변 역세권이 투자자들의 이목을 끌고 있다. 예를 들어, 매매가 7억 원 아파트에 전세금 6억 원인 경우, 투자자는 1억 원으로 해당 아파트에 투자할 수 있다. 이는 높은 전세가율을 활용한 소액 투자의 장점을 잘 보여준다. 갭투자는 시세차익을 노리는 투자 방식으로, 주로 9억 원 이하이며, 갭이 1억 원 이하인 전세가율이 높은 아파트에 적합하다. 갭투자가 활발한 지역을 파악하려면 지역별 전세가율(70% 이상)을 자세히 분석하는 것이 중요하다.

　2025년 3월 기준 한국부동산원의 조사 결과에 따르면, 전국 아파트의 평균 전세가율은 68.2%로 매매가격 대비 전세가격 비율이 높을수록 갭투자에 더욱 유리한 조건을 제공한다.
　지역별로는 서울 45.2%, 경기 66.0%, 인천 67.8%를 기록했으며 서울 내 구별로는 금천구 60.9%, 관악구 57.8%, 구로구 56.8%, 마포구 48.7%, 강동구 46.3% 순으로 전세가율이 높게 나타났다. 전세 수요가 공급을 초과하면 전세가율이 상승해 갭투자에 유리한 환경이 조성된다. 이를 파악하는 핵심 지표는 전세수급지수로, 100을 넘어서면 전세 수요가 공급을 상회해 전세가격 상승 가능성이 크다.

2025년 6월 기준으로 서울(강동구 102.18, 송파구 101.4)과 경기(과천시 104.66, 안양시 101.46) 등 일부 지역의 전세수급지수가 100을 넘어 전세 수요의 강세를 보인다. 이는 갭투자가 활발해질 수 있는 조건을 형성하고 있다. 주택담보대출로 서울 중심지 아파트를 구매하기 어려운 무주택자들이 갭투자에 관심을 보인다. 2024년 서울·경기 지역의 예상 주택 가격 상승과 코스피 등의 변동성에 따른 금융 투자 수익률 저하로 소규모 및 중간 규모 투자자들이 갭투자를 주도하고 있다.

최근에는 2030 세대 특히 사회초년생을 중심으로 갭투자 시장에 뛰어들고 있으며, 역세권 소형 원룸과 오피스텔이 주요 투자 대상으로 떠오르고 있다. 투자 여력이 부족한 2030 세대에게 갭투자는 자산을 늘릴 수 있는 매력적인 방법으로 주목받고 있다. 이와 함께 부동산 투자 동아리와 갭투자를 위한 온라인·오프라인 모임도 활발히 운영되고 있다.

갭투자는 1~3억 원의 자본으로 부동산 시장에 진입할 수 있는 매력적인 투자 방법이지만 수익 보장은 없으며 성공을 위해서는 2가지 핵심 조건을 충족해야 한다.

첫째, 전세보증금과 매매가 사이의 격차가 크지 않아야 한다. 투자자들은 일반적으로 매매가의 70~90%, 이상적으로는 80~90%의 전세가율을 선호하는데, 이는 다양한 물건에 투자해 자본 활용도를 높이기 위함이다.

둘째, 부동산 가치와 전세보증금이 상승해야 한다. 부동산 가격 상승은 매매차익을, 전세가 상승은 세입자 확보를 쉽게 해서 수익을 극대화할 수 있다. 그러나 2025년 기준으로 지역별 부동산 가격 양극화(비수도권 정체)와 전월세상한제(임대료 5% 제한)로 인해 수익 실현에 2~5년이 소요될 수 있다. 세입자를 구하지 못하는 경우 전세보증금 반환을 위한 추가 자금이 필요하며 전세사기나 공실 위험도 심각하게 고려해야 한다.

대출 기반 레버리지 투자보다 대출이자 부담이 적은 갭투자는 계약갱신청구권, 전세보증보험 등 시장 상황과 규제를 철저히 분석해야 성공 가능성을 높일 수 있다.

부동산 시장 상황에 따라 위험도 상존한다. 호황기에는 집값 상승으로 이익을 얻을 수 있지만, 불황기에는 깡통주택(전세가≥매매가)으로 전락해 전세금 반환과 대출 상환에 어려움을 겪을 수 있다. 성공적인 갭투자를 위해서는 철저한 계획, 정확한 시장 분석, 체계적인 위험 관리가 필수다. 갭투자 대상 아파트를 찾고자 한다면 부동산 플랫폼 '아실'의 홈페이지나 앱을 활용하면 편리하다. '아실'의 매매 전세갭 비교화면에서 갭 상한선과 지역을 설정할 수 있다. 예를 들어, 갭 2억 원 이하, 경기도 용인시 수지구를 선택하면 조건에 맞는 아파트를 쉽게 찾을 수 있다.

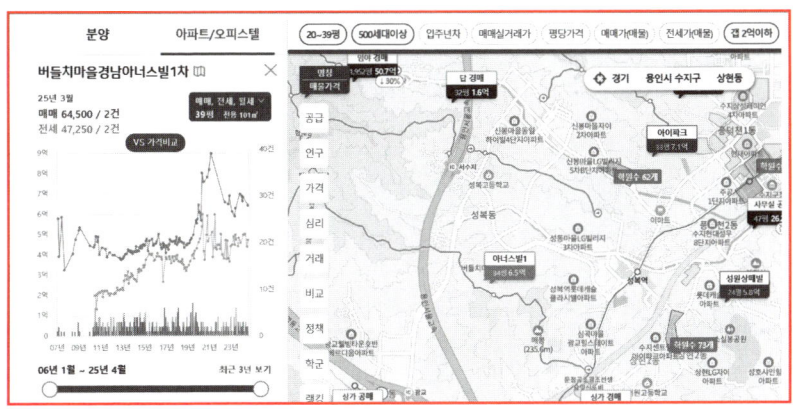

(출처 : 갭투자 대상 찾기 / 아파트 실거래가)

용인 수지구 상현동에서 2억 원 이하로 투자할 수 있는 아파트 단지를 찾아보면 여러 옵션이 있는데, 그중에서도 매매가격 대비 전세가격이 상대적으로 높아 갭가격 차이가 적은 곳은 버들치마을 경남아너스빌 1차 아파트다. 이 아파트는 1억 7,250만 원이면 갭투자가 가능하다. 아파트 갭투자를 하는 방법은 먼저 대상 아파트를 선정한 후, 가계약금을 이체하고 가계약을 체결해 물건을 확보하는 것이다. 가계약금은 보통 200만 원 정도로 매도자의 계좌로 이체하면 된다.

가계약 체결 후에는 매도자와 협의해 세입자를 구할 수 있는 기간을 확보해야 하므로 보통 2~3개월 후에 잔금 지급일을 정하고 계약을 체결한다. 계약금은 일반적으로 부동산 매매가의 10%이므로, 가계약금을 제외한 나머지 금액을 이체한다.

잔금일 기간 동안 최대한 전세보증금에 가까운 금액으로 세입자를 구하되, 쉽게 구해지지 않으면 잔금일에 맞춰 전세보증금을 조정해서 세입자를 찾아야 한다. 세입자를 구했다면 전세 잔금일을 매매 잔금일과 동일하게 계약하고 전세 잔금을 받아 이전 집주인에게 이체하면 계약이 완료된다. 주의할 점은 만약 세입자가 쉽게 구해지지 않을 경우, 특약사항에 임대인과 잔금일을 임차인이 구해질 때까지 연동하는 조건을 협의해 자금계획에 반영해야 한다. 일반적으로 공인중개사의 중개를 통해 매매를 진행하므로 공인중개사의 안내에 따라 진행하면 된다.

레버리지 전략과 갭투자를 활용한 자산을 불리는 방법

개인 투자자들은 전세 레버리지 전략을 통해 소액으로 부동산 매수에 접근하고 있다. 이 전략에는 3가지 핵심 원칙이 존재한다.

첫째, 투자 대상의 전세가율은 70~80%가 안정적인 레버리지 구간이며, 가장 이상적으로는 85~90% 수준이면 더욱 좋지만, 리스크에 유의해야 한다. 이는 전세가가 실제 주거 수요와 사용가치를 정확히 반영하기 때문이다.

둘째, 2년 이내에 원금 일부를 회수할 수 있는 구조여야 하며, 전세수급지수와 지역별 전세가 변동을 지속해서 모니터링해야 한다.

마지막으로 임대료 상승 가능성과 해당 지역의 성장 잠재력을 철저하게 분석해야 한다. 부동산 투자에서 레버리지 비율은 궁극적인 수익률을 결정짓는 핵심 개념이다. 시장이 상승세로 전환되는 시기에는 레버리지 전략이 유효할 수 있다. 가격 상승에 대한 확신이 있다면 적은 자기자본과 대출을 활용해 아파트를 매수하고 차익을 얻을 수 있지만 2025년 예정된 대출 규제를 반드시 고려해야 한다.

그러나 2025년 부동산 시장은 서울·경기와 비수도권 간 양극화, 대출이자 부담 증가, 정부 정책 변화로 불확실성이 지속될 전망이다. 무분별한 레버리지 확대는 수익률 하락과 과도한 금융비용 부담으로 심각한 손실을 초래할 수 있다. 따라서 욕심을 자제하고 자기자본 비율을 50% 이상으로 유지하며 부족한 자금만 대출로 조달하는 보수적 접근 전략이 더욱 유리하다.

전세가 비중이 높은 아파트는 좋은 투자 대안이다. 특히 부동산 시장 하락기에 저가 매수를 노리는 투자자들에게 매력적이다. 전세가 비중이 높을수록 자금 부담이 줄어들어 적은 자본으로도 부동산 구매가 가능해진다.

또한, 높은 전세가 비율은 탄탄한 실수요를 의미하므로 해당 아파트의 가치를 뒷받침한다. 유동 인구가 많고 전세 수요가 높은 지역일수록 매매가 대비 전세가 비중이 높다. 이는 해당 아파트의 높은 전세 수요를 나타내며 적은 자기자본으로도 구매가 가능함을 의미한다. 전세가 비중이 높은 아파트 단지에 투자하면 향후 시세차익 가능성도 커진다.

대부분 소형인 전세가 비중 높은 아파트와 주상복합 아파트는 가격 하락 위험이 크지 않다. 부동산 경기 상승기에는 중대형 아파트의 상승 폭이 크지만, 하락기에는 중대형 아파트의 가격 하락세도 크다. 반면 중소형 아파트는 상승기 상승 폭은 작지만 하락기 가격 하락 가능성이 작아 투자 매력도가 높다. 부동산 시장의 상승 시기를 예측할 수 없는 현 상황에서도 중소형 아파트는 지난해 가격 상승을 경험했으며, 실수요자들의 관심을 받고 있다. 안정적인 투자처로 부각되어 매수자들이 몰리고 있어 현재로서는 유일한 부동산 투자처로 인식되고 있다.

레버리지를 활용한 부동산 매수는 자산 증식을 위한 강력한 전략으로 적절한 대출을 통해 임대수익과 시세차익을 얻을 수 있는 효과적인 방법이다. 다만 공실과 가격 하락 같은 위험을 신중하게 관리하고, 상환 능력을 면밀히 분석하는 전략적 접근이 반드시 필요하다.

레버리지 전략은 적은 초기 자본(2~3억 원)으로 훨씬 더 큰 규모의 자산(7~10억 원 아파트)을 확보하고 그 자산의 수익으로 투자 자산을 점진적으로 확대해나가는 방식이다. 단순히 대출을 피하기보다는 대출을 얼마나 현명하게 활용할 수 있을지 깊이 있게 고민하는 것이 중요하다. 부동산 시장이 상승세일 때 레버리지는 매력적인 수익 기회를 제공하지만 2025년 하반기 예정된 대출 규제(스트레스 DSR)와 지역 간 양극화 현상을 충분히 고려해야 한다.

레버리지는 자산 확대를 위한 도전이자 동시에 기회로, 부동산 투자에서 핵심적인 전략이다. 보유하고 있는 자본과 개인 신용도를 최대한 활용해 서울 역세권이나 경기도 GTX 호재 지역 등에 전략적으로 투자할 계획을 수립해야 한다. 레버리지의 본질을 정확히 이해하고 신중하게 활용한다면, 부동산 투자에서 성공할 가능성을 크게 높일 수 있다.

갭투자의 위험을 피하는 전략을 세워라

부동산 갭투자는 상승장에서 시세 상승과 전세보증금 증가로 매매차익과 보증금 차액 확보라는 매력적인 이점을 제공하지만, 시장 변동성에 대한 세심한 주의가 요구된다. 호황기에는 가격 거품을 키울 수 있고 침체기에는 깡통주택으로 더 큰 하락 위험에 노출될 수 있다. 전세보증금을 레버리지로 활용하는 만큼 투자 위험도 상당히 높아진다.

최근 결혼을 앞둔 청년층과 신혼부부는 주택담보대출로 수도권 아파트 구매가 사실상 불가능한 상황에서 갭투자에 점점 더 큰 관심을 보인다. 물가 상승과 주택가격 상승에 대한 불안, 그리고 주식 시장의 불안정성으로 인해 소자본 투자자들이 갭투자 시장을 주도하고 있다.

2020년 7월 시행된 임대차 3법, 특히 계약갱신청구권은 갭투자 시 반드시 신중히 고려해야 할 사항이다. 세입자는 계약갱신 시 중도해지를 통보할 수 있으며, 임대인은 이에 따라 전세보증금을 상환해야 한다. 전세보증금은 임대인의 채무로 예상치 못한 상환은 심각한 재정적 압박을 초래할 수 있다. 보증금 미상환 시 세입자는 강제경매를 신청할 수 있고, 전세 세입자의 존재로 인해 대출 또한 어려워진다. 이것으로 인해 임대인은 부득이하게 전세나 급매로 물건을 내놓아야 하며, 이는 전세 및 매매가 하락의 악순환을 초래할 수 있다.

계약갱신청구권은 갭투자 시장의 불안을 지속적으로 부추길 가능성이 크다. 갭투자는 하락장에서 고위험 투자로 간주되며, 타인의 전세보증금을 활용하는 만큼 그 어느 때보다 각별한 경각심이 요구된다.

갭투자는 시세차익, 전세가 상승 등 이익 발생 시 임대인이 독점하지만, 전세가 하락, 깡통주택 등 손실 시 세입자와 위험을 공유하는 구조다. 세입자는 보증금 반환 지연으로 집주인의 운명에 휘말리며 다수 아파트 갭투자의 경우 매매가·전세가 동반 하락 시 전세사기 의혹으로 이어질 수 있어 각별한 주의가 필요하다. 가장 중요한 것은 감당이 가능한 예비 자금 범위를 정확히 파악하는 것이다. 전세가는 금리 인상이나 신축 입주로 인해 하락할 수 있으므로 전세가가 10~20% 하락하더라도 자금 동원 능력으로 상환할 수 있는지 철저히 확인해야 한다.

갭투자를 고려한다면 경기 전망과 입주 물량을 세밀하게 분석해야 한다. 경기 악화나 대규모 입주 예정 지역에는 신중하게 접근해야 하며 과장된 광고나 투자 열기에 휩쓸리지 않도록 주의해야 한다. 2025년 부동산 시장은 수도권과 지방, 고가와 저가·소형 아파트 간 격차가 뚜렷하게 나타난다. 서울 강남구는 갭투자에 불리한 반면, 경기 화성시·안성시, 충남 천안시의 소형 아파트는 투자 잠재력이 높은 편이다.

정부의 전세대출 지원 확대와 재건축 전망으로 저가 아파트 전세 수요가 증가하고 있다. 갭투자는 소액으로 시작할 수 있지만, 투자 대상 선정과 위험 관리가 성공의 핵심이다. 전세 수요가 풍부하고 시세 상승이 기대되는 지역을 선정하고 전세금·금리 변동 위험을 철저히 관리한다면 안정적인 수익을 기대할 수 있다. 초보자도 치밀한 시장 분석과 전략적 접근으로 갭투자에 도전할 수 있다.

나도 부동산 법인 투자를 잘할 수 있을까?

부동산 자산가로 꿈을 키우는 법인 투자의 이해

최근 부동산 경기의 침체로 법인 투자에 대한 관심이 다소 줄어들었지만, 여전히 부동산 투자를 고려하는 이들에게 매력적인 투자 방식으로 자리 잡고 있다. 부동산은 오랫동안 안정적인 자산으로 인식되었지만, 개인이 직접 부동산을 소유하고 관리하면서 겪는 세금 부담, 대출 문제, 자산 관리 등의 어려움은 많은 투자자들이 공통으로 직면하는 현실이다. 이러한 문제를 해결할 수 있는 대안이 바로 부동산 법인 투자다.

부동산 법인 투자란, 개인이 아닌 법적으로 설립된 회사를 통해 부동산을 매수하고 관리하며 수익을 창출하는 투자 방식을 말한다. 얼핏 복잡해 보일 수 있지만, 쉽게 생각하면 마치 회사를 만들어 그 회사가 부동산을 사고팔고 임대하면서 돈을 버는 구조라고 이해하면 된다. 이러한 투자 방식은 개인 투자와는 다른 독특한 매력과 기회를 제공하며, 투자자가 부동산 투자 전략을 한층 더 발전시킬 수 있는 강력한 수단이다.

부동산 법인 투자는 세제 혜택과 자산 관리의 유연성으로 인해 투자자들 사이에서 점점 더 주목받고 있는 투자 방식이다. 법인을 통해 부동산을 보유하면 개인 소득세보다 낮은 법인세를 적용받아 세금 부담을 크게 줄일 수 있다.

또한 법인은 부동산을 체계적으로 관리하고 다양한 자산을 통합 운영향 수 있어 투자 규모를 확대하고자 하는 초보 투자자들에게 매력적인 선택지이다.

현재 한국의 부동산 시장에서는 법인 투자가 더욱 주목받고 있다. 정부의 엄격해진 다주택자 양도소득세 중과, 종합부동산세 강화 등 부동산 규제로 인해 개인 투자자들이 어려움을 겪으면서 법인을 활용한 투자가 대안으로 부상하고 있다. 법인은 다주택자 규제를 일부 회피할 수 있으며 양도소득세 계산에서도 개인보다 유리한 경우가 많아 초보 투자자들에게도 새로운 기회를 제공한다.

법인 투자의 핵심은 회사를 설립하고 그 회사를 통해 부동산을 소유하고 운영하는 것이다. 아파트나 상가를 구매할 때 개인 자금 대신 법인 계좌로 자금을 모아 매입할 수 있다. 이후 발생하는 임대료 수익이나 매매차익은 법인에 귀속되며 법인세를 납부한 후 남은 수익은 배당 형태로 받을 수 있다. 쉽게 말해, 법인 투자는 개인이 부동산 투자 전문 회사의 사장이 되어 부동산을 사고팔며 수익을 창출하고 회사의 자산을 관리하며 미래를 설계하는 것과 같다.

부동산 투자를 위해 주식회사나 유한회사를 설립할 수 있으며 2025년 기준으로 부동산 법인 투자는 상대적으로 적은 자본으로 시작할 수 있는 매력적인 투자 방식이다. 상법상 주식회사는 법적으로 최소 1원으로도 설립이 가능하지만, 실제 설립과 초기 운영에는 다양한 비용을 고려해 최소 1,000만 원 이상의 초기 자금이 필요한 것이 일반적이다. 이러한 구조는 부동산 임대업의 진입 장벽을 낮추고 자금이 제한적인 신규 투자자들의 접근성을 개선한다. 법인 명의로 부동산을 취득할 때는 법인 계좌를 통해 자금을 조달하거나 금융기관으로부터 대출을 받을 수 있다. 다만, 개인 대출에 비해 법인 대출은 담보 가치 평가, 사업계획서 검토, 법인 신용도 심사 등 훨씬 더 엄격한 심사 절차를 거치므로 철저한 자금계획 수립이 필수적이다.

세금 측면에서 2025년 기준 과세표준 2억 원 이하 일반 법인의 법인세율은 10%이며, 여기에 지방소득세 10%가 추가되어 실효세율은 약 11% 수준이다. 이는 개인의 종합소득세 최고세율(45%)과 지방소득세(4.5%)를 합산한 최대 49.5%와 비교했을 때 세제 측면에서 상대적으로 유리하다. 다만, 법인의 수익을 주주가 배당으로 받는다면 별도의 배당소득세가 부과된다. 연간 금융소득이 2,000만 원 이하일 때는 원천징수 세율로 배당소득세 14%와 지방소득세 1.4%, 총 15.4%의 세금이 부과되며 이를 초과하면 다른 금융소득과 합산되어 종합소득세로 과세될 수 있으므로 사전에 세밀한 절세 전략이 필요하다.

실제 사례를 살펴보면, 서울 상권에서 법인을 통해 상가를 매입한 후 연 4~6%의 임대수익률을 달성한 경우도 있다. 물론 수익률은 입지, 임차인 구성, 시기 등에 따라 크게 달라질 수 있지만, 법인 투자 방식이 안정적인 수익을 추구하는 투자자에게 의미 있는 대안임은 분명하다. 법인 투자는 개인 명의 투자에 비해 다소 복잡할 수 있지만 자산 확대와 절세 전략, 운영 유연성 등에서 명확한 장점을 가지고 있다. 이미 많은 전문 투자자가 법인을 통해 아파트, 상가, 오피스텔 등 다양한 부동산에 투자하며 꾸준한 수익과 효율적인 자산 관리를 실현하고 있다.

결론적으로, 부동산 법인 투자는 초보자들도 충분히 도전해볼 만한 투자 영역이다. 소형 상가나 아파트를 법인으로 매입해 임대수익 또는 갭투자를 통해 수익을 창출할 수 있으며 장기적 관점에서 안정적인 자산 형성의 효과적인 수단이 될 수 있다. 이제 여러분 차례다. 법인 투자의 문을 열고 새로운 미래를 설계해보자.

성공과 실패를 가르는 법인 투자의 장단점

부동산 법인 투자는 세금 절감, 자산 보호, 대출 혜택 등을 통해 개인 투자자가 부동산 시장에 더욱 전략적으로 접근할 수 있는 효과적인 방법이다. 특히 1세대 1주택 지위 유지, 무주택 청약 자격 보존, 대출 규제 회피 등 개인 투자자들이 직면한 한계를 효과적으로 보완해준다. 이는 고소득자나 전문직 종사자들이 법인을 통해 꼬마빌딩에 투자하는 주된 이유이기도 하다. 법인 투자의 가장 큰 장점은 세제 혜택에 있다. 2025년 기준으로 개인의 종합소득세 최고세율은 49.5%에 달하지만, 법인의 세율은 최대 27.5%(법인세 + 지방세)로 거의 절반 수준이다. 예를 들어 양도차익이 100억 원일 경우, 개인은 최대 46억 원 이상의 세금을 부담해야 하지만, 법인은 약 24억 원 수준으로 절세 효과가 상당히 크다. 다만, 이익을 배당하면 15.4~49.5%의 배당소득세가 추가로 부과되므로 배당 시점과 방식에 따라 전체 세 부담이 달라질 수 있다.

또한 법인은 비용 공제의 폭도 매우 넓다. 대출이자, 수리비, 감가상각비, 차량 유지비 등 부동산 보유와 운영에 필요한 다양한 비용을 세무상 비용으로 처리할 수 있으며, 이는 개인 명의 투자와 중요한 차이점 중 하나다. 반면 사무실 임대료, 세무사 수수료 등 고정비용과 자금 유동성 제약은 잠재적인 단점으로 작용할 수 있다. 대출 혜택 역시 주목할 만한 장점이다. 신설 법인이라도 감정가 대비 최대 70% 이상, 대표의 신용이 우수한 경우 최대 80% 수준의 대출이 가능하며 이는 개인 명의보다 훨씬 높은 비율이다. 다만, 대출 실행 전 자금 출처와 회계처리를 명확히 해야 하며, 가지급금 등의 문제에 주의해야 한다. 법인 보유 주택은 종합부동산세율이 2주택 이하 경우 2.7%, 3주택 이상인 경우 5.0%의 단일세율이 적용된다. 그러나 양도 시 1세대 1주택 비과세나 장기보유특별공제 혜택을 받을 수 없어 투자 목적에 따라 유불리가 달라진다.

법인 설립은 일반적으로 자본금 1,000만 원 이하로 가능하며, 설립 비용은 약 100~200만 원, 연간 유지비는 약 500~1,200만 원 수준이다. 정기적인 세무신고와 부가가치세, 법인세, 종부세 등 복잡한 세무관리가 요구되므로 세무사 자문이 필수적이다. 최근 전세사기방지법 등 규제가 강화되는 환경에서 법인은 자산보호 수단이자 절세 전략으로 활용될 수 있다. 다만, 투자 목적, 자금 여력, 세무 부담 등을 충분히 검토한 후 진입해야 하며, 초보 투자자라면 반드시 전문가와 상담해서 맞춤형 전략을 수립하는 것이 바람직하다.

법인 투자는 단순한 절세를 넘어 자산 관리와 투자 전략의 중요한 수단으로, 그 장단점을 잘 이해하고 체계적으로 활용할 때 비로소 성공적인 부동산 투자의 발판이 될 수 있다.

초보자를 위한 법인 설립 절차 및 운영 전략

부동산 법인 투자는 세제 혜택과 자산 관리의 효율성으로 매력적이지만 법인 설립과 운영 과정이 초보자에게는 다소 복잡하게 느껴질 수 있다. 그러나 체계적인 준비와 시장 상황에 대한 철저한 분석을 통해 초보자도 법인 투자를 성공적으로 시작할 수 있는 가능성을 높일 수 있다.

법인 설립 절차는 먼저 회사의 기본 정보를 결정하는 것으로 시작된다. 여기에는 법인 상호, 본점 소재지, 사업 목적, 자본금, 임원 등이 포함된다. 우선 상호와 사업 목적을 선정해야 하며 법인 상호는 중복되지 않도록 대법원 인터넷등기소에서 확인한 후 정관에 부동산 임대업, 매매업, 개발업 등을 명시해야 한다.

임대업은 안정적인 수익을 매매업은 단기차익을 추구하는 전략으로 활용할 수 있다. 다음으로 자본금과 본점 주소지를 결정해야 한다.

부동산 법인 설립 시 자본금은 최소 100만 원 이상을 권장하고 있으며, 초보자는 법인의 신뢰도와 대출 승인을 고려해 1,000만 원 수준을 참고하되 대출 기관의 요구나 투자 규모에 따라 조정할 수 있다. 자본금이 부동산 취득 자금과는 별개임을 주의해야 한다.

부동산 법인 설립 시 본점 주소지 선택은 단순한 지리적 결정이 아니라 세금과 비용에 큰 영향을 미치는 전략적 요소다. 예를 들어 서울 강남구, 서초구, 송파구 등 수도권 과밀억제권역에 본점을 둔 법인이 설립 후 5년 이내 주거용 부동산을 취득하면 취득세율이 일반세율(4.6%, 지방교육세 포함)보다 높은 13.8%(지방교육세 포함)의 중과세가 적용될 수 있으므로 본점 소재지 선정 시 세무 전문가와 상담하는 것이 좋다.

반면, 경기도 고양시 덕양구와 같이 과밀억제권역에 해당하지 않는 지역에 본점을 두면 기본세율 4.6%가 적용되어 초기 재정적 부담을 줄일 수 있다.

또한 수도권 외 지역에 본점을 설정한 중소기업은 '조세특례제한법'에 따라 법인세 감면 혜택을 받을 수 있다. 다만, 부동산임대업은 업종 제한으로 감면 대상에서 제외될 수 있으므로 세무사와 사전 상담을 통해 혜택 적용 여부를 사전에 확인하는 것이 중요하다. 따라서 본점 주소지는 단순한 주소 이상의 세제 전략적 요소로 신중한 선택이 필요하다.

초보자는 부동산 취득계획과 운영 방식을 고려해 지역을 선정하고 세무 전문가와 상담해 세제 혜택과 제한 조건을 명확히 파악해야 한다. 비용 절감을 위해 비과밀억제권역을 선택하는 것이 유리하며, 수도권 외곽의 고양, 용인 등 GTX 노선 주변 지역은 교통 개선으로 임대 수요가 증가할 가능성이 높아 본점 주소지로 고려할 만하다. 비과밀억제권역은 토지이음 또는 지자체 홈페이지에서 쉽게 확인할 수 있다.

부동산 법인 설립은 크게 2가지 주요 절차를 거친다. 우선 대법원 등기소에서 법인 설립 등기를 마무리한 후 국세청 홈택스 또는 관할 세무서를 통해 사업자등록을 진행한다. 등기 비용은 자본금 규모와 전자등기 및 공증 여부에 따라 달라지며, 보통 30~100만 원 선이고 전자등기를 활용하면 약 20~30%의 비용을 절감할 수 있다.

사업자등록은 등기 완료 후 홈택스에서 신청하며 일반적으로 3~7일 내 처리된다. 자본금 1,000만 원 기준으로 등기, 공증, 상담 비용 등을 포함한 전체 설립비용은 약 50~200만 원 수준으로 지역과 수수료에 따라 차이가 있을 수 있다.

등기 전 정관 작성은 매우 핵심적인 단계다. 특히 부동산 임대업의 경우 주택 임대(부가가치세 면제)와 상가·비주택 임대(부가가치세 10% 부과)를 명확히 구분해 사업 목적을 설정해야 한다. 사업 목적이 불분명하면 부가가치세 처리나 세무신고 과정에서 문제가 발생할 수 있다. 정관 작성 시 잠재적 위험을 예방하려면 세무사나 법무사와 상담해 임대업 관련 조항을 정확하게 반영하는 것이 중요하다.

초보자의 경우 세무 전문가와 상담을 통해 법적 오류나 세무상 불이익을 방지하고 설립 절차를 체계적으로 준비해야 한다. 법인 설립 등기 완료 후 사업자등록을 신청한 후에 법인 은행 계좌를 개설해야 한다. 모든 사항을 결정한 후 정관을 작성하고 등록면허세(자본금의 0.4%, 과밀억제 권역은 1.2%)와 지방교육세(등록면허세의 20%)를 납부한 뒤 필요 서류를 준비해 법인 설립 등기를 신청한다.

과거에 비해 법인 설립 요건이 완화되었지만, 부동산 업종은 자본금 설정에 특히 주의를 기울여야 한다. 꼼꼼한 준비와 전략적 접근으로 초보자도 법인 투자의 첫걸음을 안정적으로 시작할 가능성을 높일 수 있다.

'상법'상 최저 자본금제도가 폐지되어 설립자가 적정 자본금을 자유롭게 선택할 수 있게 되었지만, 너무 적은 금액은 은행 거래나 대출 시 어려움을 줄 수 있다.

반대로 자본금이 지나치게 많으면 등록면허세가 증가하므로 신중하게 결정해야 한다. 부동산 임대업은 일반적으로 최저 자본금 제한이 없지만, 건설업 등 특정 업종은 제한이 있을 수 있으므로 사전에 업종별 기준을 철저히 조사하는 것이 좋다.

부동산 법인 운영 전략은 수익형 부동산과 자산 증대형 부동산을 명확히 구분해서 접근해야 한다. 오피스텔과 상가는 월세를 통해 안정적인 수익을 창출할 수 있으며 재개발, 재건축, 택지 개발은 시세차익을 기대할 수 있는 투자 대안이다. 투자 시 위치와 자산 유형을 다각도로 분산해 위험을 최소화하는 것이 핵심이다.

예를 들어, 서울 강남권 고가 상가에 집중하기보다 경기도, 부산, 인천 등 다양한 지역에 분산 투자함으로써 위험을 크게 줄일 수 있다. 부동산 초보자의 경우 안정적인 임대수익에 중점을 두고 투자를 시작하는 것이 바람직하다.

시세차익 추구보다는 안정적인 현금 흐름을 제공하는 임대형 부동산을 선택하는 것이 초보자에게 더욱 유리하다. 수도권 소형 오피스텔, 역세권 근린상가, 소형 상가주택 등은 공실 위험이 상대적으로 낮아 매월 일정한 월세 수익을 기대할 수 있으며, 이는 운영비와 대출이자 상환에 실질적인 도움을 준다. 다만, 공실 위험은 지역과 시장 상황에 따라 크게 달라질 수 있으므로 매우 신중한 사전 검토가 필수적이다.

세금 절세 구조 설계는 부동산 법인 운영의 핵심 요소다.

법인세(10~25%) 부가가치세(주택 임대는 면세, 상가 임대는 10% 부과), 지방세(취득세, 등록면허세 등)를 종합적으로 고려해야 한다. 절세 전략으로는 법인 차량을 부동산 현장 점검용으로 등록해 비용을 처리하거나 가족을 주주로 등록해 배당소득을 분산할 수 있다. 또한 접대비와 업무 관련 교육비를 통해 부동산 교육, 회의비, 영업용 식사비 등을 합리적으로 비용처리할 수 있다.

대출 전략과 유동성 확보도 매우 중요하다. 법인 대출은 개인보다 대출 한도와 금리가 유리할 수 있지만, 2025년 기준 DSR과 LTV 등 대출 규제가 적용되므로 세무사나 금융 전문가와 상담하는 것이 현명하다. 부동산 투자 초보자의 경우, 1채씩 매입한 후 수익성을 검토하고 다음 매입을 결정하는 순환 투자 방식이 적합하다.

순환 투자 방식은 유동성을 유지하며 공실이나 시장 변동 등 투자 위험을 최소화하는 데 효과적이다. 법인 현금 계좌에 최소 6개월분 운영비를 확보해 예상치 못한 비용이나 공실 상황에 대비하는 것이 중요하다.

부동산 법인 투자는 세금 절감, 대출 한도 확대, 자산 보호 등의 장점을 제공하지만, 초기 설립비용과 복잡한 세무 관리가 수반된다. 따라서 법인 설립 절차와 자산 처리 방법을 정확히 이해하고, 효율적인 세금 전략과 대출 관리를 통해 안정적인 운영 가능성을 높일 수 있다. 부동산 법인 투자에 관심이 있다면 세무사나 회계사와 긴밀히 협력해서 맞춤형 전략을 수립하는 것이 안전하고 현명한 접근법이다.

법인 투자 성공을 위해 꼭 알아야 할 주의 사항

부동산 법인 투자는 개인 투자에 비해 세금 절감, 대출 한도 확대, 자산 보호, 비용 공제 등 다양한 혜택을 제공한다. 하지만 법인 설립과 운영에는 신중한 접근이 요구된다. 특히 초보자의 경우 세무 관리 등 복잡한 부분이 많으므로 잠재적 위험을 자세히 이해하고 대비하는 것이 핵심이다.

법인 설립 후 세금 신고와 관리에는 세심한 준비가 필수다. 법인으로 부동산을 운영하면 법인세, 부가가치세, 지방세를 정확히 신고해야 한다. 법인의 세무 관리는 개인보다 훨씬 더 복잡하므로 전문 세무사와의 상담이 반드시 필요하다.

법인세는 연간 소득에 따라 10~25%로 납부하며 개인 소득세율(6~45%)보다 낮을 수 있지만, 신고 절차는 상당히 까다롭다. 특히 상업용 부동산의 경우, 부가가치세 신고가 요구되므로 세무사의 전문적인 도움을 받는 것이 중요하다. 법인은 접대비, 교육비, 운영비 등을 비용으로 공제받을 수 있으나 세금계산서나 영수증 등 적격 증빙 자료 없이는 세금 추징의 위험이 있으므로 각별한 주의가 필요하다.

2025년 기준으로 국세청의 부동산 법인에 대한 세무 감사가 더욱 강화되고 있어 회계와 세무 관리를 철저히 해야 한다. 이를 소홀히 할 경우, 세금 추징이나 과태료 등 심각한 불이익을 받을 수 있으므로 세심하고 정확한 관리가 요구된다.

다음으로 법인 대출을 활용할 때는 철저한 위험 관리가 핵심이다. 법인 대출은 개인 대출에 비해 대출 한도와 금리 측면에서 더 유리할 수 있지만, 과도한 대출은 상환 부담을 크게 증가시킬 수 있다. 특히 변동금리 대출은 금리 상승 시 상환액이 급격히 늘어날 수 있으므로 사전에 상세한 상환계획을 수립해야 한다.

2025년 기준 DSR과 LTV 규제를 반드시 고려해야 하며, 무계획적인 대출은 금리 상승이나 부동산 시장 하락으로 인해 최적의 매도 시점을 놓칠 위험이 있으니 체계적인 대출 상환계획을 세우고 법인 자산의 유동성을 고려한 전략적 자산 배분이 필수다. 특히 DSR 등 대출 규제를 엄격히 준수하면서 과도한 대출을 철저히 회피해야 한다.

또한 법인 자산과 개인 자산의 절대적인 분리가 중요하다. 법인 명의의 부동산을 보유할 때 개인 자산과 혼용하면 향후 세무 감사나 법적 분쟁에서 많은 불이익을 받을 수 있다. 법인 소득은 법인세로 처리되지만, 배당금에는 배당소득세가 부과되므로 전문 세무사와의 자세한 상담을 통해 최적의 배당 전략을 수립해야 한다. 개인 자산을 법인으로 이전할 때 양도소득세가 발생할 수 있으므로 각별한 주의가 필요하다.

법인 명의로 부동산을 매입하면 법인의 재무 상태와 장기적인 자산 확보계획을 검토해야 한다. 부동산 법인 투자는 초보자들은 반드시 세무사와 법률 전문가의 전문적인 조언을 받아 법인 설립 및 운영의 복잡성을 효과적으로 해결하고 정교한 투자 전략을 수립해야 한다. 세무 위험 관리, 적절한 대출 활용, 철저한 자산 분리 전략을 통해 법인 투자의 장점을 최대한 활용하며 안정적인 수익 창출 가능성을 높이기 위해서는 세심하고 신중한 접근이 절대적으로 필요하다.

CHAPTER 05

부동산 투자로
일하지 않으면서도
제2의 월급 받는 시스템 구축하기

부동산이 노후를 보장하는 안전자산이 되는 이유

부동산이 안정적이고 지속 가능한 노후 소득원이 되는 이유

국내 경제의 변동성에도 불구하고 부동산은 여전히 안전자산으로 인식되고 있다. 이는 투자자들 사이에 깊이 뿌리박힌 인식 때문이며, 특히 수도권에서는 가격 하락 후 장기적인 회복 가능성에 대한 믿음이 강하게 자리 잡고 있다.

부동산 거래에서 매수자와 매도자 간의 균형은 매우 중요하다. 경기 침체기에는 대출 규제와 높은 금리로 인해 매수 수요가 줄어들고 매도 물량이 늘어나면서 가격이 하락하게 된다. 2025년 기준금리 2.50%에서 수도권 수요는 회복 중이지만 지방 시장은 여전히 약세를 보이고 있다.

부동산 시장은 기본적으로 수요와 공급의 원리에 따라 움직인다. 글로벌 경제위기 상황에서는 가격 하락과 거래량 감소로 인해 자산의 현금화가 어려워지며 2025년 지방 시장에서 이러한 현상이 특히 두드러지게 나타난다. 1997년 외환위기 당시에는 안전자산이 일순간에 위험자산으로 변모하며 큰 충격을 주었다.

2025년 한국 경제는 주요 기관 기준 연 1% 내외의 초저성장 국면과 2.50%의 저금리 시대에 접어들면서 부동산 투자에 대한 고민이 더욱 깊어졌다. 과거 6%대 고성장·고금리 시절에는 예금만으로도 노후 준비가 가능했지만 2025년에는 완전히 새로운 투자 전략이 필요해졌다. 과거의 10억 원 만들기 열풍은 저금리 시대의 자산 증식 어려움을 여실히 보여준다. 1980~1990년대 6% 금리 시절에는 10억 원으로 연 6,000만 원(세전) 이자를 얻을 수 있었지만, 2025년 2.5% 금리 환경에서는 20억 원으로 세후 약 4,230만 원의 이자를 받는다.

자산이 풍부하거나 소득이 안정적인 이들은 예금을 투자 포트폴리오의 일부로 활용할 수 있지만, 일반 직장인의 경우 2.50%의 저금리 예금만으로 자산 증식과 노후 준비가 사실상 불가능하다. 이에 많은 직장인들이 대안으로 부동산 투자에 주목하고 있다.

2025년 기준으로 서울 역세권 상가를 10억 원에 매입하면 연 4.5~5.5%의 수익률로 세전 4,500~5,500만 원의 임대수익을 기대할 수 있다. 유망한 입지에서는 매각 차익과 임대료 상승의 가능성도 있지만, 공실률과 세금으로 인해 세후 수익이 15~20%가량 줄어들 수 있으므로 매우 신중하게 검토해야 한다.

우리나라가 초고령 사회(고령 인구 20.6%)에 근접하면서 임대소득과 같은 제4의 연금으로 노후를 준비해야 할 필요성이 더욱 커졌다. 노후 준비의 3층 석탑은 국민연금, 개인연금, 퇴직연금을 의미한다. 그러나 2025년 기준으로 국민연금 소득대체율은 약 41.5%에 그치고 개인연금은 재정적 부담으로 중도에 해지되는 가장 큰 원인이다.

사적 연금은 2025년 물가상승률을 고려하면 충분하지 않다. 따라서 은퇴자가 안정적인 노후를 보장받기 위해서는 임대소득과 같은 제4의 연금을 마련하는 것이 필수적이다.

직장인들은 임대소득을 제2의 월급으로 보며 경제적 자유를 동경해 왔다. 2025년 기대수명이 83.5세를 감안하면 은퇴 후 20~30년간 소득 없이 생활하는 것은 심각한 재정적 부담이 된다. 장수는 적절한 준비 없이는 빈곤으로 이어질 수 있다. 은퇴자의 약 45%가 빈곤선 이하로 생활하고 있어 철저한 노후 준비가 그 어느 때보다 중요하다.

2025년 경제의 불확실성 속에서 부동산 투자에 어떻게 접근해야 할까? 평균 기대수명 83.5세 시대를 대비한 부동산 투자의 중요성이 커지고 있다. 2020~2021년 주택가격 급등 이후 2025년에는 수도권이 소폭 상승하는 반면 지방은 하락세를 보이고 있다. 향후 10년간 부동산 시장은 등락을 거듭하겠지만 수도권의 상승 가능성이 커 보인다. 무주택자의 경우 가격 조정기를 활용해 내 집 마련을 고려하는 것이 유리할 것이다.

투자자들은 장기적 관점에서 GTX-A와 같은 지하철 개통, 재개발·재건축 등 미래가치가 높은 부동산에 주목해야 한다. 50대 초반은 상가, 오피스텔 등 월세 수익 상품을 준비할 필요가 있다. 경제력 없는 노후는 암울하며 자녀의 결혼과 취업에 따른 부담은 더욱 위험을 가중시킨다.

30년 직장생활 후 받게 될 국민연금은 평균 150만 원/월 수준이다. 2025년 기준, 서울 역세권 상가에 2억 원을 투자하면 4.3~5.7% 수익률로 세전 월 72~95만 원, 세후 약 58~80만 원의 수입을 기대할 수 있어 매력적인 투자로 평가된다. 적절히 관리한다면 임대료 상승과 매각 차익도 기대할 수 있으며, 이는 기대수명 83.5세 시대 부동산 투자의 당위성을 뒷받침한다. 다만, 공실률과 임대차보호법의 위험도 자세히 고려해야 한다. 올바른 자산 관리는 지식과 지혜를 바탕으로 실천하는 것이다. 2025년 저금리(2.50%)·초저성장(1% 내외) 시대에는 계획만 세우면 제자리걸음을 할 수밖에 없다.

자산 관리의 성공은 80%의 행동과 20%의 지식에 달려 있다. 초보 투자자들은 저금리와 빈곤의 위험에 대비해 부동산, 연금 등 은퇴자산 포트폴리오에 적극적인 관심을 가져야 할 시점이다. 연금, 부동산 등 은퇴자산을 정기적으로 파악하고 점검하는 것이 중요하다. 한국의 많은 가계들은 은퇴자산 포트폴리오에 대한 이해가 부족하고, 투자 상황을 주기적으로 점검하는 데 소홀한 편이다. 대부분의 경우, 가계는 지출 관리로 인한 스트레스를 겪으면서도 정작 자금의 흐름을 정확히 파악하지 못하고 있다. 이는 은퇴 준비에 대한 인식은 점차 높아지고 있지만, 실제 자산관리와 재무계획 수립, 그리고 지속적인 모니터링은 여전히 미흡한 수준임을 보여준다.

부동산은 노후 준비의 핵심 자산이다. 2025년 서울 역세권 상가는 연금을 실질적으로 보완할 수 있는 투자 대안이 될 수 있다. 지혜로운 투자와 체계적인 계획을 통해 필요한 시기에 자금을 마련하는 것이 노후설계의 핵심이다.

2025년 기대수명 83.5세와 1.9%의 물가 상승률을 고려하면 젊은 시절의 작은 투자도 노후에 큰 가치를 창출할 수 있다. 추운 겨울을 대비하는 개미처럼 조기에 열정적으로 준비해야 풍요롭고 안정적인 인생 후반전을 맞이할 수 있다.

장기적 가치 상승과 물가 상승 방어 효과가 있다

부동산은 장기적으로 안정적인 투자 자산으로, 서울 아파트의 연평균 3.5% 가격 상승과 물가 상승률을 능가하는 가치 유지 효과가 뛰어나다. 초보 투자자들에게는 복잡해 보일 수 있지만, 시간이 지나면서 자산가치가 물가를 앞서거나 유지된다.

고령 인구 비율이 20.6%에 달해 초고령 사회에 근접해 노후 대비는 더 이상 미룰 수 없는 과제다. 경제적 불확실성 속에서 은퇴자의 상당수인 약 40%가 중위소득의 절반에도 미치지 못하는 빈곤선 수준으로 생활하고 있어 현명한 자산 활용이 그 어느 때보다 중요하다. 부동산은 가계 자산의 70%를 차지하며 실물자산으로서 경제 변동에도 놀라울 만큼 안정적이고 장기적으로 가치를 유지해 노후를 든든하게 뒷받침한다. 2025년 기준으로 상가, 오피스텔, 소형 아파트는 꾸준한 월세 수입을 창출한다.

예를 들어, 2억 원 투자 시 세후 월 58~80만 원의 수입을 기대할 수 있다. 1~2인 가구 증가로 소형 오피스텔 수요는 높지만, 공실률에 주의해야 한다. 토지는 한정된 귀중한 자원으로 서울이나 GTX 연선 같은 교통 요충지는 더 이상 확장되지 않는다.

2025년 GTX-A 연선은 3~5% 내외의 상승으로 높은 투자 가치를 보이며, 강남과 여의도는 공급 부족으로 수요가 증가해 상반기 기준 아파트 가격이 2.5~3% 상승한 것으로 집계되었다. 2023~2024년 신축 아파트 47만 호가 공급되었지만, 주요 지역은 여전히 수요를 따라가지 못한다. 반면 지방은 공급 과다로 2~7% 내외 하락 중이며 수도권으로의 인구 집중은 서울 부동산 가격을 상승시키는 핵심적인 동인이 될 것이다. 2025년 수도권 인구는 50.2%로 서울과 경기 지역의 아파트 및 오피스텔 수요를 꾸준히 늘리고 있다. 젊은 세대가 직장과 쇼핑몰, 병원 등 편의시설이 많은 도심을 선호하며 서울 아파트와 오피스텔의 가치가 꾸준히 오른다. 정부의 GTX, 3기 신도시, 여의도 상업지구 개발 등 인프라 투자는 특정 지역의 부동산 가치를 높인다.

예를 들어, 2023~2025년 GTX-A, GTX-B, GTX-C의 착공 및 개통 소식은 경기 남부와 북부 부동산 시장에 각기 다른 영향을 미쳤다. 경기 남

부동탄역 주변은 GTX-A 개통과 2022년 11월 조정대상지역 해제로 매매가 5~7%, 월세 8~10% 올랐다. 이는 대출 규제 완화 등으로 수요가 늘어난 결과다.

반면, 수지구는 4~5% 상승으로 완만하다. 경기 북부 양주·의정부는 GTX-C 기대감으로 매매가가 2~5% 오르거나 보합세를 유지한다. 다만, 일부 구간 공사 지연 우려가 시장에 영향을 줄 수 있다. GTX 연선은 높은 투자 잠재력을 보이지만, 초보자는 지역별 수요, 개발 속도, 경제 상황을 꼼꼼히 분석해 신중히 투자해야 한다.

부동산은 인플레이션 환경에서 실물자산으로서 자산가치를 일정 부분 보호하는 효과가 있으며, 장기적으로 물가 상승에 따라 임대료와 자산가치가 함께 상승하는 경향을 보인다.

실제로 서울 강남구 등 주요 도심 원룸의 월세는 2020~2024년까지 연평균 4~6% 증가했고, 2025년 3월 기준 강남구 원룸의 평균 월세는 90만 원으로 서울 평균(70만 원)에 비해 상당히 높은 수준이다. 다만, 전월세상한제 시행으로 기존 임대차계약 갱신 시 임대료 인상 폭은 연 5%로 제한되지만, 신규계약의 경우 수요에 따라 더 큰 폭으로 상승할 수 있다. 임대료 상승과 인플레이션 헤지 효과는 지역, 상품, 시장 상황에 따라 크게 달라질 수 있으므로 초보 투자자는 공실 위험, 세금, 정책 변화 등 다양한 위험을 종합적으로 고려해서 신중하게 투자 전략을 수립해야 한다.

부동산은 물가 상승과 경제 성장에 따라 장기적으로 가치가 증가하는 경향이 있어 현금이나 채권보다 구매력 유지에 더 유리하다. 다만, 공실 위험과 종합부동산세 등 다양한 세금 부담도 함께 고려해야 한다.

최근 서울 도심의 원룸과 소형 오피스텔은 1~2인 가구 증가 및 임대 수요 확대로 공실률이 낮고 임대료가 꾸준히 상승해 초보 투자자에게도 안정적인 수익 기회를 제공하고 있다.

부동산은 실물자산으로서 주식, 채권, 암호화폐 등 금융상품보다 시장 변동성에 덜 민감하며 인플레이션 시기에는 자산가치와 임대료가 동반 상승해 효과적인 인플레이션 대응 수단으로 평가된다. 특히 서울과 같은 핵심 입지의 아파트, 상가, 오피스텔 등은 희소성이 높아 장기보유 시 자산가치 상승을 기대할 수 있고 다양한 용도로 활용할 수 있어 공실 위험을 낮출 수 있다. 다만, 부동산 투자는 지역과 상품에 따라 위험요인이 다르므로 초보 투자자라면 장기적 관점에서 시장 분석, 세금 및 관리비용, 공실 위험 등을 충분히 검토하고 신중하게 접근해야 한다.

다양하게 수익을 올릴 수 있는 부동산 투자 전략

투자 방법은 매우 다양하지만 실제로 높은 수익성과 안정성을 동시에 갖춘 좋은 투자 대상은 생각보다 많지 않다. 은행 예·적금과 같은 기본적인 투자 방법도 일종의 투자지만, 최근 저금리 및 인플레이션 환경에서는 실질적인 자산 증식 수단으로 보기 어렵다는 평가가 많다. 실제로 예금 금리가 물가 상승률에 미치지 못하는 경우가 많아 실질수익률이 마이너스가 될 수 있다.

그렇기에 현명한 투자자가 되기 위해서는 인플레이션을 뛰어넘는 수익을 낼 수 있는 투자 전략을 고민하고 실행하는 것이 중요하다. 특히 부동산 투자의 경우 안정적인 수익을 얻기 위해서는 다양한 부동산 투자 유형에 대해 깊이 있게 이해하고 시장과 상품을 철저히 분석하는 노력이 필요하다. 한 가지 방식에만 안주하지 않고 변화하는 시장 환경에 맞춰 지속적으로 새로운 투자 기회를 탐색하고 학습하는 자세가 장기적인 투자 성공의 핵심이다.

공시지가 1억 원(지방 2억 원) 이하 부동산 투자로 수익 내기

공시가격 1억 원(2025년 1월 2일 이후 지방은 2억 원) 이하의 주택은 노후·저가 주택이 많아 재개발 기대감으로 투자 수요가 높지만, 구역 지정 전 지역은 실제 재개발 추진 여부가 불확실하고 위험이 크므로 주의가 필요하다.

공시가격 1억 원 이하(지방 2억 원 이하) 주택에 투자하는 주된 이유는 취득세 등 세금 혜택이다. 조정대상지역에서 2주택자는 8%, 3주택 이상은 12%(최대 13.4%)의 취득세가 부과되지만, 기준 이하 저가주택은 보유 주택 수와 무관하게 일반세율(1~3%)이 적용된다. 결국 시장의 예외 규정이나 소문에 휩쓸리지 말고 반드시 관련 법령과 조례, 사업단계, 권리산정기준일 등을 꼼꼼히 확인하고 신중하게 투자해야 하며 불확실성을 자초하는 투자는 피하는 것이 바람직하다.

2020~2024년 전국 공동주택 공시가격은 연평균 약 4.4% 상승했고, 2025년에는 전국 평균 3.65% 상승, 서울은 7.86% 상승 등 지역별 차이가 두드러진다. 수도권 1억 원(지방 2억 원)의 공시가격을 초과하면 취득세 등 중과세 대상이 될 수 있으므로 기준 초과 여부에 각별히 주의해야 한다.

특히 '도시 및 주거환경정비법'상 정비구역이나 '빈집 및 소규모주택 정비에 관한 특례법'상 사업시행 구역 내 주택은 공시가격이 1억 원 이하(지방 2억 원 이하)라도 취득세 중과세율(8~12%)이 적용되므로 투자 전 해당 지역의 지정 여부를 반드시 확인하고 전문 세무사와 상담해 최신 세법을 점검해야 한다.

양도소득세 산정 시 공시가격 1억 원 이하(지방 2억 원 이하) 주택도 주택 수에 포함되지만, 2주택자가 해당 주택을 양도할 때는 중과세율이 아닌 기본세율(6~45%)이 적용된다. 다만, 정비구역이나 사업시행구역 내 주택은 중과세율이 적용될 수 있으므로 주의가 필요하다.

2022년 5월 10일 이후 2주택자에 대한 양도소득세 중과세는 2026년 5월 9일까지 한시적 중과 유예되어, 조정대상지역 여부와 관계없이 기본

세율이 적용되며 1세대 1주택자가 실거래가 12억 원 이하 주택을 2년 이상 보유(조정대상지역은 2년 거주 포함)하면 양도세 비과세 혜택을 받을 수 있으며 공시가격 1억 원 이하(지방 2억 원 이하) 주택을 추가로 취득하면 비과세 혜택을 받을 수 없다. 주택청약에서 무주택자 자격은 주택 소유 여부로 판단하기 때문에 공시가격 1억 원 이하(지방 2억 원 이하) 주택을 보유하고 있으면 무주택자에서 제외된다.

종합부동산세는 1세대 1주택자의 경우 공시가격이 12억 원을 초과하면, 일반(다주택자)은 보유한 모든 주택의 공시가격 합계가 9억 원을 초과할 때 부과된다. 이때 공시가격 1억 원 이하 주택도 모두 포함되며 별도의 세액공제나 면제 혜택은 없다.

(출처 : 부동산공시가격알리미 / 국토교통부)

공시지가 1억 원 이하(지방은 2억 원 이하)의 아파트에 투자해 수익을 내려면 가장 먼저 투자 대상 지역 선정에 주목해야 한다. 지역을 선정한 후에 네이버페이 부동산, 부동산 공시가격 알리미 등 온라인 사이트를 통해 해당 지역의 상세 정보를 쉽게 파악할 수 있다.

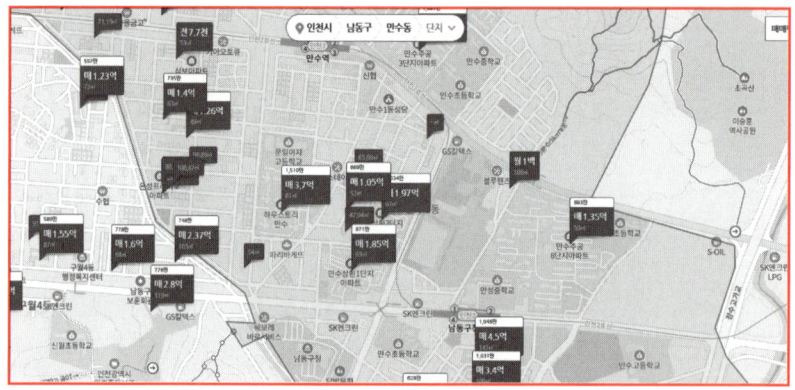

(출처 : 공시지가 1억 이하 아파트 검색 / 네이버페이 부동산)

공시지가 1억 이하 아파트 중 투자 가치가 있는 매물을 찾고 싶다면 30년 이상 된 5층 이하 주공아파트를 주목해볼 만하다. 이는 해당 주공아파트들이 대부분 도시의 기반 시설이 어느 정도 갖춰진 주거지역에 위치하기 때문이다. 30년이 지난 주공아파트는 노후화로 인해 재개발 가능성이 크며 특히 용적률이 높아 안전진단만 통과하면 재개발 투자로 인한 수익성을 확보할 확률이 상대적으로 높다.

지방 중소도시보다 재개발 추진이 더 수월할 수 있는 인천광역시 남동구 만수동의 만수주공 8단지 아파트를 예로 들어 살펴보겠다.

먼저, 네이버페이 부동산에서 부동산 가치를 고려한 일반적인 유형으로 검색할 때는 물건 종류는 아파트, 거래 종류는 매매, 매매가격 범위는 1~1.5억 원, 면적은 10평대, 사용기간은 30년 이상, 세대 수는 300세대 이상으로 조건 검색하면 된다.

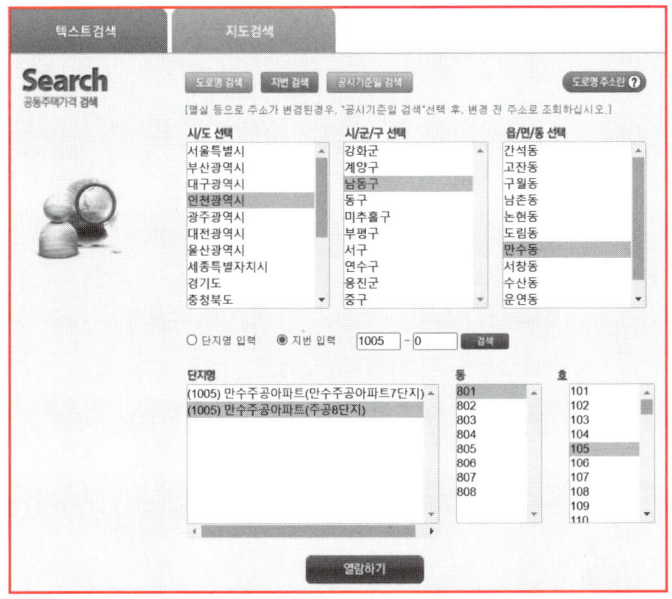

(출처 : 공동주택가격 검색 / 부동산공시가격알리미)

　2025년 만수주공8단지 801동 105호 공시가격을 조회한 결과 공시가격이 6,410만 원으로 공시가격 1억 원 이하 아파트인 것을 확인할 수 있으며, 공시가격이 매년 변동되는 것도 알 수가 있다.

공시기준일	단지명	동명	호명	전용면적(㎡)	공동주택가격(원)
2025.1.1	만수주공아파트(주공8단지)	801	105 (산정기초자료)	38.64	64,100,000
2024.1.1	만수주공아파트(주공8단지)	801	105	38.64	67,200,000

※ 2025년 1.1기준 공동주택가격 ※ 열람지역 : 인천광역시 남동구 담방로 105(남동구 만수동 1005)

(출처 : 만수주공아파트 공동주택공시가격 / 부동산공시가격알리미)

　다음과 같이 원하는 투자 지역을 수도권, 광역시, 특별자치도 등에서 검색하고 관심 있는 아파트를 선정한 후에는 온라인을 통해 아파트 거래량, 주변시세, 기반 시설, 상권, 학교 등 주변 환경을 꼼꼼히 조사해야 한다. 이후 직접 현장을 방문해 실사를 진행하는 것이 좋다. 현장 실사 시에는 해당 지역의 공인중개사 사무실을 방문해 아파트 주변시세, 지역 호재, 재개발 진행 상황 등을 상세히 파악하는 것이 중요하다.

(출처 : 만수주공 8단지아파트 시세 / 호갱노노)

아파트 투자 시에는 해당 단지의 최소 10년 이상 시세 그래프와 실거래가 데이터를 분석해 과거 시장 동향을 파악하는 것이 중요하다. 이를 통해 전고점, 조정기, 상승기 등 주요 흐름을 분석하고 현재 시세와 비교해 투자 기준을 세우며, 미래 전망을 신중하게 판단해야 한다.

재개발·재건축 투자 시에는 재개발추진위원회 설립 여부, 안전진단 통과 상황, 주민 동의율 등 사업 추진의 핵심 요소를 반드시 확인해야 한다. 이러한 정보는 지역 부동산 중개업소, 구청·시청 정비사업 사이트, 커뮤니티 등을 통해 확인할 수 있다. 꼼꼼한 조사와 명확한 투자 기준 없이 접근하면 사업 지연이나 규제 변화 등으로 자금이 장기간 묶일 수 있으므로 각별한 주의가 필요하다.

공시가격 1억 원 이하(지방 2억 원 이하) 주택은 상대적으로 적은 자본으로 투자할 수 있고, 전세가율이 높아 실투자금이 적으며, 다주택자 취득세 중과 등 세금 부담이 낮아 틈새 투자처로 주목받고 있다. 최근 정부 정책은 고가주택에 대한 규제 강화와 함께 중저가·소형 주택에 대한 세제 지원 및 취득세 완화 등 투자 환경 개선 방향으로 변화해왔으므로 이러한 시장 흐름을 잘 활용하는 것이 중요하다.

공시가격 1억 원 이하 부동산은 취득세 중과에서 제외되어 낮은 세율(1.1%)이 적용되고 소액 투자로 진입장벽이 낮아 초보 투자자들에게 매력적인 투자처로 여겨진다. 다만, 양도소득세 비과세 등 1주택자 세제 혜택은 공시가격과 직접적으로 연동되지 않으므로 세목별 적용 기준을 반드시 확인해야 한다.

투자 시에는 시세 상승에 대한 과도한 기대를 버리고 정부의 대출 규제·세금정책 변화, 금리 변동에 따른 수익성 악화 가능성을 충분히 고려해야 한다. 또한 단기수익보다는 중장기적 관점에서 시장 흐름을 관찰하는 것이 중요하다. 정부 정책 변화와 시장 회복이 이루어진다면 갭투자 환경이 개선될 가능성이 있으나 반드시 안정적인 수익을 보장하는 것은 아니다. 따라서 시장 흐름을 주의 깊게 살피고 장기적 안목으로 접근해야 한다.

성공적인 투자를 위해서는 정확한 정보, 철저한 계획, 체계적인 위험 관리가 필수이며, 초보자도 이러한 전략을 통해 부동산 투자에 성공할 수 있다. 특히 변동성이 큰 시기에는 소액 투자로 위험을 최소화하고 신중한 사전 조사와 전략 수립을 통해 첫걸음을 내딛는 것이 바람직하다. 공시가격 1억 원 이하 부동산 투자는 초보자에게 적은 투자금으로도 부동산 시장에 진입하는 기회를 제공할 수 있다.

주택 수에 포함되지 않는 재개발구역 토지 투자

재개발구역 토지 투자는 높은 수익을 기대할 수 있어 매력적이지만, 초보자는 구역 지연이나 지분 쪼개기 위험에 주의해야 한다. 이 투자는 주택 수에 포함되지 않아 다주택자의 세금 부담을 줄일 수 있다. 재개발구역은 낙후된 주거지나 상업지를 새 아파트나 상가로 바꾸는 사업으로 정부와 지자체, 민간이 함께 진행한다.

재개발구역은 도시정비법에 따라 지정되며, 토지 소유자는 사업 완료 후 새 아파트나 상가, 또는 현금 청산을 받을 수 있다. 토지는 주택으로 계산되지 않아 종부세나 양도세 중과를 피할 수 있다. 3주택자가 토지를 매입하면 종부세 부담이 없다. 이는 다주택자 세금 강화 시대에 큰 장점이다.

재개발구역에는 단독·다가구주택, 아파트, 상가, 나대지, 임야, 무허가건축물, 도로부지 등 다양한 부동산이 있다. 초보자는 나대지나 단독주택에 관심을 가져볼 수 있다. 토지는 귀중한 자산으로, 재개발구역 토지 투자는 큰 수익을 낼 가능성이 크다. 하지만 지분 쪼개기 같은 법적 문제로 초보자는 어려움을 겪을 수 있다.

재개발 토지 투자는 입주권이나 시세차익으로 수익을 낼 기회를 제공한다. 재개발구역은 낡은 주거지와 구시가지를 새 아파트와 상가로 변모시키는 곳이다. <헤럴드경제> 보도를 참조하면, 서울 노원구 상계동은 재개발로 가치가 상계5구역 빌라 호가가 30~40% 상승했다. 재개발 토지 매입은 시세 상승을 통해 수익을 얻을 수 있다. 또한 주택 수에 포함되지 않아 양도세 중과를 피할 수 있으며, 3주택자가 토지를 매도해도 추가 세금이 없다.

재개발 토지는 개발 완료 시 가치가 크게 상승한다. 서울 종로구 창신동 같은 도시재생지역이나 GTX 프로젝트는 수익 확대의 기회로 주목받고 있다. 부동산 규제가 강화될수록 나대지, 임야, 도로부지 투자가 늘고 있다. 이는 주택 수에 포함되지 않아 규제를 피하는 대안으로 서울 성북구 나대지가 인기를 끌고 있다. 토지 투자 시에는 입주권 자격을 꼼꼼히 확인해야 한다. 권리산정기준일 이후 필지 분할 시기에 따라 입주권이 발생하지 않을 수 있으므로 등기부등본과 조합에 문의하는 것이 좋다.

'도시 및 주거환경정비법' 제39조에 따르면, 조합원 입주권은 정비구역 내 토지나 건축물을 소유한 사람에게 주어진다. 특히 주택과 토지를 동시에 보유하면 입주권 획득 가능성이 더욱 커져 투자 매력도가 상승한다. 재개발구역 내 토지는 주택부속토지, 도로부지, 나대지, 임야 등 다양한 유형으로 존재하며, 취득세는 주택 수와 상관없이 일괄적으로 4.6%가 부과된다.

2025년 기준 다주택자에 대한 양도세 중과는 한시적으로 완화되었지만, 토지는 여전히 주택분 종합부동산세 대상에서 제외되어 세금 절감 수단으로 주목받고 있다. 다만, 토지 매수 시점과 면적에 따라 입주권 자격이 달라지므로 세심한 주의가 필요하다. 예를 들어, 서울시 일부 구역에서는 토지면적이 90㎡ 이상이거나 여러 필지를 합산해 90㎡를 초과하면 입주권을 얻을 수 있다. 단, 사업시행인가 고시 이후 매입한 토지는 입주권이 제한될 수 있으며, 30㎡ 미만의 경우 원칙적으로 현금 청산 대상이 된다.

또한 조합 정관에 따라 토지 외 무허가건축물 소유 여부, 세대원의 무주택 요건 충족 여부 등 추가적인 조건들이 적용될 수 있다. 도로부지의 경우에도 지목 또는 현황 중 하나가 '대지'여야 입주권을 받을 수 있는 등 구체적인 기준은 사업구역마다 차이가 있다. 일부의 경우, 자금 조달 계획서 제출이 요구되며, 입주권 자체가 감정가에서 낮게 평가되고 임대수익이 없다는 점도 고려해야 한다.

재개발 토지 투자는 세금 절감과 자산가치 상승 측면에서 매력적이지만, 정비구역 조합 정관, 입주권 요건, 세무 영향 등을 종합적으로 검토해야 한다. 초보 투자자는 전문가에게 조언을 구해 사업 단계, 입주 시기, 토지면적과 조합 규정을 철저히 분석한 후 전략적으로 접근해야 안정적인 수익을 기대할 수 있다.

재개발구역 토지 투자는 높은 수익 잠재력을 제공하지만, 주변 환경과 법적 규제를 철저히 이해하고 신중하게 접근해야 한다.

재개발구역 토지 투자 시 다음과 같은 핵심 사항을 고려해야 한다.

첫째, 개발계획의 변동성에 주의를 기울인다. 재개발 사업은 완료까지 7~10년이 소요될 수 있으며 일정 지연이나 계획 변경의 가능성을 염두에 두어야 한다. 투자 전 사업 진행 상황과 잠재적 지연 요인을 꼼꼼히 확인한다.

둘째, 법적 위험에 대비한다. 소유권 분쟁이나 법적 문제가 발생할 수 있으므로 등기부등본을 통해 소유권을 철저히 확인하고 법적 절차를 세밀하게 검토한다.

셋째, 시장 환경의 변동성을 자세히 분석한다. 지역 개발, 정부 정책,

시장 수요 변화에 따라 수익성이 크게 달라질 수 있으므로 철저한 시장 조사를 수행한다.

재개발구역 토지 투자는 종합부동산세 비과세, 개발 후 이익, 시세 상승 등의 매력적인 장점이 있다. 이러한 이점을 최대한 활용하려면 최신 정책과 규제를 깊이 있게 이해하고 소유권 검토와 시장 분석을 철저히 수행해야 한다. 이를 통해 주택 수 규제를 우회하고 장기적인 시세차익을 얻을 수 있다. 개발계획의 불확실성, 법적 검토, 자금계획을 신중하게 고려해야 한다. 초보 투자자의 경우 법적 절차를 충분히 이해하고 전문가의 조언을 받아 안전하게 투자해야 한다. 장기적 관점에서 개발 호재와 시세 상승을 예상하며 계획적이고 전략적으로 접근해야 한다.

각종 혜택이 주어지는 지식산업센터 투자

지식산업센터는 경기 침체와 주택시장 규제에도 불구하고 투자자들 사이에서 안정성과 성장 잠재력을 갖춘 수익형 부동산으로 주목받고 있다. 산업집적활성화 및 공장설립에 관한 법률(산업집적법)에 따라 3층 이상의 복합건축물로 정의되며 제조업, 지식기반산업, 정보통신업, IT 기업 등이 입주할 수 있고 상가와 기숙사 등 지원시설도 갖추고 있다. 서울 성수동, 문정동, 가산동, 수원, 부산 등 주요 대도시에 위치해 있으며, 첨단 설계와 뛰어난 교통 접근성을 강점으로 내세우고 있다.

주택 거래가 위축된 상황에서 지식산업센터는 취득세와 재산세 감면, 높은 대출 한도 등 다양한 세제 및 금융 혜택으로 새로운 투자처로 부상하고 있다. 개인은 70%, 법인은 최대 80%까지 대출이 가능하며, '지방세특례제한법'에 따라 특정 업종에 직접 사용할 경우, 취득세와 재산세를 각각 35% 감면받을 수 있다. 다만 임대 목적으로 사용하면 감면 혜택이 적용되지 않으며, 요건을 충족하지 못할 경우, 추징될 수 있어 투자 목적에 따른 신중한 접근이 필요하다.

서울 성수동의 경우 2024년 기준 3.3㎡당 매매가가 3,000만 원을 돌파하며 높은 수요를 보인다. 하지만 지역 간 공급 과잉과 공실률 증가로 양극화가 심화되고 있으며, 부산 등 지방에서 최근 공실률 증가에 따른 투자자들의 어려움이 늘고 있어 입지 선택이 그 어느 때보다 중요해졌다. 반면 서울과 수도권 신도시, 택지지구에서는 공급이 활발하게 이루어지고 있으며 도심 역세권 중심의 개발이 확대되고 있다.

지식산업센터 투자의 핵심은 입주기업의 업종과 수요를 자세히 분석하는 것이다. 교통 접근성이 우수하고 기업 밀집도가 높은 지역은 장기적으로 안정적인 임대수익을 기대할 수 있다. 특히 스타트업과 중소기업 비율이 높은 지역은 고용 창출과 수익 안정성 측면에서 유리하다. 해당 산업의 성장 가능성과 전매 제한이 없다는 점도 투자자에게 긍정적으로 작용한다.

다만, 투자 시 금리 상승과 같은 외부 변수에 주의를 기울여야 한다. 2025년 기준금리 변동 가능성과 공급 증가, 수요 감소 등으로 인해 평균 임대수익률은 4% 수준으로 하락할 수 있으며 대출 비중이 높은 투자자의 경우, 이자 부담이 커질 수 있다. 특히 지방의 경우 임차 수요 감소로 공실률이 높아지고 있어 지역별 세밀한 시장 조사가 필수적이다.

지식산업센터는 1990년대 아파트형 공장으로 시작해 2010년 이후 복합업무시설로 발전했다. 2024년 12월 말 기준 전국에 약 1,539곳이 운영 중이며, 수도권에 약 81.9%가 집중되어 있다. 수도권 분양가는 3.3㎡당 1,100~1,600(프리미엄 단지 2,000~3,000만 원 이상)만 원, 지방은

1,000~1,200만 원(중소도시 800~1,000만 원)으로 오피스텔보다 비교적 저렴한 수준이나, 입지에 따라 수익률과 시세차익은 크게 달라진다.

초보 투자자에게는 주택 수 미포함, 높은 대출 가능성, 세제 혜택 등이 매력적으로 보일 수 있으나 임대 가능 업종과 실제 수요층, 정부정책과 개발계획, 법적 규제 등을 종합적으로 검토해야 한다. 특히 수도권 핵심지 역세권 지식산업센터는 기업 수요가 높아 비교적 안정적인 수익을 기대할 수 있지만, 지방이나 외곽지역은 공실 위험이 크고 대출이자 부담이 커질 수 있어 철저한 위험 관리가 필요하다.

결론적으로 지식산업센터는 산업단지 개발과 중소기업 지원이라는 국가 정책 기조와 맞물려 여전히 유망한 수익형 자산으로 평가된다. 다만, 2025년 이후 시장 변화에 민감한 만큼 단기적인 시세차익보다는 장기적인 임대수익과 자산가치 상승을 목표로 전략적이고 보수적인 접근이 요구된다. 전문가와의 상담을 통해 사업자등록 요건, 세제 감면 기준, 업종 제한사항 등을 명확히 이해하고 명확한 투자 전략을 바탕으로 안정적인 투자 성과를 도모해야 한다.

성공적인 아파트 분양권 투자

분양권은 청약이나 전매를 통해 주택 입주 자격을 획득할 수 있는 권리를 의미한다. 주로 주택청약통장 가입자에게 우선공급되는 아파트의 입주권을 입주 전 단계에서 매매한다. 초기 자본이 적은 투자자도 계약금(10%)만으로 접근할 수 있으며, 입지 조건이 우수하거나 개발 호재가 있는 지역의 분양권은 지역에 따라 차이가 있지만 5~20%의 시세차익을 기대할 수 있다.

분양권은 등기 전 상태이므로 재산세 부담이 없는 장점이 있다. 다만,

규제지역에서 양도 시 보유 기간에 따라 양도소득세가 달라지는데, 1년 미만은 70%, 2년 미만은 60%가 적용되며, 이는 일반 부동산의 6~45% 보다 높은 수준이다.

2023년 이후 전매 제한은 지역에 따라 1~3년, 1년, 6개월 또는 제한 없음 등으로 완화되었으나, 지자체 조례에 따라 추가 제한이 있을 수 있으므로 지역 조건을 반드시 확인해야 한다. 분양권은 재산세 부담이 없고 단기 시세차익을 기대할 수 있는 매력적인 투자 대상이지만 규제지역의 높은 양도소득세(70%, 60%)와 투기과열지구의 엄격한 전매 제한(1~3년), 실거주 의무 등에 민감하다.

따라서 투자 전 세법과 규제를 철저히 검토해야 한다. 전매 제한, 양도세, 취득세 등 다양한 규제가 있으며 계약금 후 중도금과 잔금을 납부해야 하고, 잔금 미납 시 계약이 해지될 수 있다. 또한 공급과잉 지역의 경우 입주 시 가격이 하락할 가능성도 있으므로 신중한 접근이 필요하다.

분양권 투자는 전매 제한이 짧은 지역을 선택하는 것이 좋다. 교통, 교육, 상권, 산업단지 개발 등 유망한 호재가 있는 지역은 시세차익을 기대할 수 있으므로 입지를 꼼꼼히 분석해야 한다. 분양권 투자는 소액(계약금 10%)으로 접근할 수 있으며 아파트, 오피스텔, 지식산업센터, 구분상가, 도시형 생활주택, 분양형 호텔 등 다양한 부동산이 투자 대상이 된다. 특히 아파트는 수요가 높아 시세 상승 가능성이 크다.

시장이 하락장에서 상승장으로 전환되는 시기에 분양권을 매입하는 것이 유리하다. 다만, 분양권 거래가 활발한 지역에서는 불법 전매나 다운계약서 작성 등의 위험이 있으므로 주의해야 한다.

입지가 좋은 지역에서 분양권 매입을 통해 수익성을 기대할 수 있으며, 아파트 분양부터 입주까지 2.5~3년 동안 시세가 상승할 가능성이 있지만, 지역에 따라 차이가 있다. 1차 중도금 직전이나 입주 3~4개월 전에 매입하면 유리하며 입주 직전 시세가 오를 가능성이 크므로 미리 확보하는 것이 좋다.

분양권 전매는 분양계약 체결 후 매매계약서를 작성하고 실거래가 신고와 대출 명의 승계를 진행한다. 전매 총금액은 계약금, 중도금, 옵션·확장 비용, 프리미엄을 모두 합산한다. 필요한 구비서류는 3개월 이내 발급된 인감증명서, 주민등록등본, 명의변경 신청서, 매도자·매수자·건설사가 기명날인한 권리의무 승계계약서다. 분양권 투자는 소액으로 시작해 시세차익을 기대할 수 있지만, 전매 제한, 양도세, 실거주 의무, 시장 변동성으로 인한 손실 위험이 존재하므로 시장 흐름을 자세히 파악하고 신중하게 투자해야 한다.

분양권 투자를 할 때 시기와 타이밍은 핵심적인 고려사항이다. 조기 매입 시에는 완공 기간 동안 가격 변동의 위험이 존재하며 매입 시기가 늦어지면 프리미엄 상승으로 인해 시세차익이 줄어들 수 있다. 분양권 거래를 위해서는 부동산 경기, 금리, 미분양 상황 등을 자세히 분석해야 한다. 규제지역 1년 미만 70%, 2년 미만 60%, 비규제지역 6~45% 등 양도소득세와 1~3%인 취득세를 꼼꼼히 검토해야 한다.

단기매매 시 양도소득세가 상당히 높으므로 세금 부담을 고려해 투자 계획을 신중하게 수립해야 한다. 부동산 시장의 변동성으로 인해 분양권가격은 상승하거나 하락할 수 있으며, 특히 경기 침체기에는 가격 하락 위험이 커진다. 따라서 시장을 지속적으로 모니터링하고 효과적인 위험 분산 전략을 마련하는 것이 중요하다.

분양권 매입 후에는 투기과열지구(1~3년), 과밀억제권역(1년), 비규제지역(6개월 또는 제한 없음) 등의 전매 제한 조건을 반드시 확인해야 한다. 전매 제한을 고려해 매도 시점을 계획하고 장기적인 투자 전략을 수립해야 한다.

분양권 투자는 시세차익과 단기수익을 기대할 수 있지만, 투자 시기, 세금, 시장 변동성 등 다양한 요인을 종합적으로 고려해야 한다. 특히 초보 투자자의 경우 시장 동향과 세금 위험을 철저히 관리해야 한다. 적절한 매수 타이밍과 체계적인 위험 분산 전략을 통해 수익 기회를 최대화할 수 있다.

부동산 투자로 일하지 않으면서 월급 받는 시스템 구축하기

월세가 월급이 되는 시스템이 필요한 이유

자본주의 체제에서 노동소득만으로는 재정적 한계가 존재하기 때문에 자본을 활용해 추가 소득을 창출할 수 있는 생산수단을 마련하는 것이 중요하다. 부동산 투자는 노동소득의 한계를 극복하고 임대수익과 자산가치 상승을 통해 안정적인 월급과 같은 현금 흐름을 만들 수 있는 대표적인 방법이다. 직장에서 일을 중단하거나 은퇴하면 소득이 감소하지만, 임대수익형 부동산은 노동 없이도 일정한 현금 흐름을 제공한다.

2025년 한국부동산원 자료 및 시장 전망을 기반으로 전국 평균 임대수익률을 살펴보면 소형 아파트는 약 3~4.9%, 오피스텔은 약 5.3%(지방 평균 6~8%), 다가구주택은 4~6%, 지식산업센터는 4.5~6%, 상가는 5~7% 수준을 보인다. 다만, 실제 수익률은 입지, 공실률, 관리비, 대출이자, 단지 특징 등 다양한 요인에 따라 크게 달라질 수 있으므로 제시된 평균 값은 참고 자료로만 활용하고 개별 투자 시에는 반드시 구체적인 수치를 직접 분석해야 한다.

최근 3~5년간 아파트 등 자산가치 상승률은 연 2~4%대에 그치는 경우가 많아, 단순히 가격 상승만 기대하기보다는 안정적인 임대수익을 통한 현금 흐름 구조를 만드는 것이 중요하다. 공시가격 1억 원 이하(지방 2억 원 이하) 주택은 취득세 중과 없이 1.1%의 낮은 세율이 적용되어 소액으로도 투자에 진입할 수 있는 장점이 있다.

개발 예정지 토지는 임대수익률이 2~3%로 낮지만, 장기적으로 10~20% 이상의 시세차익을 기대할 수 있다. 다만, 개발 지연, 유동성 부족 등 위험이 크므로 매우 신중한 접근이 필요하다. 월세형 부동산은 임대료 수익을 통해 노동 없이 현금 흐름을 만들 수 있지만, 지역별 공실률(5~15%)과 관리비, 대출이자 등으로 실제 수익률이 낮아질 수 있으므로 입지와 수요, 공실률을 세밀하게 분석해야 한다.

부동산 투자로 경제적 자유를 실현하려면 단순히 부동산을 매수하는 것만으로는 충분하지 않으며 안정적인 임대수익 구조 구축, 위험 관리, 정확한 시장 분석이 필수적이다.

부동산은 대표적인 실물자산이자 재테크 수단으로 특히 인플레이션 시기에 현금보다 더욱 유리한 자산으로 평가받고 있다. 이는 임대료와 자산가치가 물가 상승과 함께 상승해 장기적인 수익성과 방어력을 동시에 기대할 수 있기 때문이다. 실제로 최근에는 전세에서 월세로의 전환이 빠르게 진행되고 있으며, 월세 인상률이 물가와 연동되는 사례도 점점 늘어나고 있다.

수익형 부동산은 매달 임대수익이라는 안정적인 현금흐름을 창출하고 장기적으로는 자산가치 상승에 따른 시세차익도 기대할 수 있다. 이는 단순한 노동 소득과는 달리 자본 스스로 수익을 만들어내는 구조로 은퇴 후에도 경제적 자유를 지속할 수 있는 중요한 기반이 된다. 한국 내 부유층의 자산 구조가 부동산 중심으로 재편된 배경도 바로 이러한 특성에 있다. 그러나 부동산 투자는 공실, 시장 변동성, 대출이자, 세금 등 다양한 위험을 동반한다. 특히 임대사업자로 등록할 경우에는 세제 혜택과 함께 따라오는 임대료 인상 제한, 의무 임대 기간 등 제도적 규제를 철저히 준수해야 한다.

부동산 투자는 단순한 자산 축적을 넘어 자본이 작동하는 시스템을 구축하는 과정이다. 성공적인 투자를 위해서는 시장과 지역에 대한 철저한 분석, 장기적 관점의 전략 수립, 그리고 냉철한 판단과 끊임없는 학습이 반드시 필요하다.

지속 가능한 현금흐름 시스템 만드는 방법

최근 부동산 투자에 관한 관심이 급증하면서 노동 없이 꾸준한 수익을 창출할 수 있는 방식 특히 수익형 부동산에 대한 주목도가 높아지고 있다. 수익형 부동산의 핵심은 정기적인 임대료 수익을 통해 안정적인 현금흐름을 구축하는 것이다.

상가, 오피스텔, 지식산업센터, 소형 아파트, 다가구주택 등 다양한 유형이 존재하며, 투자 비용과 수익률, 공실 위험, 관리 난이도에 따라 투자 전략이 달라진다. 예를 들어, 상가는 비교적 높은 임대수익을 기대할 수 있지만, 초기 투자 비용과 입지에 따른 공실 위험도 상당히 크다. 오피스텔은 적은 자본으로 진입할 수 있으나 수익률과 공실률은 지역별로 큰 편차를 보인다. 아파트는 임대 안정성이 높지만, 정부 규제에 민감하고 초기 자금 투입액도 상당하다.

최근 정부는 대출 규제 완화와 세제 혜택 확대 등 실수요자 중심 정책을 추진 중이지만, 정권 교체나 정책 변동에 따라 시장 흐름이 언제든 급변할 수 있으므로 신중한 접근이 요구된다. 수익형 부동산 투자의 성공을 위해서는 철저한 시장 조사와 입지 분석, 세부적인 재무계획 수립이 필수적이다.

교통, 상권, 인구밀도 등 입지 조건을 자세히 분석하고 임대 수요와 공실 가능성을 사전에 정확히 점검해야 한다. 투자 비용과 대출이자, 세금, 관리비 등을 모두 반영한 실질수익률을 정밀하게 계산하고 장기적 관점에서 자금 운용계획을 치밀하게 마련해야 한다.

임대 관리는 수익형 부동산의 성패를 좌우하는 핵심요소다. 임차인 관리, 시설 유지보수, 공실 대응 등 체계적인 운영이 필요하며, 전문 임대관리 서비스를 활용하면 효율성과 안정성을 크게 높일 수 있다. 보유 자산이 늘어날수록 자산관리의 한계도 더욱 커지기 때문에 초기부터 견고한 관리시스템을 구축하는 것이 중요하다.

또한 세금 전략은 절대 간과해서는 안 되는 중요한 부분이다. 임대수익은 과세 대상이므로 실제 순수익을 산출하려면 세금 부담까지 세심하게 고려해야 한다. 임대사업자 등록, 필요경비 공제, 장기보유특별공제 등을 적극적으로 활용해 절세 방안을 마련하고, 세무 전문가와 상담해 정확하고 효과적인 대응을 준비해야 한다.

궁극적으로 수익형 부동산 투자는 단순히 부동산을 보유한다고 해서 자동으로 수익이 발생하는 구조가 아니다. 정교한 재무설계와 전략적인 투자 계획, 전문적인 자산 관리 역량이 뒷받침되어야만 노동 없이도 월급처럼 안정적인 수익이 발생하는 구조를 만들 수 있다. 수익형 부동산을 통한 경제적 자유는 체계적인 준비와 지속 가능한 수익 구조 설계에서 비로소 시작된다.

월급 시스템을 유지하고 확장하는 핵심 전략

현대 사회에서 부동산 투자는 단기 매매차익보다 장기적 관점에서 임대수익과 자산가치 상승을 동시에 추구하는 전략이 더욱 효과적이다. 시간이 흐를수록 부동산 가치는 상승할 가능성이 크며, 이를 통해 안정적인 현금흐름과 함께 복리 효과까지 기대할 수 있다. 매월 발생하는 임대수익은 투자자의 현금 유동성을 높여주고 이 수익을 재투자할 경우, 자산은 점진적으로 확장된다.

이러한 장기보유 전략은 시장의 단기 변동성에 흔들리지 않고 투자자가 일관된 수익 구조를 유지할 수 있게 해준다. 특히 장기적으로 꾸준한 임대수익이 확보되면 단순한 수익을 넘어 삶의 자율성과 안정감을 동시에 누릴 수 있다. 이러한 현금흐름은 은퇴 이후에도 지속 가능한 생활 기반이 되어 가족과의 시간, 자기 계발, 취미생활 등 삶의 질을 높이는 데 실질적인 도움을 준다.

투자처를 선택할 때는 수익성뿐만 아니라 해당 지역의 주거환경과 지역 커뮤니티와의 조화도 깊이 고려해야 한다. 지속 가능한 수익을 창출하려면 쾌적한 환경과 지역사회와 공존할 수 있는 부동산을 선택하는 것이 중요하다. 이는 투자자에게는 장기적인 가치 상승을, 지역사회에는 긍정적인 파급 효과를 제공하는 선순환 구조를 만들어낸다.

결국 부동산 투자는 단순한 이익 추구를 넘어서야 한다. 진정한 경제적 자유는 장기적인 안목, 지속 가능한 현금 흐름, 사회적 책임 의식을 바탕으로 달성할 수 있다. 전략적이고 철학적인 접근이 성공적인 부동산 투자의 핵심인 것이다.

안정적인 월세 수입을 창출하는 부동산 시스템 구축을 위해서는 다음과 같은 단계적 접근이 필요하다.

1단계는 명확한 투자 목표 설정으로 월 100만 원, 300만 원 등 구체적인 임대수익 목표를 정하고 이를 달성하기 위한 자산 규모를 정확히 산출해야 한다.

2단계는 신중한 투자 대상 선정으로 높은 임대수익률을 보이는 지역을 조사하고, 공시지가 1억 원 미만 등 소액 투자가 가능한 물건을 발굴하며, 재개발 예정지나 신도시개발 지역 등 미래가치가 높은 입지를 분석해야 한다.

3단계는 철저한 위험 관리로 공실률이 낮은 지역을 중심으로 수요를 분석하고 대출 시 원리금 상환 능력을 자세히 검토하며 세금 및 유지보수 비용을 포함한 순수익률을 계산해 비상시를 대비해 유동성 확보를 한다.

4단계는 효율적인 임대 운영 시스템 구축으로 우량 세입자 유치, 장기계약 유도, 주기적인 건물 점검과 유지보수 등 체계적인 관리시스템을 마련해야 안정적인 수익 흐름을 지속할 수 있도록 철저한 계획을 세워야 한다.

결론적으로 삶의 질을 향상하기 위한 부동산 투자는 장기적 안목과 개인적 철학이 반드시 동반되어야 한다. 단기적 이익을 노리는 접근으로는 진정한 만족을 얻기 어렵다.

부동산 투자의 궁극적 목표는 단순한 재산 증식이 아니라 개인의 삶의 방향과 가치관을 반영하는 현명한 자산 활용이어야 한다. 이러한 접근을 통해 경제적 자유와 함께 균형 잡힌 삶을 설계할 수 있다.

부동산 투자가 단순한 수익 창출 도구를 넘어 삶을 근본적으로 변화시키는 수단이 될 때, 그 진정한 가치를 발견할 수 있다. 명확한 개인 목표를 세우고 삶의 질을 높이는 방향으로 투자 전략을 설계한다면 얻게 될 것은 단순한 금전적 이익이 아닌 진정한 행복과 만족, 그리고 근본적인 경제적 자유일 것이다.

부동산 멘토 아빠가 알려주는
부린이 탈출 입문서

제1판 1쇄 2025년 9월 17일

지은이 김주천
펴낸이 한성주
펴낸곳 ㈜두드림미디어
책임편집 최윤경
디자인 김진나(nah1052@naver.com)

㈜두드림미디어
등 록 2015년 3월 25일(제2022-000009호)
주 소 서울시 강서구 공항대로 219, 620호, 621호
전 화 02)333-3577
팩 스 02)6455-3477
이메일 dodreamedia@naver.com(원고 투고 및 출판 관련 문의)
카 페 https://cafe.naver.com/dodreamedia

ISBN 979-11-94223-98-6 (03320)

책 내용에 관한 궁금증은 표지 앞날개에 있는 저자의 이메일이나
저자의 각종 SNS 연락처로 문의해주시길 바랍니다.

책값은 뒤표지에 있습니다.
파본은 구입하신 서점에서 교환해드립니다.